KB271068

# 유럽이란 무엇인가

근대 세계의 개막과 그 원동력

# 유럽이란 무엇인가

근대 세계의 개막과 그 원동력

초판 1쇄 발행  2009. 6. 20
초판 2쇄 발행  2010. 10. 5

| | |
|---|---|
| **지은이** | 최문형 |
| **펴낸이** | 김경희 |
| **펴낸곳** | ㈜지식산업사 |
| **주 소** | 본사:경기도 파주시 교하읍 문발리 520-12 |
| | 서울사무소:서울시 종로구 통의동 35-18 |
| **전 화** | 본사:(031)955-4226~7 / 서울사무소:(02)734-1978 |
| **팩 스** | 본사:(031)955-4228 / 서울사무소:(02)720-7900 |
| | 한글문패    지식산업사 |
| | 영문문패    www.jisik.co.kr |
| | 전자우편    jsp@jisik.co.kr |
| | 등록번호    1-363 |
| | 등록날짜    1969. 5. 8 |

ISBN 978-89-423-2076-9 93920

책값은 뒤표지에 있습니다

# 유럽이란 무엇인가

## 근대 세계의 개막과 그 원동력

최문형

지식산업사

유럽이 역사의 수레바퀴를 중세에서 근대로 크게 전환
시킨 계기를 흔히 지리상 발견과 르네상스 그리고 종교
개혁에서 찾는다. 스페인은 1492년에 아메리카 신대륙
을 발견하고 방대한 양의 금·은을 들여옴으로써 근대로
전환하는 데 앞장섰다. 아울러 영국은 이른바 '초기 산업
혁명'을 이룩하며 그 전환을 확고하게 굳혀놓았다. 그 원
동력은 바로 그들의 산업 기반이었다.

　　신대륙 발견에 따라 번영의 중심도 지중해에서 대서
양으로 옮겨졌다. 중세의 대표 세력이던 이탈리아가 뒷
전으로 밀려나고, 이제 스페인·홀란드·프랑스·영국 등
대서양 연안 제국이 새로이 역사의 전면에 등장하게 되
었다. 이른바 '대서양 시대'의 개막이다.

　　유럽이 세계의 지도적 역할을 담당·수행하게 된 시
기는 어디까지나 근대 이후의 일이다. "근대 유럽은 바로
이들이 만들어낸 작품이다." 18세기 산업혁명과 그에 따
른 경제 발전은 16세기 '초기 산업혁명'을 통한 산업 기

반 없이는 결코 이루어질 수 없었다.

상업 활동의 중심 무대가 일단 대서양으로 옮겨지자, 이번에는 전면에 등장한 대서양 세력들 사이에 불꽃 튀는 패권 경쟁이 벌어졌다. 이는 유럽 국가 사이의 전쟁인 동시에 세계 해양 지배권 쟁탈전이었다. 스페인은 이 대서양 시대 개막의 최선두 주자였다.

스페인은 1492년에 이베리아반도를 그리스도교 왕국으로 통일한 주도자였다. 동시에 신대륙 발견을 적극 지원한 '지리상 발견의 스폰서'였다. 따라서 그들은 세계의 해양 지배권을 최초로 장악한 식민 대국이기도 했다.

그렇지만 스페인은 이 지위를 오랫동안 유지할 수 없었다. 그들의 아르마다함대(무적함대)가 영국에 격파당한(1588) 뒤, 선두 주자의 지위는 대서양 연안 몇 나라 가운데서도 먼저 홀란드로 넘어갔다. 다음으로 프랑스가 뒤를 이었고, 다시 그 지위는 영국으로 넘어갔다.

영국은 이 주도 세력 교체를 시종 선도한 나라였다.

실로 펠리페 2세와 엘리자베스, 그리고 앙리 4세와 엘리자베스 사이의 쟁투야말로 당시 세계의 관심과 이목을 집중시키기에 충분한 일대 활극이었다. 스페인과 영국 사이의 제1회전, 영국과 홀란드 사이의 세 번에 걸친 제2회전, 그리고 영국과 프랑스 사이의 제3회전이 바로 그것이었다.

영국이 유럽의 패자(覇者)로 등장한 것은 프랑스와 벌인 결승전에서 최종 승리한 뒤였다. 그러나 영국과 프랑스의 전쟁은 유럽 국가 사이의 대결만으로 끝난 것이 아니었다. 이는 동시에 아메리카 및 동아시아 무역 지배권을 둘러싼 식민지 패권 쟁탈전이기도 했다. 스페인 왕위계승전쟁과 오스트리아 왕위계승전쟁 그리고 7년전쟁 등이 바로 그것이었다.

이 책은 16세기 후반 스페인의 흥륭에 이어 17세기 전반에는 홀란드가 그리고 후반에는 프랑스가 각각 패권을 잡은 사실과, 마지막으로 영국이 이 패자들을 차례로 제압한 경위를 구명한 것이다. 그리고 영국이 최종 승리를 거둘 수 있었던 원동력이 무엇이었는지도 아울러 밝혔다.

나는 이들 유럽 여러 나라가 국제 경쟁을 위해 추진했던 국력 증진 전략도 함께 살펴보았다. 16세기 절대군주들의 한결같은 국력 증진 전략은 바로 정략결혼(政略結婚)이었다. 정략결혼이야말로 제국주의 이전 시대의 가장 중요한 국토 확장 방법이었다.

페르난도와 이사벨 사이에서 태어난 스페인 공주 세 명의 결혼, 그 가운데서도 특히 장녀 후아나와 합스부르크 왕가 펠리페의 혼인은 가장 대표적인 사례이다. 페르난도는 영국의 왕위 상속자인 아서가 죽자 미망인이 된 캐서린을 시동생인 헨리 8세와 결혼시키기도 했다. 모두 여섯 번에 걸친 헨리 8세의 요란한 결혼 행각, 그리고 스페인의 펠리페 2세의 네 번에 걸친 결혼 등은 모두가 정략결혼의 극치였다.

　　그러나 17세기로 접어들면서는 이들의 국력 증진 방법도 달라졌다. 물론 정략결혼이 없어진 것은 아니지만, 이제 아메리카와 동아시아 무역을 둘러싼 해양 지배권 독점이 국력 증진 방법으로서 중요하게 부각된 것이다. 영국·홀란드전쟁은 그 시작이었고, 특히 대륙 국가 사이의 대결에 뒤이은 영국과 프랑스의 해양 지배권 경쟁은 그 정점이었다.

　　그렇다고 해서 정략결혼이나 해양 지배권 경쟁만으로 당시 유럽의 실체를 낱낱이 파악할 수 있다는 이야기는 물론 아니다. 그렇지만 이를 통해 역사적 세계로서 '유럽'의 구조적 특색이나 그 특수성이 상당 부분 이해되는 것은 사실이다.

　　특정 국가의 역사를 시대순으로 종적(縱的)으로만 가르치고 배워온 우리의 역사 교육 현실에서, 같은 시대 국가 사이의 관계를 가능한 것만이라도 횡적(橫的)으로 광범위하게 이해하는 일은 매우 바람직스럽다고 하겠다. 이것이 사실(史實)의 이해를 더욱 분명하게 해주기 때문이다.

이 책은 복잡하게 얽힌 당대 유럽의 국제 관계 및 그 실체를 정확하게 이해할 수 있도록 하는 데 초점을 맞추었다. 우선 중요 문헌을 통해 사실 관계를 분명히 하는 데 주안점을 두었으며, 이를 독자들이 쉽게 파악하고 읽어나갈 수 있도록 나름대로 최선을 다했다.

아울러 당대의 일류 화가들이 직접 그린 유럽 각국의 군주와 지배자들의 초상화를 내용 사이에 삽입하고 설명을 곁들임으로써 그들의 생애와 통치책을 짐작할 수 있도록 했다. 특히 당대 정략결혼을 대표하는 펠리페 2세와 그의 네 왕비 그리고 헨리 8세와 그의 여섯 왕비, 정략결혼을 통해 합스부르크 왕가와 스페인 왕가를 연결시킨 펠리페 1세와 후아나, 이른바 '외교혁명'을 성사시킨 오스트리아 외교관 카우니츠와 루이 15세의 애첩 마담 퐁파두르 등을 비롯한 80여 점의 그림은 이 시대상을 이해하는 데 크게 보탬이 되리라 믿는다.

　나는 이 책을 통해 동일 시대 각국 사이의 관계를 횡적으로 그리고 종합적으로 기술하려고 애썼다. 후학들이 이 책을 유럽을 이해하는 길잡이로 활용했으면 하는 바람에서이다. 또한 유럽의 실체를 알고싶어 하는 일반 독자들의 이해를 돕는 데도 마찬가지로 신경을 썼다. 학생과 일반인을 막론하고 유럽과 접촉이 빈번해진 만큼 유럽에 대한 이해가 절실함을 실감하고 있기 때문이다.

　이 책을 쓰려고 계획하는 단계에서 나는 후배 교수들과 이 분야를 연구하는 많은 제자 교수들로부터 아낌없는 격려와 도움을 받았다. 같은 전공자의 처지에서 내용의 타당성 검토와 교정 등 번거로운 잡무를 맡아준 김현식과 석화정 그리고 이석규 교수에게 다시 한번 고마움을 전한다.

　이 책을 마무리하며 나는 우선 이 책을 완성할 수 있도록 온갖 신경을 써준 아내 임난심에게 고마움을 표하



11

지 않을 수 없다. 아울러 이 책의 출판을 맡아준 지식산업사 김경희 사장과 특히 자기 시간을 아껴가며 나의 출판을 성심껏 도와준 이경희 씨에게 진심으로 감사를 표한다.

그러나 출간을 앞둔 이 순간에도 나의 마음은 조금도 가볍지 않다. 혹시 있을지도 모르는 내용상의 문제나 미처 생각하지 못한 체재상의 미흡함 때문이다. 동학 및 독자 여러분의 기탄없는 질정을 바랄 뿐이다.

2009년 6월

최 문 형

# 차 례


책을 내면서 / 5

서 론 / 25

## 제1장 스페인의 황금 시대 / 31

총 설 ······················································· 32
1. 스페인의 흥륭 ·········································· 35
   (1) 이베리아반도 통일의 주도자, '신대륙 발견의 스폰서' ····· 35
   (2) 페르난도와 이사벨의 결혼 : 스페인의 건국 ············· 38
   (3) 페르난도의 결혼정책과 합스부르크 왕가 ··············· 41
   (4) 16세기 전반 : 카를 5세의 시대 ······················· 46
   (5) '스페인의 황금 시대'와 신대륙의 금·은 ················ 49
   (6) 가격혁명과 그 여파 ································· 52
2. 종교개혁과 스페인 ······································ 55
   (1) 교황 레오 10세의 '속벌부' 판매와 루터의 항거 ·········· 55
   (2) 카를 5세의 루터 견제 ······························· 58
   (3) 종교개혁과 카를 5세의 대응 ························· 60
   (4) 헨리 8세에 대한 카를 5세의 이혼 방해 ················ 65

## 3. 펠리페 2세의 대내·외 정책과 정략결혼 ......................................... 67

  (1) 펠리페 2세와 메리 튜더의 결혼 ............................................ 67

  (2) 펠리페 2세의 통치 영역과 가톨릭 신앙 ................................ 69

  (3) 펠리페 2세의 결혼 행각 ① ................................................... 72

  (4) 펠리페 2세의 결혼 행각 ② ................................................... 77

  (5) 펠리페 2세의 종교적 절대주의 ............................................ 79

## 4. 스페인의 황금 시대와 그 종언 ................................................... 82

  (1) 아르마다함대의 패배와 스페인의 해상권 상실 .................... 82

  (2) 펠리페 2세와 엘리자베스 ..................................................... 85

  (3) 펠리페 2세와 네덜란드 반란 ................................................ 88

  (4) 스페인의 해상권 상실 : 영국·홀란드의 해양 진출 ............... 94

  (5) 스페인의 경제적 기반 붕괴 .................................................. 97


# 제2장 영국의 우위 확보 / 101


## 총 설 ..................................................................................... 102

## 1. 근대 영국의 기초 .................................................................. 106

  (1) 헨리 7세 : 진취적 튜더 왕조의 창시자 ................................ 106

  (2) 헨리 7세의 결혼정책과 수출진흥정책 ................................. 108

(3) 헨리 8세의 즉위와 영국 가톨릭 교회 ······················· 110

(4) 프랑스·스페인의 대립과 영국의 '세력균형정책' ············· 112

## 2. 영국의 종교개혁 ······················· 117

(1) 헨리 8세와 이혼 문제 ······························· 117

(2) 헨리 8세와 교황의 관계 단절 ······················· 121

(3) 헨리 8세의 결혼 행각 ······························· 125

## 3. 튜더 왕조 전·후반기 사이의 과도기 ··············· 130

(1) 에드워드 6세와 프로테스탄트의 반동 ················· 130

(2) 메리와 가톨릭의 반동 ······························· 132

## 4. 엘리자베스 여왕 시대의 영국 ················· 136

(1) 엘리자베스와 근대 영국의 기초 ····················· 136

(2) 즉위 이전의 엘리자베스 ····························· 139

(3) 엘리자베스 즉위 당시의 영국 정황 ··················· 142

(4) 엘리자베스의 통치 기구 ····························· 144

(5) 엘리자베스 여왕의 당면 과제 ······················· 148

(6) 엘리자베스와 영국의 종교개혁 ····················· 150

## 5. 인간 엘리자베스 ······················· 152

(1) 엘리자베스 여왕의 결혼외교 ························· 152

(2) 엘리자베스 여왕의 독신 고집 ······················· 155

(3) 엘리자베스와 스코틀랜드 문제 ① ··················· 160


차례

15

(4) 엘리자베스와 스코틀랜드 문제 ② ···································· 163

## 6. 영국과 스페인의 대결 ·································· 166

(1) 네덜란드에서 영국과 스페인의 대결 ······················· 166

(2) 대서양에서 영국과 스페인의 대결 ·························· 168

(3) 아르마다함대의 영국 침공 계획과 문제점 ·················· 172

(4) 영국과 스페인의 해군력 ································· 173

(5) 아르마다함대의 영국 침공 실패 ·························· 178

(6) 아르마다 해전 뒤의 영국·스페인전쟁 ····················· 179

(7) 영국 해상 세력의 기초 ································· 182

(8) 영국의 상업 및 산업의 발전 ···························· 185

(9) 엘리자베스 시대의 사회문제 ···························· 187

(10) 엘리자베스 시대의 역사적 의의 ························· 192


# 제3장 홀란드의 독립과 세계 해양 지배 / 197

총 설 ·············································· 198

## 1. 홀란드와 스페인령 네덜란드 ·························· 202

(1) 네덜란드 : 유럽 대륙의 관문 ··························· 202

(2) 안트베르펜 : '세계 경제와 금융의 핵' ···················· 205

2. 홀란드의 독립과 암스테르담의 번영 ····· 210

(1) 홀란드의 독립운동과 그 계기 ① ····· 210

(2) 홀란드의 독립운동과 그 계기 ② ····· 213

(3) 네덜란드의 반스페인 전선 구축과 홀란드의 독립 ····· 217

(4) 홀란드 독립의 원인과 경위 ····· 219

(5) 안트베르펜의 쇠퇴와 암스테르담의 흥륭 ····· 221

(6) 암스테르담 흥륭의 생산적 기초 ····· 224

3. 홀란드 동인도회사와 동인도 경영 ····· 228

(1) 스페인의 홀란드 무역 파괴 기도와 그 여파 ····· 228

(2) 홀란드 동인도회사의 조직과 사업 ····· 231

(3) 홀란드 동인도회사의 활동 ① ····· 235

(4) 홀란드 동인도회사의 활동 ② ····· 238

(5) 홀란드 서인도회사와 아메리카 식민 활동 ····· 240

4. 홀란드와 영국의 갈등 ····· 243

(1) 홀란드의 무역 독점과 영국의 대응 ····· 243

(2) 영국과 홀란드의 결별 ····· 245

(3) 향료군도에서 홀란드의 영국인 축출과 그 여파 ····· 248

(4) 홀란드의 향료군도 독점과 혁명기의 영국 ····· 250

5. 홀란드와 영국의 대결 ····· 252

(1) 홀란드의 번영과 영국의 대홀란드 적대 ····· 252

차례

(2) 크롬웰의 '항해조례'와 영국·홀란드전쟁 ···················· 255

(3) 영국·홀란드전쟁의 과정과 그 결과 ① ···················· 258

(4) 영국·홀란드전쟁의 과정과 그 결과 ② ···················· 261

(5) 홀란드의 패배와 그 여파 ···················· 263

# 제4장 프랑스의 중앙집권화와
# 영국·프랑스의 세계 해상권 경쟁 / 267

총 설 ···················· 268

1. 프랑스의 중앙집권화와 루이 14세 ···················· 271

(1) 앙리 4세와 중앙집권화 추진 ···················· 271

(2) 루이 13세와 리슐리외의 왕권 강화 ① ···················· 276

(3) 루이 13세와 리슐리외의 왕권 강화 ② ···················· 279

(4) 루이 14세의 유년기 : 마자랭의 '국왕 명의의 재상 지배' ···················· 281

(5) 루이 14세의 친정 : '국왕 명의의 국왕 지배' ···················· 285

(6) 루이 14세의 위용과 베르사유 궁전 ···················· 288

(7) 콜베르와 그의 경제정책 ···················· 296

2. 루이 14세의 외교정책과 대외전쟁 ················· 299

(1) 루이 14세의 '자연국경'설과 '귀속전쟁' ················· 299

(2) 루이 14세의 대홀란드전쟁 ················· 302

(3) 아우크스부르크동맹전쟁과 영국·프랑스의 식민지전쟁 ················· 304

3. 유럽전쟁과 영국·프랑스의 식민지전쟁 ················· 308

(1) 스페인 왕위계승전쟁과 영국·프랑스의 식민지 경쟁 ················· 308

(2) 스페인 왕위계승전쟁과 영국·프랑스의 식민지전쟁 ················· 311

(3) 오스트리아 왕위계승전쟁 : 유럽과 아메리카에서 영국·프랑스의 대결 ① ········ 313

(4) 오스트리아 왕위계승전쟁 : 유럽과 아메리카에서 영국·프랑스의 대결 ② ········ 316

(5) '외교혁명'과 그 여파 ················· 319

(6) 7년전쟁과 영국의 비약 ················· 322

(7) 영국의 프랑스 제압과 세계 해상 제국으로의 비약 ················· 325

(8) 파리 화약 이후 영국과 프랑스 ················· 327


결론 : 우리는 유럽에서 무엇을 배워야 할까 / 331


주(註) / 337

참고문헌 / 351

찾아보기 / 357

## 〈그림 차례〉


페르난도와 이사벨 앞에서 자신의 탐험에 대해 설명하는 콜럼버스　John Gilbert 그림 ······· 36

아라곤의 페르난도와 카스티야의 이사벨
　　　　페르난도 초상화 : 작자 미상, 이사벨 초상화 : Grard David 그림, 1520년경 ················ 39

펠리페 1세　1500년경 ·········································································· 43

'미치광이 후아나'　성 요셉의 화가 그림, 1500년경, 스페인 국립조각미술관 ···················· 43

막시밀리안 1세　Albrecht Dürer 그림, 1519, 빈 미술역사박물관 ···························· 44

막시밀리안 1세의 가족　Bernhard Strigel 그림, 16세기 초반, 빈 미술역사박물관 ············· 45

카를 5세　Tiziano 그림, 1533, 마드리드 프라도미술관 ·································· 47

속벌부를 판매한 교황 레오 10세
　　　　Raffaello 그림, 1513~1519, 피렌체 팔라초 피티 갤러리아 팔라티나 ················· 56

카를 5세　Tiziano 그림, 1548, 마드리드 프라도미술관 ·································· 62

마르틴 루터　Lucas Cranach 그림, 1529 ··············································· 63

헨리 8세와 이혼 문제로 법정에 선 캐서린 ··················································· 66

펠리페 2세와 네 왕비
　　　　Anthonis Mor van Dashorst 그림, 1557년경, 에스코리알 산 로렌초 수도원 ········· 74~75

아르마다함대와 영국 화공선의 대해전 ······················································· 83

알바 공　Tiziano 그림 ········································································· 90

홀란드 독립의 대표적 지도자 오렌지 공 윌리엄　Adriaen Thomas Key 그림, 1570년경 ····· 92

남부 네덜란드의 독립을 막는 데 성공한 파르마 공 알렉산더 파르네스
Otto Vaenius 그림, 1585년경 ················································ 93

16세기의 범선  Pieter Brueghel의 그림을 모사한 판화 ············································ 99

프랑스와 스페인 사이의 세력 균형을 꾀한 토머스 울지 ···················································· 113

교황 율리우스 2세  Raffaello 그림, 런던 내셔널갤러리 ·················· 118

교황 클레멘트 7세  Sebastiano del Piombo 그림 ························ 119

토머스 크랜머  Gerlach Flicke 그림, 1545 ·································· 122

수도원 해산을 주도한 토머스 크롬웰
Hans Holbein(아들) 그림, 1532~1533, 뉴욕 프릭 컬렉션 ················ 123

헨리 8세와 여섯 왕비  Hans Holbein(아들) 그림, 1540년경, 로마 국립미술관 ········· 126~127

메리에 의해 처형된 제인 그레이  Paul Delaroche 그림, 1833, 런던 내셔널갤러리 ········· 134

40년 동안이나 엘리자베스를 보좌한 윌리엄 세실  Marcus Gheeraerts(아들) 그림 ······ 145

엘리자베스 여왕  Marcus Gheeraerts(아들) 그림, 1592년경 ····················· 158

여왕의 애인 레스터 백 더들리  Anglo-Netherlandish School, 1564년경 ····················· 159

스코틀랜드 여왕 메리 스튜어트
1561~1567년경, 블레어즈 박물관(스코틀랜드 가톨릭 유산 박물관) ····················· 161

메리 스튜어트의 처형  밀라노 시립 베르다레츠리 인쇄물 수집관 ····················· 165

프랜시스 드레이크  Marcus Gheeraerts(아들) 그림, 1590년 이후, 데번 버클랜드 대수도원 ····· 169

아르마다함대에 대한 승리 축제에 나선 엘리자베스  Robert Peake 그림, 개인소장 ····· 174~175

화려한 의상의 엘리자베스 ···································································· 189

17세기의 영국 범선, 일명 '바다의 통치자'  John Payne 그림 ··························· 194

안트베르펜 고지도
　　　동경대 서양사학연구실 이마이(今井)문고 소장(이마이 교수의 저서에서) ············ 206~207

안트베르펜 시청사 ··························································································· 209

안트베르펜 대성당의 성상파괴  Dirk van Delen 그림, 암스테르담 국립미술관 ··············· 212

알바의 '피의 평의회' ························································································ 212

'바다의 거지들'이 던져준 청어와 빵을 먹고 있는 레이덴 주민들의 모습
　　　Otto van Veen 그림, 1574, 암스테르담 국립미술관 ···································· 214

안트베르펜에서 '스페인군의 광란' ··································································· 215

'헨트의 평화'에 대한 알레고리 ······································································· 216

암스테르담 고지도
　　　동경대 서양사학연구실 이마이(今井)문고 소장(이마이 교수의 저서에서) ·············· 222~223

17세기 네덜란드 은행가  Rembrandt 그림 ··························································· 225

1599년 7월 19일 제2차 동인도 원정을 마치고 암스테르담으로 돌아오는 선박들
　　　런던 국립해사박물관 ·········································································· 232~233

홀란드 동인도회사 ·························································································· 236

런던의 영국 동인도회사 본사  Thomas Hosmer Shepherd 그림, 1817년경 ············ 237

올리버 크롬웰  Robert Walker 그림, 런던 국립초상화갤러리 ······························ 256

영국에 나포된 홀란드 선박  대영박물관의 풍자화 ··········································· 258

제2차 영국·홀란드전쟁  Jan van Leyden 그림, 1667~1669, 암스테르담 국립미술관 ······ 260

군신 마르스로 묘사된 앙리 4세   Ambroise Dubois 그림, 1601 ·········· 272

낭트칙령 ················································································· 274

재상 쉴리 ··············································································· 275

루이 13세   Philippe de Champaigne 그림, 1655 ······················ 277

리슐리외의 3중 초상화   Philippe de Champaigne 그림, 1640년경, 런던 내셔널갤러리 ··· 280

어린 시절의 루이 14세를 보좌한 마자랭 ································· 283

루이 14세   Hyacinthe Rigau y Ros 그림, 1701, 파리 루브르박물관 ······ 286

베르사유 궁전의 '거울의 방' ·················································· 289

베르사유 궁전의 증축 과정을 보여주는 두 그림
       Pierre Patel 그림(1688)과 Pierre-Denis Martin 그림(1722) ·········· 290~291

낭트칙령 폐지 ········································································· 295

낭트칙령 폐지로 망명길에 오른 프로테스탄트   Maurice Leloir 그림 ······· 295

콜베르   Claude Lefebvre 그림, 1666, 베르사유 궁전 ·················· 297

제임스 2세의 장녀 메리와 결혼하여 영국의 공동 왕이 된 윌리엄 3세
       Willem Wissing풍의 그림, 암스테르담 국립미술관 ·················· 305

마리아 테레지아   Martin van Meytens 그림, 1759, 빈 조형미술 아카데미 회화갤러리 ······· 314

프리드리히 대왕   Wilhelm Camphausen 그림, 1860 ··················· 315

카우니츠   Johann-Baptist Lampi 그림, 개인 소장 ····················· 320

마담 퐁파두르   Maurice de la Tour 그림, 1755 ························· 321

〈표 차례〉

15~16세기 서유럽의 주요 통치자들 ·········································· 34
스페인으로 들어온 금·은의 양 ·················································· 50
튜더 왕가의 가계도 ································································· 103


〈지도 차례〉

카를 5세의 통치 영역 ····························································· 48
16세기의 네덜란드 ································································· 203

24

# 서 론

'유럽'과 '서양'을 동의어처럼 혼용하는 경우를 흔히 본다. 그러나 '유럽'과 '서양'은 같은 말이 아니다. '유럽'은 역사적 명칭이고 '서양'은 지리적 명칭이다. 그렇다면 '유럽'이란 정녕 무엇일까?

역사적으로 볼 때 유럽은 그리스도교라는 하나의 종교에 따라 게르만적 요소와 로마적 요소가 통일된, 말하자면 동일한 문화적 바탕 위에 성립된 지역을 말한다. 유럽이란 문화적 통일체(cultural unity)임이 분명하다. 즉, "독자적인 의미를 가진 하나의 '의미 통일체'로서 중세 이래 존재해온 문화권(文化圈)이다".

유럽은 다른 대륙에 견주어 그 면적이 상대적으로 매우 협소하다. 지구 전체 육지 면적의 약 7퍼센트에 지나지 않는 좁은 대륙이다. 그럼에도 그들은 세계를 이끌어왔다. 지금도 변함없이 세계를 선도하고 있는 나라는 동일한 바탕 위에 성립된 서유럽의 몇 나라이다. 몇 안 되는 이들 작은 나라가 바로 세계를 이끄는 선두 주자들인 것이다.

그러나 '유럽'이라는 같은 문화권에서 살면서도 이들 서유럽〔西歐〕은 동유럽〔東歐〕과는 연원을 달리한다. 오늘날에도 동구(공산) 진영과 서구(자유) 진영은 차이가 너무나도 현격하다. 이 책에서 말하려는 유럽이란 바로 그리스도 교회의 지배를 받으며 라틴어를 공통 언어로 했던 문화권, 즉 서유럽이다. "근대 유럽은 바로 이들 서유럽의 몇 나라가 만들어냈다".

서유럽의 위상은 시대의 변이에 따라 크게 달라졌다. 근대 유럽이 개막될 당시 유럽인의 의식 속에 주되게 자리 잡은 것은 침략주의였다. 세계를 자기들이 지배한다는 의식이 그것이었다. "유럽이 곧 세계요", "문명이라면 그것은 곧 유럽 문명"이라는 식이었다.

프랑스가 중심이 되든, 영국이 중심이 되든, 유럽 국가 사이의 패권 경쟁은 있을 수 있으되, 어떤 경우이건 "유럽이 세계를 지배한다"는 것이 그들의 공통된 의식이었다. 이러한 사고방식은 18세기 산업혁명 이후 제국주의 시대를 거치며 그 강도를 더해갔다.

그러나 제1차 세계대전을 겪으면서 유럽인들은 그

같은 꿈에서 비로소 깨어나게 되었다. 유럽인들 스스로가 이제 유럽을 객관화하기 시작한 것이다. 아놀드 토인비(Arnold Toynbee), 앙리 피렌(Henri Pirenne), 크리스토퍼 도슨(Chritopher Dowson) 등이 바로 그 선구적 논자들이다.

　제1차 세계대전 이후 미국과 소련이 크게 부각되면서 유럽의 지위는 상대적으로 위축되었다. '유럽의 몰락'이라는 말까지 나올 정도였다. 따라서 서유럽은 일종의 위기 극복책을 찾아 나서야 했다. 유럽의 일체화 시도는 바로 그 결실이었다.

　전후 식민지를 상실한 서유럽 6개국은 중세의 길드 체제를 본따 서로가 상대의 고객이 되어주고 시장이 되어주는 '유럽경제공동체(EEC, 1957)'부터 만들었다. 이어 1992년에는 마침내 '유럽연합(EU)'이라는 유럽 공동체를 결성했다. 물론 발틱 국가와 이슬람국 터키까지 가입한 오늘날의 '유럽연합'이 라틴·그리스도교 세계와 정확하게 부합되는 것은 아니다.

　'유럽연합'이라는 유럽의 일체화 시도는 그 기반이 중세 유럽에 있다. 이것이 오늘의 유럽을 이해하기 위한 전제로서 먼저 중세 유럽의 본질을 개략적으로나마 알아두어야 하는 이유이다. 이는 서유럽의 근대 문명이 중세를 뛰어넘어 직접 고전 문명을 이어받은 것이 아니기 때문이다.

　그렇다면 역사적 세계로서 '유럽'이란 정녕 어떤 것

일까? 그 성립 시기는 서양사상 '중세'라고 불리는 5세기 무렵에서 9세기 무렵의 일이다. 게르만 민족의 이동이라는 물결을 타고 서로마에 자리 잡은 프랑크 왕 클로비스(Clovis)의 가톨릭 개종(496)은 침략자 게르만인과 로마인의 정신적 결합을 가능하게 한 연결 고리였다.

그런데 교황의 지원을 받은 프랑크 왕국의 국력이 정점에 달한 시기는 바로 카롤링거 왕조의 샤를마뉴 대제(Charlemagne, Charles〔영〕, Karl〔독〕) 때였다. 서기 800년 크리스마스 날 교황 레오 3세가 샤를마뉴에게 로마제국 황제의 관(冠)을 씌워준 사실이야말로 프랑크 왕이 모든 그리스도 교도 위에 군림하는 제왕이라는 의미였다.

샤를마뉴 대제를 가리켜 로마적 전통, 그리스도교 정신, 게르만의 전통 등 3요소가 결합된 '중세 유럽의 진정한 건설자(real founder of Medieval Europe)'라고 일컫는 까닭도 여기에 있다. 유럽이란 샤를마뉴 대제의 통치 판도에 들었던 영역을 말한다. 바꾸어 말해서, 위의 세 가지 요소를 공유한 지역이 바로 유럽이다.

그 범위는 오늘날의 영국·프랑스·스페인·포르투갈·네덜란드, 그리고 스칸디나비아 제국과 동유럽을 제외한 서유럽의 거의 전부를 포함하는 지역이다. 그렇지만 이 왕국은 이슬람이 지중해를 지배하며 자연경제 사회로 후퇴함으로써 동프랑크(독일)·서프랑크(프랑스)·이탈리아로 3분되었고, 그뒤 다시 봉건화했다.

그럼에도 하나의 문화적 통일체의 성격만은 잃지 않았다. 오늘날 유럽의 일체화 시도는 바로 이러한 문화적 공동체를 기반으로 한 것이고, 근대 유럽 또한 이 토대 위에서 자라난 것이었다.

▶ ▶ ▶ 참고

(1) C. Stephenson, *Medieval History*, New York ： Harper & Row, 1967.

(2) 增田四郎, 《ヨロッパとは何か》, 岩波新書, 1982.

(3) アンリ ピレンヌ, 增田四郎 監修, 中村宏·佐佐木克己 譯, 《ヨロッパ世界の誕生》, 創文社, 1972.

# 제1장

# 스페인의 황금시대

# 총 설

스페인은 아라곤(Aragon)의 왕 페르난도(Fernando)와 카스티야(Castilla)의 여왕 이사벨(Isabel)이 결혼함으로써 건국된 이베리아반도 최대의 그리스도교 국가였다. 그들은 1492년에 이베리아반도에서 모슬렘의 최종 거점인 그라나다를 평정한 반도 통일의 선도자였고, 동시에 콜럼버스의 신대륙 발견을 지원한 '스폰서'였다. 스페인은 세계 최초의 해상 지배 세력으로 등장했고, 동시에 번영의 중심 무대를 지중해에서 대서양으로 옮기는 데 앞장서기도 했다.

페르난도와 이사벨 사이에는 딸만 셋이 있을 뿐, 남자 후계자가 없었다. 그렇지만 페르난도는 이 딸들을 정략결혼시킴으로써 국력 증강에 이용했다. 장녀 후아나를 합스부르크 왕가의 펠리페와 결혼시킴으로써 외손자 카를 5세로 하여금 스페인 합스부르크령과 오스트리아 합스부르크령을 모조리 통할 지배할 수 있도록 만든 사건은 역사상 유명한 일이다. 어느 그리스도교 왕국보다 넓은 카를 5세의 통치 영역이야말로 외조부 페르난도의 결혼정책이 만들어낸 걸작품이었다.

이 위에 스페인은 신대륙으로부터 방대한 양의 금·은까지 들여와 부(富)를 더욱 증진시켰다. 신대륙의 금과 은이 '가격혁명'을 일으켜 '상업혁명'으로 발전했고, 결

국 16세기에 스페인이 경제적 우위를 확보하는 데 원동
력이 되었다. 카를 5세의 아들 펠리페 2세 치하의 스페인
이 번영의 절정을 이루게 된 연원도 바로 여기에 있었다.

16세기 전반이 카를 5세의 시대였다면 후반은 펠리
페 2세의 시대였다. 역사상 16세기는 '스페인의 황금 시
대'였다. 펠리페 2세도 영국의 헨리 8세에 못지않게 정략
결혼을 서슴지 않은 왕이었다. 정략결혼이 바로 국력 증
강을 위한 수단이었기 때문이다. 왕으로 즉위한 뒤에도
펠리페는 네 번이나 결혼했다. 특히 메리 튜더와 거행한
두번째 결혼은 그야말로 대표적이라고 할 만큼 유명한
정략결혼이었다.

이 밖에 스페인이 당면한 큰 문제가 있었으니, 바로
가톨릭 강요가 그것이다. 부왕 카를 5세가 마르틴 루터
의 종교개혁을 용납하지 않았던 것처럼 펠리페 2세도 가
톨릭만을 일방적으로 강압한 것이 문제였다. 복잡하고
도 광활한 영역의 통합을 위해서는 강고한 통치 원리가
필요하다는 생각에서였다. 당시 스페인에 필요했던 것
은 국가 통합이었고, 이를 위해서는 먼저 강력한 중앙집
권화가 요구되었던 것이다.

그의 가톨릭 신봉 강요에 대한 저항은 먼저 네덜란
드에서 시작되었다. 그리고 스페인의 해상 지배에 대한
도전에는 영국이 앞장섰다. 실로 '아르마다함대'에 대한
영국의 도전(1588)은 스페인과 아메리카 신대륙 사이의

통상을 방해함으로써 자기들의 세계 지배를 위한 통로를 확보하려는 데 목적이 있었다. 즉, 이 해전은 세계 해상 지배권을 둘러싼 스페인과 영국의 일대 격전이었다.

따라서 스페인의 해전 패배는 스페인의 위협으로부터 네덜란드의 해방을 의미할 뿐만 아니라, 영국 세력의 대서양 진출을 보장하는 첫 신호였다. 스페인의 해상 위협이 제거됨으로써 홀란드의 정치적 독립은 이제 기정사실이 되었고, 영국과 홀란드에게 해상 진출의 길을 활짝 열어주는 결과가 되었던 것이다.

**15~16세기 서유럽의 주요 통치자들**

| 영국 | 프랑스 | 스페인 |
|---|---|---|
| 헨리 4세　　　（1399~1413） | 샤를 6세　　　（1380~1422） | |
| 헨리 5세　　　（1413~1422） | 샤를 7세　　　（1422~1461） | |
| 헨리 6세　　　（1422~1461） | 루이 11세　　　（1461~1483） | |
| 에드워드 4세 （1461~1483） | 샤를 8세　　　（1483~1498） | 페르난도　　　　（1479~1516） |
| 에드워드 5세　　　　（1483） | 루이 12세　　　（1498~1515） | 카를로스 1세　（1516~1555） |
| 리처드 3세　　（1483~1485） | 프랑수아 1세（1515~1547） | 〔= 카를 5세(오스트리아)〕 |
| 헨리 7세　　　（1485~1509） | 앙리 2세　　　（1547~1559） | 펠리페 2세　　　（1555~1598） |
| 헨리 8세　　　（1509~1547） | 프랑수아 2세（1559~1560） | 펠리페 3세　　　（1598~1621） |
| 에드워드 6세 （1547~1553） | 샤를 9세　　　（1560~1574） | |
| 메리　　　　　（1553~1558） | 앙리 3세　　　（1574~1589） | |
| 엘리자베스　（1558~1603） | 앙리 4세　　　（1589~1610） | |

　　영국 모직물이 대거 유입됨에 따라, 산업 기반이 약한 스페인으로서는 국제적 우위를 오로지 아메리카의 금·은에서 구할 수밖에 없는 처지였다. 그런데 그 유입 통로를 영국과 네덜란드가 적극 가로막고 나섰던 것이다. 결국 스페인은 가톨릭 신봉을 일방적으로 강요함으로써 홀란드 독립의 빌미를 주게 되었고, 또한 산업 기반이 약한 탓에 영국의 모직물 공세를 막을 수 없었던 점이 바로 쇠퇴의 원인이 되었다.


## 1. 스페인의 흥륭

### (1) 이베리아반도 통일의 주도자, '신대륙 발견의 스폰서'

이슬람 세계와 동유럽 세계에 대해 수세(守勢)에 놓여 있던 서유럽을 공세(攻勢)로 역전시킨 사건은 지리상 발견이었다. 그리고 이 지리상 발견을 지원한 스폰서는 바로 이베리아반도를 그리스도교 국가로 통일한 스페인이었다. 스페인과 포르투갈이 위치하고 있는 이베리아반도는 유럽과 아프리카 그리고 지중해와 대서양이 교차되는 십자로 위에 있다.

　　콜럼버스는 1492년 1월에 스페인 왕실의 지원을 받아 항해에 나섰다. 스페인이 모슬렘과 벌여온 오랜 대결을 끝내고 그 최종 거점인 그라나다(Granada)를 점령한 해

**페르난도와 이사벨 앞에서 자신의 탐험에 대해 설명하는 콜럼버스**　John Gilbert 그림, *Harper's Weekly*, Vol. XII, No. 596(1868년 5월 30일)의 표지 그림.

도 같은 1492년이었다. 실로 1492년이야말로 이베리아 반도를 그리스도교 국가로 통일한 해였고, 세계사의 중심 무대가 지중해에서 대서양으로 이동한 첫해였다고 말할 수 있다.

이베리아반도는 일찍이 8세기 이래 이슬람의 지배 아래로 들어갔다. 이후 그리스도 교도들은 수세기에 걸쳐 이 땅을 되찾기 위해 끈질긴 투쟁을 계속했다. 그러나 그리스도교 국가로는 카탈루냐(Cataluña)와 나바라(Navarra)만이 명맥을 유지했을 뿐, 반도 전역을 압도한 세력은 여전히 이슬람이었다. "피레네(산맥) 이남은 유럽이 아니다"라는 말도 여기서 비롯되었다. 이는 또한 스페인이 여러 가지 면에서 유럽답지 않다는 의미를 내포한 말이기도 하다.

마호메트가 죽은(632) 뒤 정통 칼리프 시대(632~661)와 우마이야 왕조 시대(Umaiyads, 661~750)를 거치는 동안 아랍인들은 종교적 열정을 가지고 정복에 돌입했다. 이후 1세기도 안 되는 동안에 그들은 동쪽으로는 당(唐)과 국경을 접하고, 서쪽으로는 아프리카 북쪽 해안을 거쳐 이베리아반도에 이르러 서고트 왕국을 점령했으며(711), 이를 지배했다. 이것이 이베리아반도에 이슬람 요소가 남게 된 연원이다.

오늘날까지도 스페인은 많은 점에서 유럽과 크게 다른 모습을 보이고 있다. 이베리아반도는 스페인이 그리스도교 왕국으로 통일할 때까지 이슬람 교도의 땅이었다. 이들 이슬람은 아시아·아프리카·유럽 등 3대륙의 요지를 모조리 점령했을 뿐만 아니라, 당시 교역 활동의 중심 무대였던 지중해마저 장악하고 있었다. 이로 말미암아 유럽인들은 교역의 중심 무대에서 배제당했고, 그럼으로써 유럽은 이제 교환경제에서 자연경제 사회로 후퇴하게 되었던 것이다.

서양 중세는 이처럼 이슬람의 지중해 지배로 시작되었다고 할 수 있다. 따라서 번영의 중심이 지중해에서 대서양으로 이동했다는 사실은 근대로 이행함을 뜻하는 것이 된다. 이런 의미에서 스페인은 근대의 개막을 이끈 셈이다. 스페인이 지리상 발견을 주도했고, 이베리아반도에서 이슬람 세력을 몰아낸 뒤 그리스도교 왕국으로 통일을 이루었기 때문이다.

## (2) 페르난도와 이사벨의 결혼 : 스페인의 건국

13세기 말까지도 이베리아반도에는 통일국가가 없었다. 그리스도교 국가라고 해도 몇 개의 군소 국가로 분립되어 있을 뿐이었다. 지중해적 성격이 강한 동부의 아라곤, 가장 넓은 영역과 많은 인구를 갖고 있던 중부의 카스티야, 그리고 카스티야 서부의 대서양을 끼고 있는 포르투갈, 이 밖에 북부의 나바라 등이 그러한 나라들이었다.

스페인의 국가 통일은 1479년 페르난도가 지배하던

**아라곤의 페르난도와 카스티야의 이사벨**　이들의 결혼으로 두 왕국이 연합해 스페인 건국으로 이어졌다. 이들은 1492년 그라나다를 정복함으로써 국토회복전쟁을 끝냈고, 동시에 콜럼버스를 지원함으로써 신대륙 발견의 '스폰서'가 되었다. **이사벨 초상화** : Grard David 그림, 1520년경.

아라곤과 이사벨이 통치하던 카스티야의 합동으로 이루어졌다. 그렇지만 그 기초는 이미 10년 전에 두사람이 결혼함으로써 마련되었다.[1] 그럼에도 스페인 왕실은, 1500년을 기준으로 할 때, 여러 면에서 영국이나 프랑스에 견주어 통일이 크게 뒤늦은 나라였다. 카스티야와 아라곤의 통합은 매우 느슨한 것이어서, 2세기 이상에 걸쳐 거의 통치자 개인 사이의 통합 수준을 넘지 못했다.

통합의 강도도 카스티야와 아라곤이라는 두 덩어리의 단순한 연결에 지나지 않았다. 각자가 자신들의 전통과 의회(cortes)와 통치 체제를 그대로 유지하고 있었을 뿐만 아니라, 사용하는 언어도 서로 달랐다.[2] 이런 현상은 오늘날까지도 상당 부분 남아 있어, 마드리드의 카스티야어와 바르셀로나의 카탈루냐어로 이어져오고 있다.

그렇지만 스페인은 페르난도와 이사벨 부부의 통치 아래 영토의 확장만은 확실하게 이루어냈다. 그리고 국민의 관심을 해외 식민 활동으로 크게 돌려놓았다. 그들은 그야말로 그라나다의 정복자였고 아메리카 신대륙 발견의 '스폰서'였다. 뿐만 아니라 그들 부부는 유럽 대륙을 둘러싼 국제 문제에서도 신속하게 지도적 위치를 차지해나갔다.

이는 페르난도의 뛰어난 능력에 힘입은 바가 컸다. 프랑스가 1504년 스페인에 나폴리·시칠리아·사르디니아 등에 대한 권리를 인정해줄 수밖에 없었던 사실로도 이를 분명히 알 수 있다. 지중해의 주도권을 둘러싸고도 스페인은 이제 베네치아와 경쟁 상대가 될 만큼 강성해졌던 것이다.

특히 페르난도의 정략결혼정책은 제국주의 이전 시대의 영토 확장 방법으로서 매우 이름이 높다. 딸을 시집보내거나 상대국으로부터 왕비를 맞아들이면서 그 영지까지 병합해버리는 것이 당시의 봉건적 관행이며 또 일반화한 침략 방법이었다. 이는 스페인뿐만 아니라 16~17세기에 걸쳐 유럽 여러 나라에서 널리 행해지던 일반적인 국력 증진 방법이기도 했다.

페르난도는 아들 없이 딸만 셋을 두었는데, 그는 이 딸들의 결혼을 스페인의 영향력 확대를 위해 효과적으로 이용했던 것이다. 페르난도야말로 정략결혼의 명수였다.

## (3) 페르난도의 결혼정책과 합스부르크 왕가

페르난도는 영토를 확장하는 데 세 딸의 혼인을 매우 적절하게 이용했다. 우선 둘째 딸 마리아(Maria)를 포르투갈 왕인 마누엘 1세(재위 1495~1521)와 혼인시켰다. 이는 언제든 기회가 오면 이 나라를 자국에 통합하기 위한, 그야말로 먼 장래에 대비한 예비 조치였다. 1580년 스페인의 포르투갈 병합은 이를 근거로 한 것이었다. 여기에는 물론 포르투갈이 가지고 있는 동아시아령의 풍부한 자원을 차지하겠다는 계산도 분명히 깔려 있었다.

그리고 막내딸 캐서린(Catherine)은 영국 왕 헨리 8세(재위 1509~1547)와 혼인시켰다. 당시 영국은 아직 후진국이었지만 사윗감이 야심적인 청년이어서 마음에 들었으며, 언젠가는 그의 지원이 반드시 필요할 것 같았기 때문이다. 실제로 프랑스와 대결로 접어들자 그는 사위인 헨리 8세를 효과적으로 이용했다.

　　페르난도는 처음부터 캐서린을 헨리 8세에게 시집
보낸 것이 아니고, 왕위 계승자였던 그의 형 아서(Arthur)
와 결혼시켰었다(1501). 그러나 그가 얼마 뒤 죽자(1509)
곧바로 다시 그의 동생과 결혼시킨 것이다. 따라서 헨리
8세는 형수와 결혼한 셈이 되었다. 여기에는 그의 부왕
헨리 7세의 정략이 작용하기도 했지만 페르난도의 계산
도 물론 깔려 있었다. 나중에 헨리 8세는 이를 거꾸로 이
용, 이혼의 사유로 삼았던 것이다.

　　그러나 페르난도가 추진한 정략결혼의 핵심은 어디
까지나 장녀인 후아나(Juana)에 있었다. 그녀는 '미치광이
후아나(Juana the Mad)'라고 불릴 정도로 성격이 괴팍했지
만, 엄연히 카스티야와 아라곤의 상속녀였다. 이 스페인
상속녀 후아나가 바로 합스부르크 왕가의 펠리페(Felipe,
1478~1506)와 결혼한 것이다. 즉, 미치광이 후아나가 스
페인 왕가와 합스부르크 왕가의 연결 고리 구실을 했던
것이다.

　　펠리페는 오스트리아의 왕으로서 신성로마제국의
황제(막시밀리안 1세)와 네덜란드의 상속녀(부르고뉴의 마
리) 사이에서 태어난 왕자였다. 따라서 펠리페는 당연히
오스트리아의 왕통을 계승했을 뿐만 아니라 겨우 4살의
나이로 모친을 통해 네덜란드의 명의상 지배자가 되었
다(1482).

　　그러나 펠리페는 정략 면에서 장인을 따를 수가 없

**리페 1세** 후아나와 결혼함으로써 스페인 왕가와 합스
르크 왕가의 결합을 이루었다. 1500년경.

**'미치광이 후아나'** '성 요셉의 화가' 그림, 1500년경,
스페인 국립조각미술관.

었다. 이것이 그가 스페인 왕위를 넘볼 수 없었던 이유였
다. 거꾸로 이것은 합스부르크 왕가가 스페인화하게 되
는 계기가 되었던 것이다.[3] 오스트리아의 왕이자 네덜란
드의 지배자였던 펠리페와 스페인의 후아나가 결혼함으
로써 이제 유럽의 세력 판도는 크게 바뀔 수밖에 없었던
것이다.

1500년 헨트(Ghent)에서 태어난 후일의 카를 5세는
펠리페와 후아나 부부의 첫아들이었다.[4] 그는 스페인 왕

**막시밀리안 1세**  Albrecht Dürer 그림, 1519, 빈 미술역사박물관.

국을 세운 페르난도의 외손자이자 오스트리아와 네덜란
드 통치자였던 막시밀리안 1세의 친손자였다. 그가 외조
부의 별세를 계기로 스페인의 왕통을 계승한 것은 겨우
16세 때의 일이었다. 당시에 그는 이미 친조부·친조모의

**막시밀리안 1세의 가족**　위 왼쪽부터 막시밀리안, 아들 펠리페, 부인 부르고뉴의 마리이고, 아래는 손자들로서 왼쪽부터 페르디난트 1세, 카를 5세, 헝가리의 루이 2세이다. Bernhard Strigel 그림, 16세기 초반, 빈 미술역사박물관.

영지를 모두 물려받은 상태였다. 페르난도의 정략이 외손자에 이르러 완벽하게 결실을 거둔 셈이었다.

## (4) 16세기 전반 : 카를 5세의 시대

카를은 부왕 펠리페가 1506년 짧은 생애를 끝마치자, 겨우 6세의 어린 나이로 네덜란드와 카스티야의 상속자가 되었다. 이어 1516년 1월 외조부인 페르난도가 죽자 16세의 나이로 스페인 땅 전부를 물려받아 스페인 왕 카를로스 1세가 되었다. 그리고 1519년 1월 12일 친조부인 막시밀리안 1세가 별세하자 19세의 나이로 합스부르크 왕가의 오스트리아 여러 지역까지 모조리 상속받음으로써 제위(帝位) 계승 후보자로까지 등장했다.

이 결과 젊은 카를은 1519년에 어느 그리스도교 왕의 통치 영역에 견주더라도 훨씬 넓은 영토와 많은 인구를 지배하는 왕이 되었다. 세비야·마드리드·바르셀로나·안트베르펜·암스테르담·브뤼셀·빈·나폴리는 물론이고, 심지어 멕시코시티까지 그에게 충성을 바칠 정도였다. 한마디로, "그의 공식 타이틀만 해도 71개나 되었고, 이를 기록한 것만 해도 몇 페이지에 이를 정도였다"는 것이다.[5]

카를 5세야말로 외조부 페르난도의 야심차고도 원대한 결혼정책의 결실을 독차지한 행운아 가운데 행운아였다. 그럼에도 그는 장식용에 지나지 않던 신성로마제국의 황제라는 제위까지 탐냈다. 그러나 이 칭호는 당시 프랑스의 프랑수아 1세도 마찬가지로 탐내고 있었다. 그는 카를 5세가 프랑스의 독립에 위협이 될 뿐만 아니

**카를 5세**  Tiziano 그림, 1533, 마드리드 프라도미술관.

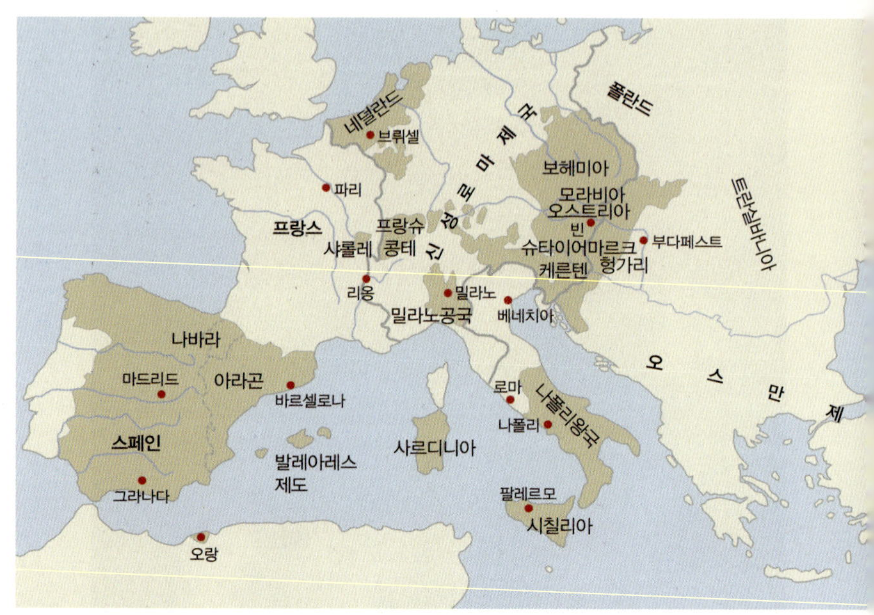



**카를 5세의 통치 영역**

라 자신의 야망을 좌절시킬 위험이 있다고 판단했기 때문이다.[6]

그러나 영국의 헨리 8세와 그의 브레인이던 울지가 세력균형을 위해 강자로 보이던 프랑수아 1세보다는 약자로 보이던 카를의 편을 들기로 했고, 교황 레오 10세도 마찬가지로 프랑스의 반대편에 가담함으로써 제위 문제는 마침내 결말이 나고 말았다(1519). 이에 카를은 1520년 10월 23일 엑스라샤펠(Aix-la-Chappele, 현재 독일의 아헨) 대성당에서 신성로마제국 황제 '카를 5세'라는 칭호를 받게 된 것이다.

그렇지만 신성로마제국은 통일국가와는 거리가 먼 것이었다. 그것은 모든 개별 국가를 아우르는 보편적·일체적 제국이 아니었다. 개별의 발전을 지향하는 여러 영역에 대한 지배권을 '카를'이라는 인격으로 어설프게 통합한 것에 지나지 않았다. 어디까지나 명목적 지배자에 불과했던 것이다.

더욱이 당시는 영국·프랑스·스페인의 국가 통일이 이미 상당한 정도로 진전된 상태여서 독일에서도 같은 길을 걸으려는 움직임이 나타나고 있는 상황이었다.

## (5) '스페인의 황금 시대'와 신대륙의 금·은

스페인은 아메리카 발견, 서인도 개척, 멕시코와 페루 정복 등을 통해 가장 먼저 신대륙 발견의 풍성한 과실을 거두어들였다. 스페인이 내부의 경제적인 약점에도 불구하고 약 1세기 동안이나 번영을 누릴 수 있었던 것은 신대륙에서 방대한 귀금속을 거두어들인 덕분이었다.

스페인의 여러 항구는 사업 경기 면에서 단숨에 베네치아와 제노바를 능가했다. 이 부(富)를 영원히 누릴 수는 없었지만, 그것은 스페인 왕실로 하여금 유럽에서 일찍이 전례를 찾아볼 수 없을 만큼 정치적·군사적으로 커다란 영향력을 행사할 수 있게 했던 것이 사실이다.

그렇다면 스페인은 신대륙에서 과연 얼마나 많은 양의 금과 은을 가져왔던 것일까? 그리고 그것은 유럽 사

**스페인으로 들어온 금·은의 양**  R. T. Davis, *The Golden Century of Spain 1501~1621*, Harper Torch Book, 1961에서

| 기간 | 전체 값(파운드) | |
|---|---|---|
| 1503~1505 | 213,400 | |
| 1506~1510 | 468,970 | 모두 금 |
| 1511~1515 | 687,410 | |
| 1516~1520 | 571,090 | |
| 1521~1525 | 77,148 | 금 97퍼센트, |
| 1526~1530 | 597,100 | 은 3퍼센트 |
| 1531~1535 | 948,900 | 금 12.5퍼센트, |
| 1536~1540 | 2,234,700 | 은 87.5퍼센트 |
| 1541~1545 | 2,848,600 | |
| 1546~1550 | 3,167,600 | 금 15퍼센트, |
| 1551~1555 | 5,672,600 | 은 85퍼센트 |
| 1556~1560 | 4,599,400 | |
| 1561~1565 | 6,444,050 | 금 3퍼센트, |
| 1566~1570 | 8,131,100 | 은 97퍼센트 |
| 1571~1575 | 6,846,000 | |
| 1576~1580 | 9,919,300 | |
| 1581~1585 | 16,890,000 | |
| 1586~1590 | 13,703,000 | |
| 1591~1595 | 20,231,000 | 금 2퍼센트 미만, |
| 1596~1600 | 19,796,00 | 은 90퍼센트 이상 |
| 1601~1605 | 14,032,000 | |
| 1606~1610 | 18,058,000 | |
| 1611~1615 | 14,130,000 | |
| 1616~1620 | 17,314,000 | |
| 1621~1625 | 15,530,000 | |
| 1626~1630 | 14,348,000 | |
| 1631~1635 | 9,838,200 | |
| 1636~1640 | 9,380,500 | 대부분이 은, |
| 1641~1645 | 7,913,800 | 금은 1퍼센트 미만 |
| 1646~1650 | 6,767,000 | |
| 1651~1655 | 4,193,900 | |
| 1656~1660 | 1,932,650 | |
| 합계 | 257,488,418 | |

회에 어떤 영향을 미쳤던 것일까? 1500년에서 1650년 사이에 유럽으로 유입된 금은 약 181톤이었고, 은은 1만 6,000톤이었다.[7] 이 은을 적재정량 4톤인 트럭에 나누어 실으면 무려 4,000대분이나 되는 엄청난 양이다.

그러나 이것은 어디까지나 공인된 통계로 잡힌 숫자에 지나지 않는다. 통계에서 빠진 밀수량이 오히려 훨씬 더 많았다는 것이 학자들의 공통된 견해이다.[8] 따라서 이 대량의 귀금속 유입으로 말미암아 유럽의 통화제도는 물론이고, 유럽 이외의 세계 경제에도 상당한 영향을 미쳤던 것이다. 그야말로 혁명적인 변화가 일어날 수밖에 없었다.

스페인은 처음에는 주로 금을 들여왔다. 은이 금의 유입을 능가한 것은 1531년에서 1540년에 이르는 10년 동안을 거치면서였다. 1530년까지 이미 많은 금을 보유하고 있던 유럽에 또다시 더 많은 금이 유입되는 형세가 되어 금이 넘쳐날 수도 있었다.[9]

아메리카산 은이 대량으로 유럽에 쏟아져 들어온 것은 16세기 후반에 와서의 일이다. 그리하여 이 풍부해진 은으로 동아시아 사치품을 대규모로 구입할 수 있게 된 것이다. 당시 아시아에서는 은이 가장 대표적인 결제 수단이었기 때문이다.

이 결과 17세기에는 아시아에도 아메리카의 은이 넘쳐나게 되었다. 이처럼 신세계의 은은 유럽과 아시아 사이의 경제 관계를 크게 바꾸어놓았을 뿐만 아니라, 유럽의 상인과 제조업자를 위해 광활한 신세계의 새로운 시장을 열어주었다.[10]

## (6) 가격혁명과 그 여파

그렇다면 신대륙의 금과 은은 과연 어느 정도로 유럽 내부의 경제적·사회적 변화를 촉진시켰던 것일까? 유입된 신대륙의 은은 먼저 스페인에서 이른바 '가격혁명(Price Revolution)'을 일으켰다. 이로 말미암아 16세기 이후에 일어난 상업상의 대변화와 유럽 경제의 비약적 발전을 가리켜 학자들은 '상업혁명(Commercial Revolution)'이라고 일컫는다.

은이 그대로 화폐로 통용되던 당시에, 은의 대량 유입은 곧 물가의 상승을 가져올 수밖에 없었다. 스페인의 경우를 보면, 16세기 중반에는 일반 물품 가격이 그 이전보다 대개 3~4배가량 올랐고, 특히 선박 건조용 물품 같은 것은 7~8배나 오르기도 했다. 이 같은 가격 상승 덕분에 제조업자는 전에 없던 대호황을 누리게 되었다.

물가가 크게 오른 반면 그 물품 생산을 위해 지급되는 임금은 그 비율만큼 오르지 않음으로써 생기게 된 이윤을 제조업자와 상인이 차지했기 때문이다. 즉, 물가 상승률에 견주어 임금 상승률이 크게 미치지 못함으로써 이른바 '이윤인플레이션(profit inflation)'이 발생했으며, 이로 말미암아 상인과 제조업자는 자본 형성과 산업의 성장을 도모했다는 것이다.

이처럼 신대륙 발견을 통해 스페인에서는 ‘가격혁명’이 일어났고, 그것이 ‘상업혁명’으로 발전되었으며, ‘이윤인플레이션’으로 이어졌다. 그리고 번영의 중심도 이제 지중해가 아니라 대서양 연안으로 옮겨졌다. 그리하여 포르투갈의 리스본과 스페인의 세비야가 새로이 신대륙 무역과 아시아 상품의 주 거래 시장으로서 크게 활기를 띠게 되었던 것이다.

그러나 이 무렵부터 스페인 사람들의 의식도 크게 바뀌어갔다. 금은보화를 뱃짐으로 실어 들여오는 판국이니 사람들은 저마다 배를 타고 신대륙으로 가는 일에만 열을 올렸던 것이다. 옷감을 짜고 생활필수품을 생산하는 수공업 따위는 하찮게 여기는 풍조가 만연하기에 이르렀다.

더불어 일확천금을 노리는 탓에 사람들의 의식도 차츰 나태해졌다. 한 번만 신대륙에 다녀오면 일생이 보장되고도 남는 상황이므로, 생산업이나 고된 일을 피하고자 하는 생각이 들었기 때문이었다. 오늘날 스페인 사람들의 느긋한 생활 태도에서도 당시 그들이 가졌던 이 같은 의식의 흔적을 읽을 수 있다.

그러나 우월과 번영에도 불구하고 확고한 산업 기반을 구축하지 못했기 때문에 스페인은 결국 네덜란드·프랑스·영국 등의 도전을 연거푸 받을 수밖에 없었다. 산업 기반이 없는 한, 물가 급등은 오히려 스페인에 불리하게 작용했던 것이다.

가령, 아직 가격혁명이 일어나지 않은 영국은 그들의 생산품을 스페인으로 가져다 팔기만 하면 값을 3~4배나 더 받을 수 있었다. 그리고 그 이익을 그대로 생산에 재투자했다. 따라서 스페인이 신대륙 아메리카로부터 고생을 하며 들여온 금·은의 최종 행선지는 영국이었다. 즉, '스페인 경유 영국행'이었던 것이다.

그리고 영국인들은 이 은을 이용해 아시아의 향료 무역까지 장악했다. 그야말로 "종은 스페인 사람들이 아니고 영국 상인들을 위해 울린 셈이었다". 그러나 문제는 여기에만 있는 것이 아니었다. 일찍이 그리스도교 국가로 통일해나갈 무렵부터 스페인은 이미 문제의 씨앗을 잉태하고 있었다.

이슬람 교도와 유대인에게 관용(寬容)을 베풀 여유가 없었다는 점이 바로 그것이다. 즉, 가톨릭 신앙으로 나라를 통일하려고 이슬람 교도와 유대 교도들에게 가톨릭과 국외 퇴거 가운데 한 가지를 선택하도록 강압했던 것이다.

이들에 대한 가차 없는 정치적·종교적 탄압은 근면한 숙련공과 자본가였던 이들을 국외로 추방하는 사태를 빚었고, 마침내 생산 기반을 무너뜨리는 결과를 가져

왔다. 그들의 종교 탄압이 스페인의 자본주의 발전을 마
비시키는 하나의 중대한 원인이 된 셈이었다.[11]


## 2. 종교개혁과 스페인

### (1) 교황 레오 10세의 '속벌부' 판매와 루터의 항거

종교개혁은 신성로마제국의 명목적 지배에 따른 혼란과
분열 속에서 일어났다. 로마 교회가 독일을 '로마의 젖
소'처럼 여겨 속벌부(贖罰符, Indulgence)의 효능을 과장해
판매했음은 널리 알려진 일이다. '인덜전스'는 교회의 오
랜 구제 절차의 일부로서, 죄를 사면해준다는 의미의 '면
죄부'가 아니다.

지은 죄를 면해주는 것이 아니라, 지은 죄에 따라 받
게 될 벌의 일부 또는 전부를 선행(善行, 즉 성사·기구·단식·
순례 등)을 통해 사(赦)해준다는 약속일 뿐이다.[12] 그런데
교황 레오 10세가 성베드로 성당의 수축 비용을 마련하
고자 속벌부를 발행한 것이다. 이것을 사서 지은 죄에 따
른 벌을 용서받으라는 것이었다.

오로지 신앙에 따라서만 구제될 뿐(sola fide)이라는
신념을 가지고 있던 루터(Martin Luther)는 이를 결코 용납
할 수 없었다. 또한 당시 스페인·프랑스·영국 등에서는
절대왕권과 국민의식이 이미 높아진 상태여서 이 같은

**속벌부를 판매한 교황 레오 10세**　Raffaello 그림, 1513～1519, 피렌체 팔라초 피티 갤러리아 팔라티나.

교황의 횡포가 통할 수 없게 되어 있었다.

　교황 레오 10세가 독일의 작센 지방을 속벌부 판매 장소로 선정한 이유도 여기에 있었다. 독일은 아직 문화 수준이 얕아서 교황의 자의(恣意)를 견제할 수 있는 강력한 왕권이 구축되어 있지 않았다. 여기서 교회의 노골적인 주구(誅求)에 항거하여 한 사람의 선각자 마르틴 루터(1483~1546)가 앞장서 들고 일어났던 것이다.

루터는 우선 출신부터가 교황청의 타락과 부패를 용납하기 어려운 시민 신분이었다. 그는 에르푸르트대학에서 법률을 공부한 뒤 1505년 수도원에 들어가 12년 동안 수도 생활을 했다. 그리고 수도사로서 당시 새로 창립된 비텐베르크대학에 초청되어 교수가 되었다. 1517년 10월 31일 그가 비텐베르크 교회의 문에 이른바 〈95개조 논제〉를 공시한 것도 이런 연유에서였다. 이것이 종교개혁의 발단이다.

그렇지만 당시 루터는 속벌부 판매에 대한 신학적 비판을 가했을 뿐, 교황의 권위를 존중하지 않으려는 것은 결코 아니었다. 가톨릭에서 이탈할 생각도 물론 없었고, 종교개혁가로서 특별한 의식 또한 없었다. "교황의 발밑에 엎드려 교황의 말씀이 그리스도의 말씀"이라고 인정하며 오히려 교황과 화의하기 위한 일을 진행시키고 있었다.

가톨릭 교도에게 교황이란 그리스도로부터 사도 베드로를 통해 인지(人知)를 뛰어넘는 능력을 이어받은 존재이다. 때문에 교회의 최고 통할자로서 직능을 수행하는 교황은 결코 오류를 범하는 일이 있을 수 없으며, 일곱 가지의 성사(Sacrament)를 집행하는 성직자는 신의 대리인이라고 인식된다.

　루터가 반기를 든 것은 교황과 교회에 대해서가 아니었다. 그가 돌발하게 된 계기는 따로 있었다. 잉골슈타트대학의 신학부 교수 에크(John Eck)의 도전을 받고 이른바 '라이프치히 토론'을 벌이게 되면서(1519) 사태는 급전했다. 여기서 루터는 교회의 중개를 필요로 하지 않는, 말하자면 신과 직접 교섭을 설득하게 되었던 것이다.

　그리고 그는 교황이나 종교회의도 오류를 범할 수 있다고 단정했다. 그가 종교개혁가로서 입장을 분명히 한 것은 바로 이 토론이 계기였다. 인간의 구원은 교회 조직이나 교회가 명하는 은총을 획득하기 위한 선행으로써가 아니라, 무상(無償)인 신의 사랑(그리스도의 복음)에 따른 '신앙'으로써만 이루어진다는 것이 바로 그의 주장이었다.

　'오로지 신앙으로써만 구제된다'는 그의 신념은 교회의 '선행'을 통한 구제에 반대되는 것이었고, 모든 벌이 교황의 사면에 따라 면제되는 것이 아니라는 뜻이었다. '만일 속벌부가 인간 구제에 유효하다면 신앙이나 참회가 왜 필요하겠는가?'라는 것이 주장의 핵심이었다.

## (2) 카를 5세의 루터 견제

인간에게 벌을 사해주는 것은 교황도 교회도 아니고 오로지 신이라는 것이 루터의 주장이다. 더욱이 속벌부를 구입하기 위한 동전이 상자 속에 떨어지며 내는 딸랑 소리와 함께 인간의 영혼이 연옥을 떠나 천국으로 간다는 설교는 전혀 근거 없는 거짓이라는 것이 루터의 반박 요지였다(95개조 가운데 27조).

다시 말하거니와, '인덜전스'는 죄를 용서한다는 것이 아니라 진정으로 뉘우치고 고행을 한 사람에게 그가 죽은 뒤 그 죄에 상당하는 처벌을 일부 또는 전부를 감면해준다는 약속일 뿐이다. 교황 레오 10세가 루터를 이단(異端)으로 몰아 파문(破門)한 것은 그가 속벌부 판매에 항거를 한 직후의 일이었다.[13]

그러나 루터는 파문 교서를 불태워버림으로써(1520. 12. 10) 자기의 결심을 확고하게 굳혔다. 독일 황제로서 카를 5세가 루터를 견제하기 시작한 것은 바로 이 시점에서였다. 앞에서 이야기한 것처럼, 카를 5세는 외가와 친가의 광활한 영토를 모조리 독차지한 막강한 제왕이었다.

당시 그는 프랑스로부터 북이탈리아를 빼앗고자 하는 욕심이 있었고, 이에 정략상 교황과 결탁할 필요가 있었다. 그리하여 그는 교황을 도와 보름스(Worms)에서 제국회의(Reichstag)를 소집, 1521년 4월 18일 루터를 여기에 소환했다. 그리고 그에게 주장을 취소하라고 강압했다. 이때 카를 5세의 나이는 겨우 21세에 불과했지만 그의 권력은 실로 막강했다.

그러나 루터는 끝까지 굴하지 않았다. "저는 이렇게 밖에 달리 어찌할 도리가 없습니다. 저는 여기에 서 있는 그대로의 인간입니다. 자기 이외의 인간은 될 수 없습니다. 신이시여, 저를 구원해주십시오. 아멘"이라는 것이 그의 대답의 전부였다.[14] 그러자 카를 5세는 마침내 5월 25일 루터에게 보호해제(保護解除) 처분을 내리고 말았다.

루터는 교황으로부터는 파문을, 그리고 황제로부터는 '보호해제' 처분을 당한 것이다. 따라서 그로서는 이제 몸을 숨기는 것 외에 다른 방법이 없었다. 작센 공의 보호를 받으며 그가 바르트부르크 성에서 은거 생활을 시작한 것은 이 직후의 일이었다.

루터는 여기서 교황권 남용뿐만 아니라 교황이 범한 오류에 대해서도 서슴없이 비난을 쏟아냈다. 성서의 독일어 번역에 전념할 수 있었던 것도 이 시기의 일이다. 이 번역본이 독일어 문체(文體) 통일에 공헌함으로써 그의 교설은 새로운 인쇄 기술의 보급과 함께 널리 퍼져나갔다.

## (3) 종교개혁과 카를 5세의 대응

루터의 종교개혁운동은 단순한 신앙의 문제로 국한될 수가 없었다. 당시 독일이 안고 있던 모든 정치적 문제가 여러 갈래로 복잡하게 얽혀들었다. 루터는 가톨릭으로 대표되는 중세적인 것에 대한 모든 반항의 중심에 서게 된 셈이었다. 따라서 그의 일거수일투족은 교황과 황제의 견제 대상이 될 수밖에 없었고, 독일 국민의 지대한 관심의 대상이 되었다.

농민혁명도 당시 루터의 종교개혁에 자극받아 일어났다(1524). 그러나 토마스 뮌처(Thomas Münzer)가 농민혁명의 지도권을 장악함으로써 급진성을 띠게 되자, 이에 대한 루터의 태도가 드러나게 되었다. 즉, 농민들의 항거가 가톨릭 성직자를 향할 때는 그들에게 동정을 표시했지만, 그 요구가 제후로 향하게 되면 그는 단연 강력하게 진압을 권고했던 것이다.

세속 질서도 신이 만들었다는 것이 그의 주장이었다. 루터의 개혁운동은 이후에도 세속 제후와 결합함으로써 발전되었다. 제후들도 마찬가지로 황제 카를 5세로부터 자신들을 지키기 위해 루터와 결합이 절실했다. 그런데 문제는 국내 제후들의 협력이 루터에게도 필요했지만 황제에게도 필요했다는 데 있었다. 황제도 터키 및 프랑스와 대결하기 위해서는 그들의 협력이 필요했던 것이다.

황제 카를 5세가 슈파이어(Speyer)에서 제국회의를 열어 루터파 제후에게 그 교리를 인정해준 것은 이런 상황에서의 일이었다(1526). 이것이 루터주의가 독일 북부 지방으로 번지게 된 배경이었다. 그러나 황제는 전쟁에서 승리하자 돌연 태도를 바꾸었다. 지난날의 칙령을 취

**카를 5세**　스페인을 세운 페르난도의 외손자이자 오스트리아와 네덜란드 통치자인 막시밀리안 1세의 친손자이다. 그는 어느 그리스도교 왕보다 넓은 영토와 많은 인구를 지배했다. 그가 교황을 도와 루터를 제국회의에 소환하고 주장을 취소하라고 강압한 사실은 유명한 일이다. Tiziano 그림, 1548, 마드리드 프라도미술관.

소하고 루터파의 포교를 금한 것이다(1529). 그러자 그들은 이에 거세게 항의했다. 이것이 이들 루터파를 프로테스탄트(Protestant)라고 일컫게 된 배경이다.[15]

**마르틴 루터**  Lucas Cranach 그림, 1529.

이어 아우크스부르크에서 제국회의가 열리자(1530) 이들 프로테스탄트 쪽 제후들은 루터의 친구 멜란히톤이 기초한 〈아우크스부르크 신앙고백〉을 발표했다. 그러나 황제와 가톨릭계 제후들이 이를 거부하자, 그들은 슈말칼덴 동맹을 조직하여 항거했다. 이 과정에서 프랑스 왕이 가톨릭 신자임에도 불구하고 독일의 프로테스탄트들을 열정적으로 지원하자, 카를 5세도 마침내 프로

테스탄트 복멸(覆滅)이 불가능함을 깨닫게 되었다.[16]

여기서 카를 5세는 그의 통치 마지막 해인 1555년에 아우크스부르크에서 제국회의를 열어 독일 제후와 도시에 대해 가톨릭이든 루터파든 신앙을 자유롭게 선택할 수 있는 특권을 공식 인정했다. 그러나 이것은 개인 각자에게 신앙의 자유를 허용한 것이 결코 아니었다. 제후가 그의 통치 아래 영민(領民)의 종교를 결정하는 권리를 가진다는 것이었다. "지배자의 종교가 그 지배지의 종교가 된다"는 의미였다.[17]

각 개인에게 신앙의 자유가 인정된 것은 1598년 4월 13일 앙리 4세의 낭트칙령에 따라서였다. 아우크스부르크의 조치는 독일 제후들과 인민을 가톨릭과 프로테스탄트로 거의 비등하게 갈라놓았다. 그리하여 제후들은 종교를 가톨릭 황제에 반대하고 국가 통일을 마비시키는 도구로 사용할 수 있게 되었다. 종교적 분열이 독일의 국가 통일을 저해하는 중대한 요인이 되었음은 부정할 수 없는 일이다.

루터의 종교개혁은 그 이전에 일어났던 영국의 존 위클리프(John Wycliffe, 1320~1384)나 체코의 요하네스 후스(Johannes Huss, 1372~1415)의 종교개혁과는 내용이 달랐다. 성서중심주의 등은 마찬가지였지만, 루터는 두 사람의 경우와는 달리 종교적 원리만 문제로 제기했을 뿐, 사회개혁에 대한 직접적 지향은 없었다.

## (4) 헨리 8세에 대한 카를 5세의 이혼 방해

영국은 방대한 통치 영역을 가진 카를 5세의 스페인 통치 기간(1516~1555)에 역설적이게도 더 강력한 집권국가로 발전했다. 국제정치에서도 영국이 더 중요한 구실을 담당하게 된 것이다. 1509년에 헨리 7세가 죽자, 그 아들 헨리 8세는 겨우 18세의 나이로 '스릴 넘치는' 38년 동안의 통치에 막을 열었다. 그는 부왕으로부터 정치적 안정, 재정적 여유, 그리고 외교적 명성까지 한꺼번에 물려받았던 것이다.

처음에 카를 5세는 이모부 헨리 8세를 가난한 친척쯤으로 여겨 별로 정중하게 대하지 않았다. 그의 외조부인 페르난도조차도 마찬가지로 영국을 이류 국가쯤으로 여겼다. 수도원 해산(1536·1539) 이전의 영국은 사실상 산업 면에서 프랑스와 이탈리아는 물론 남독일 지방보다도 뒤지는 나라였다.[18]

그렇지만 페르난도는 영국 통치자 헨리 8세만은 만만치 않은 젊은이로 생각했다. 그가 막내딸 캐서린을 헨리와 결혼시킨 것도 이 때문이었다. 그리고 그의 판단은 얼마 가지 않아 현실로 입증되었다.

카를 5세도 곧 태도를 바꾸어 헨리 8세에 대한 대접을 정중하게 할 수밖에 없었다. 헨리 8세가 뛰어난 정략가 토머스 울지(Thomas Wolsey, 1475?~1530)의 도움을 받아 외교를 주도한 덕이 컸다. 당시 헨리는 장인 페르난도에

헨리 8세와 이혼 문제로 법정에 선 캐서린

게 속아 스페인의 프랑스 공격전에 말려들어 아무런 소득도 없이 부왕 헨리 7세로부터 물려받은 막대한 재정을 낭비한 데 격분하고 있었다.

부왕으로부터 물려받은 부를 장인에게 속아 탕진했으니 그로서는 그럴 만도 했다. 그는 페르난도를 '여우 같은 장인'이라고 할 정도로 분을 삭이지 못하고 있었다. 그러니 그 딸인 캐서린을 예쁘게 여길 리가 없었다. 그렇지 않아도 "그는 연상의 마누라가 싫었다". 이것이 헨리 8세가 캐서린과 이혼을 서둔 또 다른 중요한 원인이었다.

그런데 이 이혼을 카를 5세가 가로막고 나선 것이다. 캐서린의 조카인 카를 5세는 강력한 권력을 가진 황제로서 이모가 이모부에게 이혼당하는 사태에 직면하여 어떻게든 이를 막으려 했던 것이다. 더구나 그는 교황과 이해를 같이하고 있을 뿐만 아니라 교황의 지원도 받을 수 있는 우월한 처지여서 더욱 열심이었다. 그러나 그의 이혼 방해 공작은 실패했고, 이것이 영국과 관계만을 더욱 복잡하게 만들었다.

# 3. 펠리페 2세의 대내·외 정책과 정략결혼

## (1) 펠리페 2세와 메리 튜더의 결혼

헨리 8세가 죽자 카를은 다시 기회를 얻었다. 헨리의 어린 아들 에드워드 6세(재위 1547~1553)의 짧은 통치가 끝난 뒤에 메리(재위 1553~1558)가 영국 왕위를 이어받았기 때문이다. 메리는 스페인 출신 어머니 캐서린과 헨리 8세 사이에서 태어난 여왕이었다. 카를 5세의 이종 4촌 여동생이 영국 왕으로 즉위한 것이다.

　일순간 카를 5세는 영국 여왕 메리에게 직접 청혼할 생각도 했다. 그렇지만 그는 금방 생각을 바꾸었다. 자기 대신 처를 잃은 지 8년이나 된 아들 펠리페를 그녀와 결혼시키기로 한 것이다.[19] 교섭에는 시몽 르나르가 나섰으며, 날째고도 정력적으로 일이 추진되었다. 그리하여 이 듬해(1554) 7월 25일 마침내 윈체스터에서 혼례가 거행되었다. 신부가 부왕 카를의 이종 4촌 동생이니 신랑 펠리페 2세에게는 아주머니뻘이 되고, 나이는 11살이나 많았다. 이야말로 철두철미한 정략결혼이었다.

이 결혼은 카를 5세에게는 대성공을 의미하는 것이었다. 영국을 프랑스에 적대하는 연합 전선에 끌어들임으로써 스페인이 유럽의 헤게모니 쟁탈전에서 우위를 점할 수 있게 되었기 때문이다. 사람들도 카를 5세가 대성공을 거두었다고 생각했고, 황제 스스로도 그렇게 생각했다. 1553년 당시로서는 메리가 즉위 5년 만에 죽을 것이라고는 아무도 상상할 수 없었기 때문이다.[20]

이는 "플랑드르를 기반으로 한 중앙유럽 제국에서 신세계의 모든 자원을 지배하는 스페인을 기초로 한 대서양 제국으로 전진을 상징하는 사건"이었다.[21] 그렇지만 이 결혼은 단기간에 종말을 고하고 말았다. 1558년 11월 17일, 메리가 후계자 없이 죽었기 때문이다. 이는 카를 5세가 죽은 지(1558. 9. 21) 2개월 뒤의 일이었다. "메리의 죽음은 프랑스에게는 해방의 종소리였고, 스페인에게는 꿈을 깨는 순간이었으며, 영국에게는 교황의 권위에서 벗어나는 계기였다."

카를 5세는 자기가 생존하는 동안에 후계 문제를 깨끗이 처리하려고 했다. 그리하여 그는 펠리페 2세의 상속분에서 독일을 떼어냈다. 이는 독일 통일을 목표로 하는 정책을 그 스스로가 포기할 수밖에 없었기 때문이다. 그가 황제의 금관을 벗기(1556. 1. 16) 훨씬 이전에 합스부르크 왕가는 이미 두 갈래로 갈리기 시작했다. 빈의 합스부르크가와 펠리페 2세가 스페인 땅에 최종적으로 뿌리를 내린 뒤에 확립된 스페인 합스부르크가 바로 그것이었다.[22]

카를 5세의 치적을 통람해본다면, 그는 상당한 노력을 기울였음도 불구하고 지중해에서 터키에게는 반 이상 패배했다고 할 수밖에 없다. 프랑스에게는 이기지는 못했지만 지지도 않았다. 프랑스는 황제의 영향력 아래 있는 여러 나라들의 한복판에 자리하고 있었음에도 독립을 유지했을 뿐만 아니라 그 국토를 굳건히 지켜냄으로써 거꾸로 황제의 나라들을 갈기갈기 갈라놓았던 것이다.

황제는 영국에서 크게 승리했다고 착각했다. 그렇지만 그 승리는 메리의 사망과 동시에 하늘로 날아가버리고 말았다. 이제 영국·스페인·네덜란드를 단일 왕관 밑에 통합하려는 기도는 무너졌고, 네덜란드는 스페인을 심장부로 하는 새로운 합스부르크 제국 가운데서 하나의 고립된 외곽 지역이 되고 말았다.[23]

## (2) 펠리페 2세의 통치 영역과 가톨릭 신앙

펠리페 2세는 1527년 5월 21일 카를 5세의 외아들로 태어났으며, 40여 년 동안의 통치(재위 1556~1598)를 마치고 1598년 9월 13일에 생을 마쳤다. 부왕 카를 5세의 퇴위로 그는 1554년에 나폴리와 시칠리아를 이어받았으며, 1555년에는 네덜란드를, 그리고 1556년에는 마침내 스페인을 이어받아 왕위에 올랐다. 당시 스페인은 신세계를 비롯한 여러 지역에 세력을 확대하고 있어 유럽뿐만 아니라 전 세계의 운명에도 큰 영향을 미치고 있었다.[24]

그러나 그는 부왕의 땅 전부를 물려받지는 못했다. 그의 숙부 페르난도는 결혼을 통해 이미 보헤미아와 헝가리(터키에 점령당하지 않은 지역)의 왕이 되었고, 오스트리아 대공이 되어 카를 5세를 계승, 신성로마제국 황제로 선출되기까지 했다.

펠리페 2세가 받은 지역은 숙부가 물려받은 위의 땅을 제외한 부왕의 나머지 영지 전부였다. 스페인·네덜란드·프랑슈콩테(부르고뉴 공국의 동쪽 지역)·밀라노·나폴리·시칠리아 그리고 서인도의 스페인령, 아메리카, 펠리페의 이름을 따서 이름 붙인 필리핀 등이 그것이다.[25]

이후 그는 계속 스페인과 오스트리아, 즉 자신과 숙부의 혈족 간 유대를 더욱 강화해나갔다. 페르난도의 아들과 자기의 여동생을 결혼시켰는가 하면, 자기의 아들을 페르난도의 손녀와도 혼인시켰다. 자식들의 결혼을 백방으로 정략에 이용했던 것이다.

그러나 펠리페 2세는 부왕 카를 5세와 뚜렷이 대조되는 특색을 지니고 있었다. 그는 부계(父系)가 합스부르크 혈통임에도 불구하고 부왕과는 달리 스페인을 고국으로 중히 여겼다. 스페인에서 태어났고 생애의 거의 전부를 스페인에서 살았으니 그럴 수밖에 없기도 했다. 그래서 그는 스페인을 세계적 대국으로 만들기 위해 있는 힘을 다했던 것이다.

어릴 적부터 그는 철저한 종교 교육을 받았다. 그가 '성실한 신자'였다는 데는 모두가 의견을 같이한다. 그리고 그는 군주로서 힘든 일도 마다하지 않아야 한다는 교육도 받았다. 때문에 스페인의 통일 강화를 목표로 하는 강고한 의지를 가진 근대적 군주의 일면을 가진 반면, 종교적·보편적 통치 원리에 입각했던 점으로 미루어 중세적 군주의 특색도 아울러 가진 왕이기도 했다.

펠리페 2세는 진정하고도 경건한 가톨릭 신자였다. 그는 프로테스탄티즘을 혐오했다. 그는 이를 그리스도교 문명에 대한 중대한 위협으로 간주했다. 민족이 다르고 서로 다른 지역적 전통을 가진 영민(領民)을 일원적으로 통합하기 위해서는 가톨릭을 이념으로 할 수밖에 없다는 것이 그의 신념이었다.[26] 따라서 그에게 종교적 '이단'은 곧 정치적 '반도(叛徒)'와 같은 말이었다.

그는 자기 신앙의 보편적 승리를 위해 최선을 다했다. 그렇지만 스페인의 이해와 가톨릭 교회의 이해가 상충될 경우, 그로서는 서슴없이 전자를 우선으로 해야 할 처지였다. 16세기 군주의 견지에서 볼 때, 자신 위에는 오로지 신밖에 없으며 신 앞에 그가 지는 책임이란 살아

있는 동안 신민의 행복을 위해 행하는 것에 국한되는 것이었다.[27]

왕과 신의 이 같은 관계를 교황도 함부로 부정할 수는 없었다. 그런 것을 펠리페도 용납하려고 하지 않았다. 이는 로마 교황청에 대한 그의 확고한 독립과 교회에 대한 국왕 대권의 효과적인 방어라고도 할 수 있었다. 그러나 신앙의 일치를 강압하느라 정치적 통합에 전념하지 못한 것은 그의 중대한 실책이었다.

### (3) 펠리페 2세의 결혼 행각 ①

젊은 왕자는 이 같은 엄격한 신앙 교육을 받은 덕분에 쓸데없이 욕망을 충족하기 위해 고심하지는 않았다. 그렇지만 그는 16세도 되기 전인 1543년 5월, 이미 스페인의 섭정(攝政)이 되어 고문관들에 둘러싸인 채 권력자로서 고독을 경험했다. 또한 이듬해에는 16세에 결혼한 부인을 잃었다. 그리고 이런 상태로 19세에 스페인의 실제 통치자가 되었던 것이다.

하지만 그는 나라를 다스릴 무거운 임무를 맡기에는 아직 너무 어렸다. 그는 같은 해(1544) 11월, 부왕의 명령에 따라 4촌 사이인 포르투갈의 마리아와 결혼했다. 그러나 그녀는 훗날, 광기(狂氣)로 말미암아 가련해진 아들 돈 카를로스(Don Carlos)를 생산한(1545. 8. 12) 뒤 약 1개월 만에 죽고 말았다. 이것이 왕으로서 펠리페의 첫번째 결혼이었다.

이후 그는 세 번이나 다시 결혼한다. 이 과정에서 고도의 정치 게임이 전개되는 것이다. 그의 부왕 카를 5세의 광활한 세계 제국은 이처럼 치열한 반(反)프랑스적 정략 결혼을 통해 일찍부터 준비되었다. 그 상속자가 바로 펠리페 2세와 그의 숙부 페르난도라는 두 가톨릭 왕이었다.[28]

펠리페 2세도 스스로 정략결혼에 나섰다. 1554년 7월 25일, 곧 스페인의 수호신 성(聖)야곱 축일을 맞이하여 그는 윈체스터 사원에서 아주머니뻘인 영국의 메리와 혼례를 올렸다. 철두철미한 정략에 따라 11년이나 연상인 영국 여왕과 두번째로 결혼한 것이다. 이는 누가 보더라도 아름답다고는 할 수 없는 결혼이었다.

그렇다고 해서 다른 많은 사람들의 결혼과 견주어 그렇게 불행한 것도 아니었다. 당초 그는 이 결혼에 아무런 환상도 품어본 일이 없었기 때문이다. 결혼식 거행을 위해 영국에 도착했을 때 그는 "이것은 즐거운 일이 아니다. 십자군이다"라고 털어놓을 정도였다.[29] 결혼이 곧 이교도(異教徒) 소탕전이라는 뜻이었다.

그의 목적은 이 섬나라를 결정적으로 가톨릭 국가로 묶어두려는 데 있었다. 이 무렵 그는 독일을 잃은 대신 영국을 스페인과 운명 공동체로 만들고자 했다. 펠리페 2세로서는 참으로 해볼 만한 가치가 있는 도박이었다. 정략결혼이란 바로 이런 것이었다.

**펠리페 2세(위)와 네 왕비(다음 쪽)**  그는 부왕 카를 5세와는 달리 스페인을 고국으로 생각했다. 그의 통치 기간은 아메리카의 금·은 유입에 따른 '스페인의 황금 시대'였다. "그에게 종교적 이단은 곧 정치적 반도였다." 그의 알바 공 네덜란드 파견이 홀란드 독립을 자극했고, 아르마다함대의 패배는 세계 해양 지배권을 상실하게 된 계기가 되었다. Anthonis Mor van Dashorst 그림, 1557년경, 에스코리알 산 로렌초 수도원.

**째 왕비 포르투갈의 마리아**   돈 카를로스의 어머니.

**둘째 왕비 영국의 메리**   엘리자베스의 이복언니로, 가톨릭을
극력 지지.

**째 왕비 발루아의 엘리자베스**

넷째 왕비 오스트리아의 안나

그렇지만 카를 5세가 1558년 9월 21일 세상을 떠나고, 곧이어 2개월 뒤인 11월 17일에는 메리도 세상을 떠나고 말았다. 앞에서 말한 것처럼, 그의 꿈이 완전히 깨져버린 것이다. 펠리페 2세는 영국을 잃음으로써 크게 당황할 수밖에 없었다. 그러나 그는 1559년 4월 2일, 프랑스와 카토캉브레지(Cateau-Cambresis) 조약을 맺음으로써 이 난국을 곧바로 수습했다.[30]

이로써 그는 부왕이 평생을 통해 가장 중시했던 프랑스 문제에서 벗어날 수 있었다. 그에게 프랑스는 분명히 곤혹과 불안의 씨앗이었다. 부왕의 가르침에 충실했던 그는 프랑스에 관한 한 매우 사소한 문제에도 지나치게 민감했다. 그렇지만 이런 염려는 점점 빠르게 사라졌다. 1562년 이후 프랑스가 장기간에 걸친 종교전쟁에 몰입했기 때문이다. 프랑스는 이제 스페인에서 오는 사신들을 정기적으로 받아들이는 정도가 되었던 것이다.

카토캉브레지 조약의 조항을 실행해 펠리페 2세는 앙리 2세의 딸 엘리자베스(Elizabeth of Valois)와 결혼했다(1559. 6. 22). 이것이 그의 즉위 이후 세번째 결혼이다. '평화의 왕비'라고도 불린 그녀는 아직 14살밖에 안 된 어린 소녀였다.[31] 정략결혼에는 나이도 관계없었고, 인척 사이의 촌수도 문제가 되지 않았다. 나이가 11살이나 많은 아주머니와 결혼하는 데도 서슴지 않았던 그는 이제 18살이나 어린 아이와 결혼하는 데도 망설임이 없었다.

이 어린 프랑스 왕녀는 쾌활하고도 현명했다. 마치 낙원에서 온 사람 같았다. 그녀는 스페인 말도 자유롭게 구사했다. "그녀의 스페인어는 최고로 아름다웠고 마음이 끌릴 정도로 매력적이었다." 그녀는 신하 모두로부터도 한결같이 사랑을 받았으며, 왕의 극진한 사랑도 듬뿍 받았다. 더욱이 그녀가 낳은 두 딸은 왕의 사랑을 독점하다시피 했다.

그러나 이 프랑스 왕녀도 1568년 의사들이 조산(早産) 처리를 잘못하는 바람에 결국 23세의 젊은 나이로 세상을 떠나고 말았다. "더할 수 없이 선량한 왕비에게 품었던 애정 때문에 그리고 자기가 그녀로부터 극진한 사랑을 받고 있었기 때문에 왕은 참을 수 없는 고뇌에 빠졌다"고 전해지고 있다.[32]

## (4) 펠리페 2세의 결혼 행각 ②

실로 펠리페 2세에게 1568년은 시련이 시작된 해였다. 그는 우선 집안 문제로 혹독한 '드라마'에 직면하고 있었다. 아들 돈 카를로스의 광기 때문이었다. 부왕 카를 5세도 자기 모후(후아나)의 광기 때문에 고생한 일이 있었지만, 이 문제는 그녀의 부친인 페르난도가 재빨리 해결해 주었기 때문에 곧바로 진정되었다. 그래서 이는 1506년 이후 전혀 문제가 되지 않았다.

그러나 펠리페에게 닥친 드라마는 부왕의 경우와는

달랐다. 비교도 안 될 만큼 불안하기 그지없는 것이었다. 물론 그가 이 사태를 전혀 예기치 못했던 것은 아니다. 이미 오래전부터 그는 첫째 왕비 마리아가 낳은 아들이 보통의 정상아와 다르다는 사실을 익히 알고 있었다. 기적이 일어나지 않는 한 그 아이가 자기를 계승할 수 없다는 사실도 잘 알고 있었다. "외견이 추하고, 반쯤 얼이 빠진데다 허리까지 굽었으며, 제대로 말도 못하는 아들"을 보며 그는 한없이 서글퍼 했다고 한다.

분별없는 아들의 기괴하고도 난폭한 행동이 궁정을 무대로 계속 되풀이되고 있었기 때문에 그는 이 사실을 숨길 수도 없었다. 신체도 정신도 쇠약해질 대로 쇠약해진 왕자는 잔혹하기까지 했다. 동물에 대해서는 물론 사람들에 대한 가학(加虐) 취미까지 있었다. 카를로스의 이 같은 불운은 1562년 4월 19일 계단에서 굴러 떨어져 두개골이 부서진 데 그 원인이 있다고 한다.

의사들이 수술을 하기는 했지만 간신히 생명을 구했을 뿐, 어린 왕자의 성격까지 구하지는 못했다. 그러나 왕자는 "나는 미치지 않았다. 나에 대한 폐하의 혹독한 처사에 절망하고 있을 뿐"이라고 외치곤 했다. 펠리페 2세는 왕후에게 보낸 1568년 5월 19일자 편지에서 "내가 범한 죗값으로 주(主)는 내 자식의 이해력을 빼앗아 갔다"고 한탄한 바 있다.

이제 아무도 돈 카를로스가 미치지 않았다고 주장할

수는 없었다. 그에 대한 펠리페 2세의 용서 없는 태도에 이의를 제기할 수도 물론 없게 되었다. 이런 가운데 왕자는 1568년 7월 병에 걸려 소화 장애와 설사가 심해졌고, 7월 24일 결국 삶을 끝내고 말았다. 그가 숨을 거두는 병상에 부친은 끝내 모습을 보이지 않았다고 한다.[33]

펠리페 2세는 아들의 죽음으로 안도의 한숨을 내쉬었을지 모른다. 그렇지만 그에게는 두 딸밖에 없었다. 이것이 그가 곧바로 다시 결혼을 서둘지 않을 수 없었던 이유였다. 그는 이전의 왕비 못지않게 매력적인 4촌 안나(Anne of Austria)와 결혼했다(1570. 5. 4). 이것이 그의 네번째 결혼이다.

그녀는 왕과 결혼하고 5명의 자녀를 두었지만, 이 가운데 아들 하나만 살아남아 그의 상속자가 되었다. 그가 바로 펠리페 3세였다. 그러나 "믿기 어려운 이야기지만 안나는 바로 아들 돈 카를로스의 약혼자였다".[34] 이는 카를 5세가 튜더 왕조의 메리에게 청혼하려고 했다가 아들 펠리페 2세에게 양보한 경우와 비슷하다.

## (5) 펠리페 2세의 종교적 절대주의

펠리페 2세는 스페인을 세계 최강국으로 올려놓고 가톨릭교 통합체로 만들기 위해 최선의 노력을 다했다. 하지만 결국 실패로 끝날 수밖에 없었다. 그가 직면한 문제와 계획이 너무나도 다양하고 복잡했기 때문이다. 그의 능력에도 한계가 있었다. 그가 자신의 에너지를 일시에 한 가지 문제로 집중시킬 수만 있었다면 아마 대성공을 거둘 수 있었을지 모른다.

그러나 이는 불가능한 일이었다. 그의 정력은 이미 광활해진 영역에 대한 복잡한 행정 체제를 관리하는 일과 포르투갈 왕국을 병합하는 일로 갈려 있었다. 그리고 활력 넘치는 상업 및 식민 정책을 증진시키는 일과 네덜란드 반란을 진압하는 일로도 다시 나뉘어 있었다. 뿐만 아니라 그의 에너지는 영국 및 프랑스의 가톨릭을 지원하는 일과, 이슬람에 맞서 그리스도교를 보호하는 일로 또다시 분산되어 있었던 것이다.

스페인 왕실의 힘을 마비시킨 것은 바로 이 같은 이해관계의 다양성과 복잡성에 있었다. 이미 이야기했듯이, 펠리페 2세는 정치제도와 관습을 달리하는 많은 나라들을 물려받았다. 그의 대제국은 지구상의 여러 곳에 영토가 산재되어 있었을 뿐만 아니라, 언어·풍속·습관·법제·종교를 서로 달리하고 있었다. 잡다한 민족이 혼재하여 통치가 매우 어려웠고, 특히 종교개혁 이후에는 신·구 양파의 대립까지 나타난 판국이었다.

따라서 그에게는 무엇보다도 강력한 통치 원리가 필요했다. 스페인에 필요한 것은 국가 통합이었기 때문이다. 국가 통합은 강력한 왕권을 의미한다. 내정에서 '절대주의(absolutism)'와 '통합(uniformity)'은 이미 구호(口號)

처럼 되었던 것이다. 강력한 중앙집권화는 바로 펠리페 2세가 지향하는 목표였다.

그는 이를 위해 먼저 국민의 정신적 통일부터 이루어야 한다고 생각했다. 여기서 그는 가혹하고도 준엄한 '이단심문(異端審問, inquisition)'을 채택했던 것이다. 이야말로 '왕실 독재'와 '종교적 불관용'을 위한 도구였다. 그리고 왕권을 강화하기 위한 방법으로 그는 지방과 도시 자치체의 권리를 박탈하는 한편 밀라노와 네덜란드에 총독을 파견했다.

부왕과는 달리 펠리페 2세는 자신의 명령 없이는 아무것도 움직일 수 없는 '왕실 중심'의 정부를 세웠다. 그의 통치는 "중세적·초민족적 세계 지배를 이상으로 하는 종교적 절대주의였다". 외국의 구교도를 원조한 것도, 외국의 내정에 빈번하게 간섭한 것도 종교적 이념 때문이었고, 동시에 스페인의 국가 통일과 왕권 강화를 위해서였다.

터키와 레판토 해전(1571)을 치른 것도 종교와 지중해 지배권을 확립하기 위해서였다. 이 해전에서 작가 세르반테스(Cervantes)가 팔 하나를 잃은 것으로 알려져 있지만, 이후 모슬렘이 다시는 회복할 수 없을 정도로 지중해 해상권에 결정적 타격을 입은 것으로 더 유명하다.[35]

펠리페 2세가 프랑스 내란에 간섭한 것도 전통적인 적국을 약화시킴으로써 합스부르크의 우위를 확립하기 위한 것이었다. 영국의 메리와 결혼함으로써 영국 교회를 일시적이나마 가톨릭으로 회복시켜놓은 것도 그렇거니와, 1559년 앙리 2세와 카토캉브레지 조약을 체결하고 그의 딸 엘리자베스와 결혼한 것도 펠리페 2세의 외교적 승리로 평가되는 것이다.

반면 영국의 메리는 남편을 지원하다가 대륙에 남은 영국의 최종 거점인 칼레(Calais)를 프랑스에 빼앗겼다. 여기서 스페인에 대한 영국의 반감이 고조된 것이다. 펠리페 2세는 종교적으로도 그러했지만 경제적·정치적인 목적을 위해서도 영국과 프랑스를 자신의 영향력 아래에 둘 필요가 있었다.

그러나 이것을 계기로 두 나라 국민은 외세의 내정 간섭에 반감을 굳혀가게 된 것이다. 프랑스 근대와 영국 근대의 진정한 위대함은 이 두 나라가 펠리페 2세에 대항하여 각기 벌인 대결 과정에서 시작되었다고 해도 지나친 말이 아니다.[36]

## 4. 스페인의 황금 시대와 그 종언

### (1) 아르마다함대의 패배와 스페인의 해상권 상실

아르마다함대(Armada)의 대영(對英)전쟁(1588)은 스페인의 신대륙 통상을 방해하는 영국을 타도하는 데 목적이

**아르마다함대와 영국 화공선의 대해전**

있었다. 세계를 지배하고자 경제적 동맥(動脈)을 확보하려는 일대 시도였다. 그러나 이 목적은 영국 때문에 무참히 깨지고 말았다. 약 반세기에 걸쳐 구축된 "해 질 틈이 없는 대제국"의 기초가 이 무렵부터 흔들리기 시작한 것이다.

타호강(Tajo River) 입구에서 모습을 드러낸 스페인의 아르마다함대는 일찍이 어느 그리스도교 왕국도 가져본 일이 없는 무서운 위력을 갖고 있었다. 130척의 군선, 8,000명의 선원, 1만 9,000명의 병사를 포용한 대전단이었다. 그러나 펠리페는 한 가지 중요한 문제를 잘못 생각하고 있었다. 적에 대한 지나친 과소평가가 바로 그것이다. 그는 영국을 신·구 교도로 분열된 나라로 알고 있었다. 이것은 그의 큰 착각이었다.

영국은 종교국가가 아니었다. 기본적으로 국민국가였다. 가톨릭과 프로테스탄트가 서로 대적하는 것이 아니라 경쟁적으로 여왕을 지원하는 그런 나라였다. 펠리페 2세가 상대해야 할 영국은 분열된 나라가 결코 아니었다. 똘똘 뭉친 통일국가였다. 뿐만 아니라 영국 선박도 비록 소형이기는 하지만 날렵하고 기동력이 뛰어났기 때문에 육중해서 활동력이 떨어지는 스페인의 대형 범선에 엄청난 피해를 안겨주었다.

설상가상으로 무서운 강풍까지 불어 스페인 함선은 스코틀랜드 북쪽 암벽에 차례로 부딪혔다. 더욱이 네덜란드 해안은 홀란드 선박이 모두 봉쇄한 상태였기 때문에 스페인 함선이 쉽게 접근할 수도 없었다. 스페인 패전의 한 가지 중대한 원인은 네덜란드 해안에 배를 댈 수 없었던 데도 있었다.[37]

따라서 스페인 원정 함대는 3분의 1도 제대로 귀환하지 못했다. 펠리페 2세의 대패였다. 이에 그는 2차·3차 원정을 준비하느라 또다시 막대한 재정을 소비했다. 그렇지만 더 혹독한 실망을 겪었다. 심지어 그의 말년에는 스페인 최대 항구인 카디스항이 거꾸로 영국 함대에 포위당하는 꼴이 되고 말았다. 실로 이 같은 펠리페 2세의 실패는 우선 이 틈을 타서 홀란드가 자주국가로 발전하는 계기가 되었다.

아르마다함대의 실패는 스페인의 해상 및 신세계 독점권을 무너뜨린 결정타가 되기도 했다. 펠리페의 패전은 바로 영국의 해상 및 상업상의 우위를 의미하는 첫 타이틀이었다. 이제 16세기 스페인의 황금 시대가 종말로 치닫고 있었던 것이다. 이는 그들의 경제 기반이 균열되기 시작한 것과 밀접한 관련이 있었다.

## (2) 펠리페 2세와 엘리자베스

원래 스페인의 번영은 신대륙의 식민 지배를 통한 금과 은의 유입에 따른 것이었다. 그러므로 이를 얻기 위해서는 모직물과 같은 생활필수품의 공급이 전제되어야만 했다. 그런데 문제는 스페인의 직물 생산 기반이 매우 허약하다는 데 있었다. 부유한 유대인과 근면한 수공업자였던 개종한 무어인(Moors)을 30만 명이나 추방한 것이 그 원인이었다. 더욱이 모든 판매 행위에 '알카발라(alcabala)'라는 10퍼센트의 세금을 부과한 조치는 국내 산업을 더욱 마비시키는 결과를 초래했다.[38]

설상가상으로 당시 스페인에는 남네덜란드와 영국에

서 생산된 값싼 모직물이 물밀듯이 들어오고 있었다. 가격혁명이 일어난 스페인에 가져다 팔면 물건 값을 몇 배로 더 받을 수 있었기 때문이다. 따라서 아메리카의 금·은은 스페인의 국부(國富)를 증진시켜주기는 했지만, 스페인은 그 국부를 지켜낼 수 있는 산업 기반이 취약했다.

결국 외국 자본가의 배만 불려주는 꼴이 된 것이다. 그야말로 아메리카의 금·은은 '스페인 경유 영국행'이었다. 이 밖에도 스페인은 경제난을 해결할 수 없게 만드는 내부적 문제도 안고 있었다. 종교 단체와 귀족들이 토지의 대부분을 소유하고 있었고, 이들은 모두 면세의 혜택을 받고 있었기 때문이다. 이런 상황에서 당시에는 세금도 잘 걷히지 않았다. 스페인의 최대 세원(稅源)이던 네덜란드에서 반란이 일어났기 때문이다. 이처럼 세금 징수가 어렵게 된 상황에서 다시 '무적함대'가 영국에게 결정타를 당한 것이다. 이 반란을 지원하고 무적함대를 무찌른 장본인이 바로 엘리자베스였다. 펠리페의 인내가 한계에 달할 수밖에 없는 이유가 바로 여기에 있었다.

이에 펠리페 2세는 엘리자베스 여왕을 상대로 여러 가지 책모(策謀)를 꾸몄다. 그는 이 목적을 이루기 위해 아르마다 해전 이전부터 온갖 책략을 줄기차게 꾸며왔다. 그러나 모두가 실패로 끝나고 말았다. 펠리페는 여왕에게 혼인하자고 백방으로 유혹하기도 했지만 여왕은 시간을 끌며 이를 묵살했다. 이에 대해 "런던 주재 외교

관들은 여왕이 혹시 미친 것이 아닐까 의심했다". 상식적
으로는 펠리페 2세의 청혼을 거부하기가 어려웠다는 뜻
이다.

그러나 여왕은 자신과 영국을 이런 자에게 내던지는
데 결코 경계를 게을리 하지 않았다. 그가 이복언니 메리
의 남편이었기 때문이 아니었다. 국익을 위해서였다. 여
왕은 도도하고 오만하면서도 정력적인 성격의 소유자였
다. 그녀는 상당한 지력(智力)과 애국심까지 아울러 겸비
하고 있었다.

'그리스도교 국가에서 가장 큰 거짓말쟁이'라고 한
프랑스 왕의 언급처럼, 여왕은 속임수와 표리부동한 습
관을 가지고 있었다. 부끄러움을 모르는 거짓말은 여왕
의 성격 가운데 가장 특이한 점이었다. 물론 당시는 '정
치적 거짓이 판을 치는 시대'이기는 했지만, 상대를 가리
지 않고 거짓말을 한 점에서 그리스도교 왕국 가운데 그
녀를 능가하는 사람이 없었다.[39]

물론 그녀에게 거짓말은 곤경을 타개하기 위한 지적
수단에 불과했다. 그녀는 자기의 목적을 이루기 위해 쉽
게 주장하기도 하고 부정하기도 했으며, 목적을 달성하
고나면 거짓이 발각되어도 부끄러움을 몰랐다. 그럼에
도 그녀는 언제나 '훌륭한 여왕(Good Queen Bess)'이라고
불리곤 했다.[40] 여왕은 어느 면으로 보든 펠리페 2세의 맞
수로서 전혀 손색이 없었다.

여왕은 자신을 프로테스탄트라고 선언하며, 펠리페의 사업을 지원할 기색을 조금도 보이지 않았다. 뿐만 아니라 그의 해외 상업 활동에 대한 공격을 후원함은 물론 홀란드의 반란까지도 서슴없이 지원했다. 여기서 펠리페는 마침내 최후 수단까지 강구할 수밖에 없게 된 것이다. 여왕 폐위 공작이 바로 그것이었다. 영국과 아일랜드의 분리 공작에 이어 엘리자베스 암살 음모까지 꾀했던 것이다.

### (3) 펠리페 2세와 네덜란드 반란

네덜란드를 반란으로 이끈 요인은 다음 네 가지로 요약할 수 있다. 첫째가 재정적 원인이다. 카를 5세가 이 지역에 부과한 무거운 세금을 펠리페 2세가 더욱 가혹하게 증액했을 뿐만 아니라, 여기서 거둔 세금을 스페인을 위해 빼돌렸기 때문이다. 그리고 네덜란드 해운 통상에 부과한 그의 각종 제약이 스페인에게 이익이 되었을 뿐, 이들 네덜란드의 경제적 번영을 심각하게 해쳤기 때문이다.

둘째, 정치적인 원인도 크게 작용했다. 도시와 귀족이 전통적으로 향유해온 권리를 빼앗아 이 지역 통치를 맡은 관리에게 집중적으로 몰아준 것이 문제였다. 네덜란드 현지 주민보다 스페인 사람을 더 신임하고 우대한 것이 현지인들의 불만이었다.

셋째, 인간적으로 보더라도 그는 이미 외국인이었

다. 말이 통치자였을 뿐 1559년 이후에는 한 번도 네덜란드 땅을 방문해본 적이 없었다. 부왕 카를 5세와는 느낌부터가 전혀 달랐다. 펠리페 2세는 스페인에서 출생하여 성장했을 뿐만 아니라 언어도 스페인어만을 사용했다. 따라서 주민들은 그의 통치를 외국인의 지배로 여겼고, 민족적 혐오감까지 느꼈던 것이다.

넷째, 그들의 가장 큰 불만은 무엇보다도 종교 문제에 있었다. 이미 북부 여러 주에 칼뱅교가 급속하게 보급된 상황이었음에도 불구하고 그는 모든 신민에게 일방적으로 가톨릭교만을 강요했다. 그리고 그가 이 정책을 실현하기 위해 '이단심문'까지 무자비하게 강행하자 마침내 폭발한 것이다. 반항은 북부에서 남부로 점차 번져나갔다.[41]

1566년 8월 성상파괴(聖像破壞)운동에 따른 안트베르펜 대성당 파괴가 그 절정이었다. 그러자 펠리페는 유명한 장군 알바(Alva) 공을 네덜란드로 파견하여 이에 대응했다(1567). 대병력을 이끌고 가서 주민을 위압해 복종시키라는 것이 그에게 주어진 명령이었다. 알바 공은 왕의 희망을 실천하기 위하여 먼저 '소요평의회(Council of Troubles)'라는 전단적(專斷的) 재판소부터 설치했다.[42]

그렇지만 이는 '피의 평의회(Council of Blood)'라고 불릴 만큼 악명이 높은 기관이었다. 1567년에서 1573년까지 6년에 걸친 그의 통치 기간 동안에 에그몬트(Egmont) 백작

**알바 공** 안트베르펜 대성당의 파괴를 기화로 대병력을 이끌고 브뤼셀에 도착한 그는 악명 높은 '소요평의회'를 창설, 네덜란드인에 대한 혹독한 탄압을 가했다. 이것이 홀란드 독립의 도화선이 되었다. Tiziano 그림.

과 호른(Horn) 백작을 포함해 8,000명이 처형되었고 3만 명이 재산을 몰수당했으며 10만 명이 해외로 도피했다.

뿐만 아니라 판매 상품 값의 10분의 1을 부과하던

'알카발라'도 직물 등 특정 상품에 대해서는 10분의 7까지 부과하는 횡포마저 서슴지 않았다.[43] 무법천지와도 같은 혼란과 함께 이 혹독한 세금이야말로 네덜란드의 경제적 번영을 해치는 치명타가 될 수밖에 없었다. 이에 대부분이 가톨릭 신자임에도 불구하고 남네덜란드 시민들까지 북쪽의 귀족 및 프로테스탄트들과 연합해 스페인의 전제정치에 항거하게 되었던 것이다.

스페인을 상대로 한 전국 규모의 무력 항쟁이 여기서 시작된 것이다. 이 항쟁의 대표적 지도자로 등장한 인물이 바로 오렌지 공 윌리엄(William of Orange)이었다. 그는 홀란드(Holland)주와 젤란트(Zeeland)주를 통치해온 프로테스탄트로, 알바가 도착할 때는 영지 모두를 총독에게 몰수당한 채 독일로 잠적한 상태였다.

그런데 그가 몇 차례의 소규모 항거를 승리로 이끈 것이 그를 국민 항쟁의 지도자로 등장시킨 배경이었다. "실로 그는 네덜란드의 조지 워싱턴이었다." 처음에는 알바가 그의 항거를 쉽게 진압할 수 있었다. 그러나 1569년부터 그들은 훨씬 위협적으로 사태를 전개해나갔다. 오렌지 공 윌리엄이 해적선을 빌려 스페인 선박을 약탈하기 시작한 것이다.

'바다의 거지들(Sea Beggars)'이라고도 불리는 이들이야말로 가톨릭과 스페인 사람들에 대한 증오를 멈출 줄 모르는 가장 성난 무법자들이었다. 그들은 이미 홀란드

**홀란드 독립의 대표적 지도자 오렌지 공 윌리엄**
Adriaen Thomas Key 그림, 1570년경.

해상권의 기반을 구축했을 뿐만 아니라, 계속해서 알바에게 고통을 주며 육지의 반란에 활기를 불어넣어 주었던 것이다.[44]

여기서 네덜란드를 펠리페의 통치로 되돌리려는 알바의 혹독한 책략은 여지없이 실패로 끝나고 말았다. 그리하여 알바는 소환되고 그 자리는 한층 신중한 리퀘센스(Requesens)로 교체되었으며, 그가 죽자(1576) 오스트리아의 돈 존(Don John)이 그 자리를 이었다. 그러나 이들 모두 네덜란드를 평정하는 데는 실패했다.[45]

당시는 프로테스탄트를 회유하기에는 이미 시간이 늦은 상태였다. 이런 상황에서 펠리페가 운 좋게도 찾아낸 인물이 바로 파르마 공 알렉산더 파르네스(Alexander Farnese, 1578~1592)였다. 파르네스는 알바와 같은 단순한 무인이 아니었다. 재략과 결단력을 겸비한 총독으로서 그는 전쟁과 외교를 겸용하는 재주를 한껏 과시했던 것이다.[46]

그는 먼저 이 반
항을 탄압으로는 진
압할 수 없다는 사
실을 간파했다. 그리
하여 17주의 결속에
내포된 결점부터 찾
아냈다. 즉, 남·북 네
덜란드가 종교와 민
족 그리고 언어가 서
로 다르다는 점에 착
안하여 남·북을 분
리시키는 공작부터
시작한 것이다. 남부
의 10주는 가톨릭교

**남부 네덜란드의 독립을 막는 데 성공한 파르마 공 알렉산더 파르네스**
Otto Vaenius 그림, 1585년경.

지역이고 수공업을 위주로 하고 있었던 것과 달리, 북부
의 7주는 대부분이 칼뱅 교도로서 상업을 위주로 하는
지역이었다.

남부는 스페인과 연합함으로써 비롯되는 위협보다
종교가 다른 북부로부터 받게 될 위협을 더 심각하게 느
낄 수도 있었다. 여기서 남부 10주는 가톨릭을 보호하고
펠리페 2세와 화해하기 위해 아라스(Arras) 동맹을 맺었
고(1579. 1. 6), 북부 7주는 자신들의 권리와 자유를 수호
하려는 목적으로 스페인 전제정치에 항거하여 위트레흐

트(Utrecht) 동맹의 체결(1579. 1. 23)에 동의했다. 따라서 네덜란드는 이제 두 부분으로 갈려 서로 제 갈 길을 가게 된 것이다. 남부는 이후 2세기가 넘도록 합스부르크 왕가의 수중에 머물러 '스페인령 네덜란드' 또는 '오스트리아령 네덜란드'라고 불리었다.[47] 이것이 오늘날의 벨기에와 룩셈부르크이다.

이렇게 자유와 독립을 쟁취한 북부는 '제주연합(諸州聯合, United Provinces)' 또는 '홀란드(Holland)'라고 불리기도 한다. 이곳은 1581년 7월 26일 독립을 선언하여 네덜란드 연방공화국이 되었다. 홀란드주를 선두로 한 독립이기 때문에 프랑스인은 '홀란드'라고 일컬었고, 독립한 홀란드는 자신들의 공식 국명을 '네덜란드 연방공화국'이라고 했다.

## (4) 스페인의 해상권 상실 : 영국·홀란드의 해양 진출

스페인의 우위는 펠리페 2세 시대를 정점으로 종말을 맞게 된다. 국제 세력으로서 스페인 합스부르크 왕조의 범(汎)유럽적 지배 기구가 그의 치세를 끝으로 해체되어간다는 뜻이다. 16세기 후반을 통치 기간으로 하는 그의 치세를 보통 '스페인의 황금기'였다고들 말한다. 그렇지만 실제로 이 기간에도 그에게는 편할 날이 없었다.

그의 고민은 즉위(1556) 뒤 2년 만에 영국에서 메리가 죽으면서 이미 시작되었다. 엘리자베스가 등장하면서 영국이 우방에서 적국으로 바뀌었기 때문이다. 메리가 살아 있을 때는 영국이 프랑스 포위망을 구축하는 데 훌륭하게 한몫을 담당해주었다. 그런데 영국이 여기서 빠지게 되자 프랑스에 대한 스페인의 우위가 크게 흔들리게 된 것이다. 메리의 사망 소식을 접한 프랑스 국민들은 크게 환호했다고 한다. 스페인의 포위망에서 벗어나게 된 기쁨의 표현이었다.

이미 프랑스 및 영국과 대적하고 있는데다가, 그가 즉위하고나서 10여 년 뒤인 1566년에는 네덜란드에서 반란이 일어나 알바 공을 현지에 파견할 수밖에 없는 처지가 되었다. 뿐만 아니라 1569년부터는 다시 네덜란드인이 스페인 선단(船團)에 대한 조직적인 해상 약탈까지 시작한 형편이었다.

아메리카에서 금과 은을 싣고 귀국하는 스페인 선단을 약탈한 것은 영국만이 아니었다. 네덜란드인들도 이미 영국 못지않은 해상 세력으로 등장하여 약탈에 동참했던 것이다. 이들은 위트레흐트 동맹을 맺고 1581년에 이미 독립을 선언했다. 아르마다함대가 영국에 패배한 시기는 스페인이 이처럼 네덜란드와 영국의 해상 위협에 직면한 이후의 일이었다.

아르마다함대의 패전은 네덜란드가 스페인의 해상 위협으로부터 완전히 벗어났음을 의미한다. 그리고 스페인령 네덜란드의 북부 7주, 즉 홀란드의 정치적 독립

뿐만 아니라 이들의 국제상업상의 압도적 우위 확립까지도 의미한다. 스페인의 해상 위협이 제거됨으로써 이제 네덜란드와 영국에 해상 진출의 길이 활짝 열렸던 것이다.

따라서 엘리자베스 통치 아래 크게 활기를 띤 영국 세력의 대서양 진출은 이제 반대로 스페인에게 치명적 위협이 되었다. 영국 모직물의 대량 유입으로 국내 산업의 쇠퇴를 막을 수 없게 된 스페인으로서는 그들의 국제적 우위를 지탱할 수 있는 힘을 아메리카의 은에서 찾을 수밖에 없었다. 그런데 네덜란드와 영국이 그 유입 통로를 가로막고 나섰던 것이다.

더욱이 스페인에 대한 홀란드의 항전 기반은 엘리자베스의 영국과 앙리 4세의 프랑스 그리고 프로테스탄트 독일의 원조까지 받게 되면서 더욱 공고해졌다. 1609년 프랑스의 중개로 시작된 스페인과 홀란드 사이의 12년 동안의 휴전 조약은 사실상 홀란드의 독립 쟁취와 다름없었다.

1580년대로 접어들며 스페인은 기울고 있는 것이 분명했다. 그러나 정치적으로나 외형적으로는 아직 여유가 있는 것처럼 보이기는 했다. 포르투갈 왕위가 비게 된 틈을 이용해 펠리페가 그의 모후(이사벨)와 자신의 첫째 왕비(마리아)가 포르투갈의 왕녀였음을 내세워 이 나라를 통합하는 데 성공했기 때문이다(1581). 그리하여 스페인이 이 나라의 식민지였던 브라질과 아프리카 해안의 교역 거점은 물론 인도·실론·동인도제도까지 아울러 차지했다.

그러나 스페인은 이미 해상 세력으로서 힘을 잃은 상태였다. 17세기로 접어들며 홀란드가 거대한 해양 강국으로 성장, 세계 무역을 거의 독점하다시피 하게 되면서 스페인은 해양 세력으로는 이제 설 자리를 잃었다. 그리고 3대에 걸친 약 80년의 포르투갈 통치도 마침내 끝나고 말았다.

## (5) 스페인의 경제적 기반 붕괴

모직물 공업은 1530년대에서 1570년대에 이르는 약 반세기에 걸쳐 스페인 상업자본가들에 의한 신대륙 무역 독점을 가능하게 했다. 모직물이 바로 신대륙의 방대한 은의 지배를 가능하게 한 경제적 기초였던 것이다. 그리고 이 은이 스페인을 유럽 제일의 군국(軍國)으로 성장시켜, 포르투갈 병합과 터키 해군을 격멸하고 마침내 대식민제국 건설을 이루게 한 경제적 원동력이었다.[48]

그런데 문제는 스페인의 모직물 공업이 신대륙의 수요를 단독으로는 맞출 수 없었던 데서 시작되었다. 스페인이 네덜란드(특히 플랑드르)와 영국에서 생산된 모직물을 수입할 수밖에 없게 됨으로써 결국 이들과 경쟁하게 된 것이 원인이었다. 스페인이 홀란드 및 영국과 경쟁할 수 없었던 원인은, 이미 앞에서 언급한 것처럼 통일 당시에 숙련공이던 무어인과 자본가였던 유대인들을 대거 추방한 데서도 찾아볼 수 있다.

이 밖에도 스페인 산업자본가들의 매뉴팩처 경영에 치명적으로 작용한 것은 절대왕정의 가혹한 과세였다. 이 때문에 생산비가 높아짐으로써 모직물 가격은 비싸질 수밖에 없었고, 여기에 다시 신대륙으로부터 금·은이 대량 유입되어 그 가격이 몇 배로 오름에 따라 스페인 모직물 공업 제품은 네덜란드 및 영국 제품과 경쟁할 수가 없었던 것이다.

여기서 스페인 상업자본은 언제나 저렴한 외국산 모직물을 수입하여 이를 대륙으로 다시 수출하는 식의 상 행위를 되풀이하는 결과가 빚어진 것이다. 따라서 1570년대에 이르러서는 스페인 모직물 공업이 값싼 외국 상품의 경쟁 상대가 될 수 없는 지경에 이르고 말았다. 마침내 스페인은 전적으로 중간 상인의 지위로 떨어진 셈이었다.[49]

그러나 문제는 이것만이 아니었다. 스페인의 무력적 독점을 극복하고 밀무역의 방법으로 신대륙에 직접 수출하는 일이 점점 증대하기에 이른 것이다. 이처럼 스페인의 신대륙 무역은 1570년대 이후 급속히 변질되고 쇠퇴해갔다. 이는 홀란드와 영국 상업자본의 약진을 의미하는 것이었고, 스페인에서 상품의 수입 초과에 따른 은

**세기의 범선**  Pieter Brueghel의 그림을 모사한 판화.

의 유출이 크게 증가할 수밖에 없는 연유였다.

은이 바로 국부를 형성하는 국가의 경제적 기초였기 때문에 스페인은 ‘은’이라는 화폐의 국외 유출을 저지하는 데 총력을 기울였다. 금과 은의 해외 유출을 극력 저지하는 정책을 이른바 ‘중금주의(重金主義, Bullionism)’라고 하거니와, 이것이 바로 절대주의 시대의 경제정책인 중상주의(重商主義)의 초기 단계에 해당하는 것이었다.

왕도 코르테스(Cortes, 의회)도 이 정책을 고집했지만 모두 허사였다. 신대륙에 모직물을 공급할 수 있는 산업 기반을 잃은 이상, 스페인의 처지에서 자국으로 들어온 금과 은을 지켜낼 방도가 없었다. 1566년 무렵에 이미 서인도 상선대가 세비야로 들여온 은이 모조리 국외로 유출되었다는 것이다. “실로 스페인의 중금주의 정책은 풍차를 향해 조랑말을 돌진시킨 돈키호테의 비참한 모습과 다름이 없었다.”[50]

# 제 2 장

# 영국의 우위 확보

# 총 설

강력하고도 진취적인 영국의 토대는 튜더 왕조에 의해 구축되었고, 이 왕조는 헨리 7세가 창시했다. 그는 검약과 평화 외교로 나라의 안정과 국부의 증진을 꾀했다. 그렇지만 그의 가장 주된 방법은 정략결혼을 통한 것이었다. 뒤를 이은 아들 헨리 8세가 정치적 안정, 재정적 여유, 그리고 향상된 국제적 위상을 누릴 수 있었던 것은 부왕의 덕이었다.

38년에 걸친 헨리 8세의 치세는 이처럼 부왕의 치적을 토대로 시작되었다. 그는 우선 토머스 울지를 중용하여 스페인과 프랑스가 대립하던 당시의 정황을 틈타 이른바 '세력균형정책'을 구사, 자국의 위상을 높였다. 그가 스페인의 카를 5세와 교황의 반대를 무릅쓰며 종교개혁을 단행, 교황과 관계 단절을 강행한 것도 영국의 국력이 그만큼 강해졌기 때문에 가능한 일이었다.

그러나 그의 종교개혁은 교황과의 관계 단절일 뿐, 가톨릭을 부정하려는 것이 아니었다. 캐서린과 이혼한 이후 다섯 번에 걸친 결혼 행각도 그의 통치가 끝나기 직전 10여 년 동안의 일이었다. 메리와 결혼 생활을 하던 18년 동안에는 스페인과 다툼을 피하고 있었다. 모두 여섯 번에 걸친 그의 결혼 행각은 욕정에도 원인이 있었겠지만, 그 나름으로는 진실한 동기도 없지 않았다. 노후로

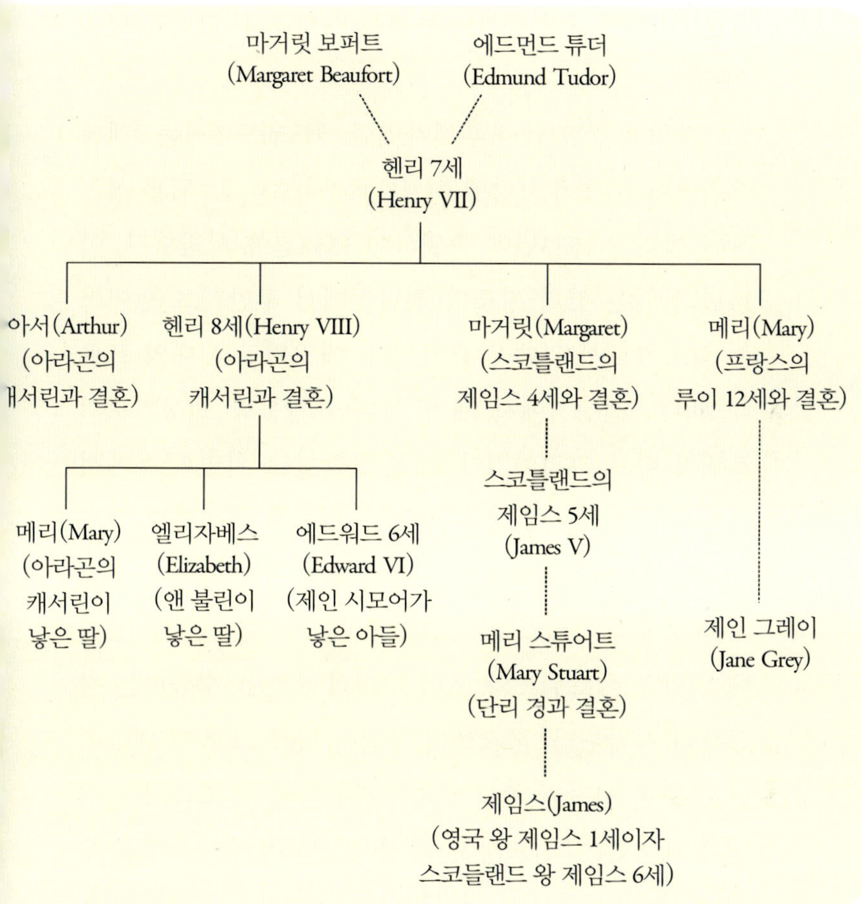



**튜더 왕가의 가계도**

접어들며 일상생활은 대단히 문란해졌으나, 그럼에도 그는 모든 것을 자신과 국가의 이익에 부합되도록 요리해냈다. 그는 시대의 흐름을 제대로 파악하고 있었다. 그리고 그의 정책은 언제나 신민들의 감정을 반영하고 있었다. 이것이 그가 자기의 목적을 수행할 수 있었던 원동력이었다.

그의 유일한 남자 후계자였던 에드워드 6세는 9세에 즉위하여 16세에 사망했고(재위 1547~1553), 그 뒤를 이은 장녀 메리는 1553년에 즉위하여 1558년에 사망했다. 이 11년 동안은 튜더 왕조의 전반기에서 후반기로 넘어가는 과도기로서 일대 혼란기였다. 에드워드 시대의 프로테스탄트 전성기에서 메리 시대의 가톨릭 전성기로의 복귀가 바로 그것이었다. 이는 오늘날로 치면 극우에서 극좌로 급변하는 것에 비유될 수 있는 사건이었다.

이 혼란을 수습하고 근대 영국의 기초를 구축한 왕이 바로 엘리자베스(1533~1603)였다. 1558년 즉위와 동시에 여왕은 에드워드와 메리 시대의 혼란을 수습하는 작업부터 시작했다. 국교회의 확립이 바로 그것이었다. 이는 부왕이 시작한 종교개혁의 완결이었다. 그러나 여왕의 종교개혁은 "신교(信敎)의 통일보다 정치의 통일을 우선한 것이었다". 이는 가톨릭만을 일방적으로 강압한 펠리페 2세와는 정반대였다.

엘리자베스에게는 두 명의 적수가 있었다. 헨리 7세의 증손녀인 스코틀랜드의 메리(1542~1587)가 그 하나였고, 스페인의 펠리페 2세(1527~1598)가 다른 하나였다. 그렇지만 여왕은 사태를 파악하고 펠리페 2세의 청혼을 슬기롭게 회피하며 독신을 고집했다. 그리고 펠리페 2세가 영국 왕으로 밀고 있던 메리가 영국으로 피신해 오자, 그 기회를 이용해 그녀를 처형해버림으로써 단연 펠리페 2세에 정면 도전했다. 펠리페 2세가 아르마다함대를 동원, 영국 침공에 나선 결정적 계기가 바로 이것이었다.

아르마다함대의 침공에 따른 스페인과 영국의 대결은 스페인 점령 아래 있던 네덜란드와 대양(大洋)에서 동시에 전개되었다. 펠리페가 아르마다함대를 우선 네덜란드로 보내어 그곳에 주둔하고 있던 파르마 공과 함께 자국 육군을 영국으로 운송하려 했기 때문이다. 이것이 홀란드 독립운동을 진압하고 영국 침공을 동시에 수행할 수 있는 가장 편리한 방법이라고 생각했던 것이다.

그러나 그의 계획이 실패로 끝났음은 잘 알려진 바와 같다. 그 결과 세계의 해양 지배권이 스페인에서 영국으로 넘어가게 된 것이다. 이는 아메리카 신대륙에서 상업 활동의 우위를 점하는 것만으로 끝나는 것이 아니었다. 스페인이 1581년 포르투갈을 병합했기 때문에 종국적으로는 영국이 이 두 나라의 아시아 상권까지 빼앗는 결과가 되고 말았다.

아르마다함대의 패배는 홀란드의 독립을 확고하게 보장해주는 결과도 가져왔다. 뿐만 아니라 그들에게 해양 진출의 기회를 활짝 열어주는 결과가 되기도 했다. 17세기 후반에 홀란드가 일시 아시아 상권을 독점할 수 있었던 것도 아르마다함대의 패배에서 비롯된 일이었다.

아르마다함대의 패배는 '스페인 황금 시대'의 종말을 예
고하는 것이었다.


# 1. 근대 영국의 기초

## (1) 헨리 7세 : 진취적 튜더 왕조의 창시자

영국 왕실과 프랑스 왕실 사이의 쟁투로 시작된 100년전
쟁(1337~1453)은 두 나라에 다 같이 국가의식을 심어주는
결과를 가져왔다. 이 전쟁으로 영국은 대륙 영토의 대부
분을 잃었지만, 프랑스와 싸우는 과정에서 국민의식과
애국심이 크게 고양되었다. 영국의 언어가 문어체로 채
택되고, 특유의 국가제도가 굳건하게 뿌리내린 것 등이
바로 그것이다.

　이어 벌어진 영국의 장미전쟁(1455~1485)은 왕권 강
화를 가능하게 하는 두 가지 결과를 가져왔다.[1] 랭커스터
가(붉은 장미 문장)와 요크가(흰 장미 문장) 사이의 불꽃 튀는
왕위 쟁탈전의 소용돌이 속에서, 귀족 세력이 대거 몰락
한 것이 그 하나였고, 이 기회를 틈타 왕권이 강화된 것
이 다른 하나였다.

　전쟁에 따른 장기간의 무질서가 계속된 결과, 중산
계급의 일반인들은 자연히 안정과 평화를 열망하게 되
었다. 그들은 귀족 세력의 약화와 왕권의 강화만이 이 무

질서를 바로잡을 수 있는 방법이라고 믿었다. 귀족 사이
의 싸움으로 세상이 혼란해졌다고 생각했기 때문이다.

헨리는 영국을 절대주의로 고정시킬 수 있는 기회를
바로 여기서 발견했다. 그리고 그 구체적 실현 방법으로
그는 에드워드 4세의 딸인 요크가의 엘리자베스와 결혼
하여 마침내 '붉은 장미'와 '흰 장미'의 화합을 이루었다.
이것이 왕권을 강화할 수 있도록 만든 또 다른 요인의 하
나였다.

튜더 왕조(1485~1603)는 이처럼 헨리 7세(1485~1509)
에 의해 창시되었다. 그리고 이 왕조는 진취적이고도 강
력한 국가의 토대를 구축했다. 전장(戰場)에서 왕으로 즉
위한 그는 우선 자신의 왕위를 위협하는 귀족 세력의 약
화와 왕권 강화책부터 강구했다. 추밀원(Privy Council)과
성실청(Star Chamber)의 정비가 그 출발점이었다.[2]

무질서를 철저하게 바로잡기 위해, 일반 법정에서는
다루기 힘든 관료적 정치 기관을 마련하여 이를 자기의
직접 지휘 아래 둔 것이다. 그리고 교역을 통해 부유해진
신흥 시민층에서 유능한 인물을 뽑아 귀족 대신 등용하
기도 했다. 헨리 7세 자신도 왕령(王領)을 경작하고, 수출·
입세 징수, 벌금, 대여강제(Benevolences) 등 여러 가지 방
법으로 수입을 늘렸다.

검약과 평화적 외교정책으로 지출을 줄여 치세 말에
는 아들 헨리 8세에게 200만 파운드의 거금을 물려줄 정

도였다. 그는 대단한 절약형의 인물로도 이름이 높다. 그는 세입을 의회에 의존할 필요가 없었다. 세입을 의회에 의존할 수밖에 없었던 이전의 군주들과는 근본적으로 달랐다.

왕이 세입을 의회에 의존하지 않으니 의회의 권한도 자연히 약화될 수밖에 없었다. 그가 통치하던 24년 동안에 의회가 열린 것은 겨우 일곱 차례에 지나지 않는다. 그것도 모두 왕권을 제한하려는 것이 아니라 왕실의 욕구를 충족시켜주기 위한 것이었다.[3]

## (2) 헨리 7세의 결혼정책과 수출진흥정책

헨리 7세는 대외전쟁을 되도록 삼갔다. 불필요한 전쟁에 말려들지 않는다는 것이 그의 대외정책의 기조였다. 전쟁은 재정을 고갈시킬 뿐만 아니라, 패전이라도 하는 경우에는 왕위까지 위협받게 될 것이기 때문이었다. 그리하여 그는 국부(國富)를 증진할 수 있는 안전한 다른 방법을 모색했다. 그의 정략결혼 추진이 바로 그것이었다. 16~17세기에는 이후의 제국주의 시대와는 달리 정략결혼이 국력 증진의 가장 중요한 방편으로 쓰이고 있었다.

헨리 7세는 왕위 계승자였던 맏아들 아서(Arthur)를 스페인의 페르난도와 이사벨 사이에서 태어난 셋째 딸 캐서린과 결혼시켰다. 그러나 1502년에 아서가 죽자, 왕은 둘째 아들인 헨리 8세에게 형수였던 캐서린과 결혼하도록 주선했다. 지참금이 탐나기도 했지만, 빠르게 강대 국으로 성장해가고 있던 스페인과 우호 관계를 돈독히 하기 위해서였다. 헨리도 부왕이 스페인과 체결한 동맹 관계를 재확인하기 위해, 즉위한 지 1개월도 안 되어 형 수 캐서린과 결혼했다.[4]

헨리 7세는 이어 1503년에는 3녀 마거릿도 스코틀 랜드의 제임스 4세와 혼인시켰다. 이 두 결혼은 모두 결 과적으로 중대한 정치적 열매를 맺었다. 전자는 영국 종 교개혁의 구실이 되었고, 후자는 나중에 이루어지는 잉 글랜드와 스코틀랜드 통합의 길을 닦아주었다. 그리고 4 녀 메리도 프랑스의 루이 12세와 결혼시켰다(1514).[5] 모 두가 이해관계만으로 성립된 결혼이었다.

특히 스페인과의 동맹은 영국을 곧바로 프랑스와 적 대 관계로 이끌어놓는 결과가 되었다. 그렇지만 전쟁으 로까지는 발전되지 않았다. 헨리와 샤를 8세 사이에 에 타플(Etaples)에서 이미 화약(和約)이 성립되어 있었기 때 문이다(1492). 프랑스 왕은 이탈리아 원정을 수행하기 위 해 영국과 화해할 필요가 있었고, 이 때문에 그는 헨리에 게 74만 5,000크라운을 지불하기로 했던 것이다.

국부 증진을 위한 그의 또 다른 방법은 수출 증대를 통한 모직물 공업의 장려였다. 네덜란드와 마그누스 인 테르쿠르수스 조약(Magnus Intercursus)을 체결하여(1496) 영국 상품을 자유롭게 네덜란드에서 팔 수 있게 했고, 네덜란드 상품의 영국 유입도 자유롭게 했다. 이는 양국 사이의 호혜무역을 가능하게 한, 영국 역사에서 최초의 상업 조약이었다.

이 효과는 네덜란드가 독립할 때 더욱 뚜렷하게 나타났다. 스페인의 탄압을 받게 된 그들의 직물공들이 영국을 피난처로 찾도록 만들었다는 점에서 의미가 매우 컸다. 뒤이어 1506년에는 인테르쿠르수스 말루스 조약(Intercursus Malus)을 체결, 베네룩스 지역에서 영국 직물무역의 독점권도 확보했다. 영국 왕정의 재정적 지주 구실을 했던 이른바 '모험 상인들(Merchant Adventurers)'이 그 행동대였다.[6]

여기서 국가권력을 배경으로 축적된 이들의 경제력은 오랫동안 영국에서 세력을 누려온 한자 동맹 상인과 베네치아 상인을 몰아내는 데도 큰 구실을 했다. 국가적 통일을 이루지 못했던 이들 이탈리아나 독일의 도시들은 속절없이 쇠퇴의 길을 걸을 수밖에 없었던 것이다. 따라서 영국 상선은 북해와 지중해에서도 우세를 누리게 되었다. 헨리 7세가 캐벗(Cabot)의 뉴펀들랜드 항해를 지원한 것도 모두 이 무렵의 일이었다.

### (3) 헨리 8세의 즉위와 영국 가톨릭 교회

헨리 8세(1509~1547)는 18세의 젊은 나이로 왕위에 올랐다. 그럼에도 그가 곧바로 강력한 군주 체제를 확립할 수 있었던 것은 부왕이 구축한 토대가 있었기 때문이다. "재위 38년에 걸친 그의 통치는 부왕의 정치적 안정, 재정적 여유, 국제적 위상의 향상 등을 토대로 한 참으로 찬란한 치세였다."

그는 훌륭한 교육을 받았으며, 탁월한 능력의 소유자이기도 했다. 상당한 웅변술과 온정과 예의범절까지 고루 갖춘 매력 있는 인물이었다. 활동적이며 활달한 성격은 그의 무자비한 독재성과 잔인한 이기심을 모두 감추어주기도 했다.

그리고 그가 당시의 시대 상황과 국민이 처해 있던 현실을 깊이 이해했던 점은 그의 사생활이 파란만장했음에도 불구하고 영국민의 공감을 얻게 했다. 부왕과는 달리 자제력은 없었지만, 그럼에도 그는 국민의 폭넓은 지지를 받았던 것이 사실이다.[7] 절대왕권을 강화해나가는 과정에서 그가 만나게 될 중요한 장해물은 오로지 가톨릭 교회의 특권 하나밖에 없었다.

하지만 영국 가톨릭 교회는 조금도 변한 것이 없었다. 교회는 계속 교황의 지배 아래 머물러 있었고, 여전히 교황청의 착취를 당하고 있었다. 사제(司祭)들은 성직 임명 때 그들의 한 해분 수입을 교황청에 바쳐야 했고(Annates, 성직 취임세), 성사(聖事)를 집행할 때마다 매번 돈을 지불해야 했다.

그런데 이와는 반대로 영국의 형세는 이미 모든 것

이 크게 바뀌어 있었다. 교회 재산이 성직자를 도덕적으로 타락시켜 사회의 안녕을 해친다며 왕이 교회 재산을 몰수해야 한다는 위클리프(John Wycliffe)의 교회개혁운동이 이미 기세를 올린 이후였다.

왕권도 이미 전과는 비교할 수 없을 만큼 크게 강화되어 있었다. 귀족과 의회는 헨리 7세 때 이미 왕권에 종속되었고, 중산계급은 왕을 지원하고 있는 형세였다. 여기에 1521년 이후에는 루터의 교설마저 영국으로 전해진 상태였다.

상황이 이러함에도 헨리 8세는 변함없이 헌신적인 가톨릭 신봉자로서 자세를 바꾸지 않았다. 루터파 근절에 나섰을 뿐만 아니라, 1521년에는 '7성사의 방호'라는 제목을 붙인 자신의 책을 서간과 함께 교황에게 헌납하기까지 했다. 이것이 그가 교황으로부터 '신앙의 옹호자(Defender of Faith)'라는 칭호를 받게 된 배경이었다. 그리고 그는 여러 번에 걸쳐 유럽의 큰 정치 게임에서 교황 레오 10세 편에 가담하기도 했다.[8]

## (4) 프랑스·스페인의 대립과 영국의 '세력균형정책'

1509년에 즉위한 헨리 8세는 1530년까지 그의 통치 전반기에는 울지를 중용, 거의 전권을 그에게 위임했다. 울지의 직책 가운데는 요크 대주교(1514), 추기경 겸 대법관(1515), 교황 특사(1518) 등 요직이 모두 포함되어 있었다.

**프랑스와 스페인 사이의 세력 균형을 꾀한 토머스 울지**

그는 헨리 8세의 최측근으로서 영국의 내·외 정책을 모두 통괄하는 명실상부한 왕의 조언자였다. 그의 탁월한 재능은 젊은 왕의 총애를 독점하기에 충분했다.

울지가 "왕과 왕국을 다 같이 통치했다"는 당시 베네치아 대사의 표현은 매우 상징적이다. 처음 영국에 부임했을 때만 해도 울지는 "나의 폐하가 이렇게 할 것"이

라는 식의 표현을 사용했다. 그런데 얼마 지나지 않아 그
는 "우리는 이렇게 할 것"이라고 하여 주어(主語)를 복수
로 바꿈으로써 왕과 자신을 동격으로 만들었다. 그리고
나중에는 "나는 이렇게 할 것"이라고 표현함으로써 주어
를 다시 자기 자신으로 바꾸는 건방을 부렸다는 것이다.
그의 권력 강화 과정을 꼬집은 상징적이고도 신랄한 비
판이다.

어쨌든 당시 영국이 직면한 유럽의 국제정세는 즉위
초의 젊은 헨리 8세로서는 헤쳐나가기가 매우 어렵게 되
어 있었다. 헨리는 노회한 세 늙은이를 상대해야만 했기
때문이다. 즉, 장인인 아라곤의 페르난도, 황제 막시밀리
안, 그리고 매부인 프랑스의 루이 12세 등이 바로 그들이
었다.

루이에 이어 1515년에는 야심적인 프랑스의 프랑수
아 1세가 등장했고, 페르난도의 장녀 후아나와 막시밀리
안의 아들 펠리페가 결혼함으로써 손자인 카를 5세가 등
장했다. 그가 바로 1516년 스페인 왕이 되고 1519년에
신성로마제국 황제가 된 인물이다.[9] 그가 친가와 외가로
부터 방대한 영지를 물려받았음은 이미 앞에서 언급한
바 있다.

헨리 8세는 프랑수아와 카를 사이의 관계를 조정하
기에는 너무나도 힘이 약했다. 인구만 하더라도 스페인
은 영국보다 2배나 많았고, 프랑스는 무려 5배나 되었

다.[10] 따라서 당시의 영국에는 위험한 다른 나라와 동맹을 피하고 소규모의 이류 국가로 독자 노선을 걸어야 한다고 생각하는 사람이 많았다. 그렇지만 울지의 생각은 달랐다.

울지는 자신이 출세할 수 있는 천금 같은 기회를 스페인의 카를 5세와 프랑스 왕 프랑수아 1세가 빚고 있는 갈등에서 찾았다. 그는 이 갈등이야말로 영국과 자신을 대륙 정치의 전면에 내세울 수 있는 절호의 기회라고 판단했던 것이다.

헨리 8세가 장인 페르난도를 '여우 같다(fox-like father in law)'고 일컬으면서 그의 배신에 격분하고 있을 때, 울지는 이 기회를 효과적으로 이용했다. 페르난도는 이탈리아에서 프랑스 세력을 몰아내기 위한 싸움에 교황을 도와 사위 헨리 8세를 참전시켰다(1512). 그리하여 헨리는 스피어즈 전투에서 프랑스 군을 크게 무찔렀다. 그럼에도 페르난도는 헨리에게 통고도 하지 않은 채 프랑스의 루이 12세와 휴전에 동의해버렸다(1513).[11]

이 결과 헨리 8세로서는 장인에게 속아 아무 이득도 없이 부왕 헨리 7세가 물려준 200만 파운드의 재산만 모조리 전비(戰費)로 날리고 말았던 것이다. 그러니 그의 딸 캐서린이 이쁠 까닭이 없었다. 장차 캐서린과 이혼하게 된 원인이 그녀의 부친 페르난도에게도 있었음을 알 수 있게 해주는 대목이다.

스페인과 프랑스 사이에서 세력균형(balance of power)을 취해야 한다는 울지의 주장은 바로 이런 상황에서 제기되었다. 울지는 이 정책이야말로 영국의 국위를 드높이고, 자기를 유럽 정치의 조정자로 만들게 될 것이라고 굳게 믿었다. 그리고 그는 곧바로 정책 실행에 나섰다.

페르난도가 프랑스와 휴전하자 울지는 곧바로 프랑스와 화평 조약을 맺었다. 영국에게 일정한 대금을 지불한다는 것이 그 조건이었다. 그리고 헨리의 막내 여동생 메리를 프랑스의 루이 12세에게 시집보냄으로써 두 나라의 우의를 한껏 과시했다(1514).

그러나 이듬해에 루이 12세가 죽고 야심적인 프랑수아 1세(재위 1515~1547)가 즉위하자, 이 같은 그의 외교적 승리는 곧바로 위험에 직면하게 되었다. 유럽 사태는 1519년 이후 다시 프랑수아 1세와 스페인 왕 겸 신성로마제국 황제 카를 5세 사이의 대립으로 이어졌고, 여기서 울지는 프랑수아보다 카를 편에 설 수밖에 없었다. 카를이 헨리 8세의 처조카이기도 하지만, 네덜란드의 통치자로서 경제적으로도 영국과 밀접한 관계에 있었기 때문이다.

그러나 다른 한편으로 스페인보다 프랑스 편에 가담하는 것이 유리하다고 판단되면 울지는 서슴지 않고 프랑스 왕에게 우의를 표했다. 그러면 카를 5세는 당황하여 프랑스에 대항하도록 헨리 8세를 유도하기 위해 울지에게 상당한 대금을 제공했다. 헨리와 울지는 카를 5세를 돕기 위해 대륙에 원정군을 파견하기도 했고, 그 효과가 여의치 않을 경우에는 갑자기 태도를 바꾸어 프랑스 쪽에 가담하기도 했던 것이다.

## 2. 영국의 종교개혁

### (1) 헨리 8세와 이혼 문제

헨리 8세와 캐서린의 이혼 문제는 유럽 사태를 한층 더 복잡하게 만들었다. 형 아서가 죽자(1502) 헨리 8세는 교황 율리우스 2세의 관면(寬免)을 받아 곧바로 형수 캐서린과 혼인했다(1509). 그리고 그녀와 이혼을 결심한 1527년까지 18년의 결혼 생활 동안 6명의 자녀를 낳았다. 하지만 살아남은 아이는 딸 메리 하나밖에 없었다.

남자 후계자가 없어 튜더 왕조가 망하게 될지도 모른다고 그가 걱정하게 된 것은 바로 이 무렵의 일이었다. 그래서 그는 왕비에게 "우리는 그동안 씻을 수 없는 죄 속에서 살아왔다. 우리의 결합은 '진정한 결혼이 아니다'"라고 말하기에 이른 것이다.[12] 캐서린의 나이로 미루어 더 이상 출산이 불가능해졌으니 '진정한 결혼'을 통해 남자 후계자를 얻겠다는 것이 그의 본심이었다.

당시까지 영국에는 여왕의 통치가 없었기 때문에 그

**교황 율리우스 2세** 헨리 8세에게 형수와 결혼할 수 있도록 관면을 내린 교황. Raffaello 그림. 런던 내셔널갤러리.

로서는 당연히 이런 생각을 할 수도 있었을 것이다. 뿐만 아니라 헨리는 이미 캐서린이 지겨워졌고, "왕비가 되고 싶어 어쩔 줄 모르는 빛나는 검은 눈동자의 궁정 시녀 앤 불린(Ann Boleyn)에게 홀딱 빠져 있었다".[13] 오래전부터 장

**교황 클레멘트 7세**　헨리 8세의 결혼 무효 요구를 거부하고 그를 파문한 교황. Sebastiano del Piombo 그림.

인 페르난도에게 배신감을 느껴왔고, 이제 국제정황도 변해서 스페인이 두려울 것도 없게 된 상황이었다.

여기서 그가 이혼 방법을 본격적으로 궁리하게 된 것이다. 즉, 캐서린은 그의 형의 과부로서 교회법에 따라

자기와 결혼할 권리가 본래 없었다는 논리였다. 그래서 교황 율리우스 2세의 결혼 허가가 필요했다는 것이다.

율리우스 2세가 결혼을 허락하는 교황 관면을 내릴 수 있었다면, 지금의 교황 클레멘트 7세(Clement VII)로부터도 그것을 취소하는 관면을 받지 못할 까닭이 없다는 것이 그의 주장이었다.[14] 그는 이것을 이혼을 합리화하는 구실로 역이용했던 것이다.

캐서린과의 결혼은 마땅히 '무효'로 선언되어야 하고, 그러면 자기는 36세의 미혼남이 되어 어느 왕녀와도 자유롭게 결혼할 수 있는 자격을 얻는다는 것이었다. 물론 앤 불린과도 자유롭게 결혼할 수 있을 것이라는 생각이었다. 교황 클레멘트 7세도 영국 왕에게 호의를 베풀고싶은 생각이 없지는 않았다. 그러나 그에게는 이를 허용할 수 없는 중대한 두 가지 문제가 있었다.

교황으로서 전임자의 결정을 번복하는 것은 매우 위험한 전례가 될 수 있다는 점이 그 하나였고, 더 난감했던 것은 캐서린이 바로 황제 카를 5세의 이모라는 점이었다. 그리고 1527년 카를 5세의 로마 공략으로 교황이 사실상 그의 포로처럼 위협을 받고 있었기 때문에 영국 왕에게 호의를 베풀 수도 없는 처지였다.

만일 교황 클레멘트 7세가 결혼의 무효를 선언한다면 무서운 응징을 당하게 되어 있었다. 교황으로서는 그야말로 이럴 수도 저럴 수도 없는 난감한 처지였다. 때문

에 교황은 5년 동안이나 교묘하게 시간을 끌며 발뺌을
하기는 했다. 그러나 더 이상 미룰 수 없게 되자 결국 그
는 헨리 8세를 파문하고 말았다(1534년 가을).[15]

　어떤 방법으로도 앤 불린에 반해 있는 충동적인 헨
리를 계속 진정시킬 수는 없었다. 이런 사정을 몰랐던 울
지는 처음에는 왕의 이혼에 찬성했다. 왜냐하면 만일 왕
이 이혼함으로써 스페인과의 동맹으로부터 자유로워진
다면 프랑스 왕녀와의 재혼이 가능해질 것이고, 그러면
영국의 '세력균형'자로서 자신의 위치가 더욱 굳건해질
것이라고 믿었기 때문이다.

## (2) 헨리 8세와 교황의 관계 단절

헨리 8세는 처음부터 앤 불린을 마음에 두고 있었다. 때
문에 울지의 모든 계획은 당초 자기만의 한가닥 헛된 꿈
이었다. 헨리는 스페인 부인의 눈물에도 흔들리지 않았
고, 프랑스 왕녀와의 결혼을 통해 외교적 우위를 확보하
라는 유혹에도 동요되지 않았다. 울지가 1527년 교황의
이혼 승인을 받아내는 과업을 왕으로부터 위임받은 것
은 바로 이런 상황에서 벌어진 일이었다. 교황과의 교섭
은 애당초 실패로 끝날 수밖에 없는 것이었다. 그는 결국
왕의 눈 밖에 나서 파면당했으며, 실의에 찬 채 생을 마
감하게 되었던 것이다(1530). 헨리의 이런 행태를 접한
프랑수아 1세는 아연실색했고, 카를 5세는 분을 참지 못

**토머스 크랜머**　그는 헨리 8세와 앤 불린 사이에서 태어난 신생아에게 '엘리자베스'라는 이름을 붙여주었다. Gerlach Flicke 그림, 1545.

했으며, 교황은 비웃음거리가 되고 말았다.

　　그리고 영국은 이후 가톨릭 교회와 관계를 단절하고, 더욱 강력한 중앙집권국가로 발전의 방향을 잡아나가게 되었다. 요컨대, 헨리가 교황과 관계를 단절한 것은 순수한 종교적 동기에서 비롯된 일이 아니었다. 여기서

**수도원 해산을 주도한 토머스 크롬웰**  Hans Holbein(아들) 그림, 1532~1533, 뉴욕 프릭 컬렉션.

우선적인 것은 정치적·개인적 동기였다.

교황으로부터 '신앙의 옹호자'라는 칭호까지 받았던 헨리는 당초 이단(異端)과는 관계가 없었다. 당시 영국 가톨릭 교회는 부패했고, 로마 교황도 영국인들 사이에서 인기가 없었다. 헨리가 의회를 활용하여 자신의 정책

실현을 꾀한 것은 바로 이런 상황을 틈탄 거사였다(종교개혁의회, 1529~1536). 이는 의회를 무시했던 울지와 크게 다른 점이었다.[16]

헨리는 캔터베리 성직자 회의에 압력을 가해 우선 국왕이 '영국 교회의 최고 권위자'임을 승인시켰다. 이어 그는 영국 교회를 개혁하고자 신임이 두터웠던 토머스 크랜머(Thomas Cranmer)를 캔터베리 대주교로 임명, 자신과 캐서린의 최초의 결혼이 '무효'임을 선언하게 했다(1532). 그리고 앤 불린과의 재혼(1533. 5) 및 그녀와의 혼인으로 태어날 아이의 왕위 계승권까지 승인시켰다. 엘리자베스가 태어난 것은 이듬해 7월의 일이었다.

이 결과 로마와의 관계가 결정적으로 악화되어 교황이 헨리를 파문하자, 헨리는 의회로 하여금 '수장령(Act of Supremacy)'을 결의하게 했다. 이는 왕을 "영국 교회의 지상 유일의 최고 수장으로 해석하고 인정하며 또 그렇게 간주한다"고 규정한 것으로, 영국 종교개혁의 본격화를 의미하는 것이었다. 즉, 로마와 영국의 공식 관계 단절이었다. 이어 그는 노회한 토머스 크롬웰(Thomas Cromwell)을 등장시켜 두 번에 걸쳐 수도원(修道院)을 해산했다. 1536년의 소수도원 해산과 1539년의 대수도원 해산이 그것이었다.

이로써 국왕은 수도원의 많은 재산과 토지를 몰수하여 그 가운데 가장 좋은 부분은 자기가 차지하고, 나머지

는 새 귀족과 젠트리(gentry)에게 불하해줌으로써 이들을
자기의 정치 세력으로 만들었다. 그리고 이 조치는 이후
수도원 토지를 자본주의적으로 경영하게 만든 중대한
계기가 되기도 했다.

그렇지만 헨리는 신앙 면에서 정통 가톨릭 교의를
근본적으로 뜯어고치려 한 것은 아니었다. 오히려 그것
을 지키려 했다. 국교회의 교리를 규정하고 있는 이른바
'6개조법'(1539)은 전통적 성사나 성직자의 독신제를 지
키게 했고, 교회의 미사로써 성찬의 빵과 포도주가 그리
스도의 살과 피가 되는 성체설을 긍정하고 있었으며, 성
직자의 조직에도 아무런 변경을 가하지 않았다.[17]

그의 개혁에 반대하는 자들에 대해 헨리는 '수장령'
을 적용하여 처벌했다. 그는 루터나 칼뱅의 교설을 부정
했다. 헨리는 교황과 다투었을 뿐, 가톨릭 교리를 문제
삼은 것이 아니었다. 그는 국민들에게 국교의 신봉을 요
구했으며, 동시에 정치적으로 그들의 충성을 기대했다.
그리고 영국 성직자와 일반 평신도들도 대부분 헨리의
교회개혁을 받아들였다.


## (3) 헨리 8세의 결혼 행각

헨리 8세의 이상과 같은 정치적 행적에 견주어 사생활은
너무나도 상식에서 벗어난 듯 보였다. 통치 말기에 이르
러 그의 이혼 행각은 요란했고, 사생활 또한 매우 문란해

**헨리 8세(위)와 여섯 왕비(다음 쪽)**  즉위 초에 토머스 울지를 중용, 스페인과 프랑스 사이에서 세력균형정책을 구사하여 자국의 국제적 위상을 드높이고, 캐서린과 이혼을 계기로 교황과의 관계를 단절한 영국 종교개혁의 선도자이다. Hans Holbein(아들) 그림, 1540년경, 로마 국립미술관. 다음 쪽은 헨리 8세의 여섯 왕비로, 위 왼쪽부터 첫번째 왕비인 아라곤의 캐서린(1509년 결혼, 1536년 사망, 메리의 어머니), 두번째 왕비인 앤 불린(1533년 결혼, 1536년 처형, 엘리자베스의 어머니), 세번째 왕비인 제인 시모어(1536년 결혼, 1537년 자연사, 에드워드 6세의 어머니), 네번째 왕비인 클레브스의 안네(1540년 결혼, 이혼 뒤 1557년 사망, 자녀 없음), 다섯번째 왕비인 캐서린 하워드(1540년 결혼, 1542년 처형, 자녀 없음), 여섯번째 왕비인 캐서린 파(1543년 결혼, 1548년 사망, 자녀 없음)이다.

아라곤의 캐서린

앤 불린

제인 시모어  Hans Holbein(아들) 그림

클레브스의 안네  Hans Holbein(아들) 그림

캐서린 하워드  Hans Holbein(아들) 그림

캐서린 파

졌다. 그의 결혼 행각에는 욕정을 참지 못한 면도 있었지만 진실한 동기가 섞여 있기도 했다. 남자 후계자를 얻고자 하는 욕망이 바로 그것이었다.[18]

첫째 왕비인 캐서린(메리의 어머니)은 이혼당한 뒤 실의에 빠져 사망했고(1536), 둘째 왕비인 앤 불린(엘리자베스의 어머니)은 딸을 낳자 왕의 미움을 받아 간통죄로 처형당했다(1536). 그뒤 헨리는 한 달도 지나기 전에 앤 불린의 시녀와 다시 결혼했다. 그녀가 바로 셋째 왕비인 제인 시모어(Jane Seymour)로서, 나중에 에드워드 6세가 되는 왕자를 낳은 뒤 자연사한 왕비였다(1537).

그뒤 헨리는 신교국과 연합하려는 속셈을 가진 크롬웰의 설득으로 독일 루터파 귀족의 딸과 결혼했다. 그녀가 넷째 왕비인 클레브스의 안네(Anne of Cleves)였다. 헨리는 그녀를 처음 만나자 비만함에 놀라 "이 플랑드르의 암말"이라고 기겁하며 크롬웰에게 분노를 터뜨렸다고 한다. 그녀 또한 영어를 못한다는 이유로 예외 없이 이혼당한 뒤 1557년에 사망했다.[19]

다섯째 왕비는 19세의 캐서린 하워드(Catherine Howard)였는데, 그녀 또한 1542년에 간통죄로 죽임을 당했다. 헨리는 이듬해에 마지막으로 결혼을 했는데, 그녀가 바로 여섯째 왕비인 캐서린 파(Catherine Parr)였다. 캐서린 파는 두 번의 결혼 경력에 애인도 있었지만, 헨리가 1547년에 죽었기 때문에 이듬해까지 살아남을 수 있었다.[20]

이 모든 결혼 행각은 그가 캐서린과 이혼한 뒤에 벌인 일이었다. 헨리의 자녀를 낳은 왕비는 캐서린, 앤 불린, 제인 시모어 등 초기에 결혼한 세 명뿐이었다. 그의 말년, 특히 1540년 이후에 결혼한 세 왕비에게는 전혀 자녀가 없었다. 그리고 자녀를 생산한 세 왕비 가운데 오로지 제인 시모어만이 헨리가 그렇게도 바라던 아들을 낳았다.

헨리 8세의 여섯 왕비의 운명을 정리해볼 때, 외국인 왕비(메리와 클레브스의 안네)의 경우는 이혼으로 그쳤을 뿐 처형되지는 않았다. 아마도 국제분쟁을 우려했기 때문일 것이다. 그러나 영국인 왕비의 경우는 예외 없이 처형되었다(앤 불린과 캐서린 하워드). 이 밖에 다른 두 명의 왕비는 자연사했다(제인 시모어와 캐서린 파).

이처럼 헨리는 이기적이고 무자비하기 이를 데 없었다. 특히 노년기로 접어들며 헨리의 성격은 더욱 급격해졌고, 일상생활까지 극도로 문란해졌다.

그럼에도 그는 모든 것을 자신과 국가의 이익에 부합되도록 요리해냈다. 그의 정책은 언제나 그의 신민들의 감정을 반영하고 있었다. 시대의 흐름을 제대로 파악하고 있었던 점이 그가 목적을 추구하는 데 성공을 거둔 원인이었다.

# 3. 튜더 왕조 전·후반기 사이의 과도기

## (1) 에드워드 6세와 프로테스탄트의 반동

헨리 7세와 헨리 8세가 튜더 왕조의 전반기를 대표한다면, 엘리자베스는 후반기를 대표한다. 에드워드 6세(1547~1553)와 메리(1553~1558)의 치세는 전반기와 후반기 사이의 과도기였다. 헨리 8세는 의회의 승인을 받아 아들 에드워드를 후계자로 정했다. 그리고 이후 후계자가 없을 경우에는 딸 메리와 엘리자베스가 차례로 왕위를 이어받도록 안배해놓았다.[21]

헨리는 에드워드가 어린 나이에 등극하게 될 것에 대비하여 섭정회의(攝政會議)도 미리 설치해두었다. 그러나 정작 에드워드가 1547년 9세의 어린 나이로 즉위하자 섭정회의는 곧바로 그의 외숙부 서머싯 공(Somerset 公) 에드워드 시모어의 통제 아래로 들어갔다(1547~1549). 이 시기의 가장 뚜렷한 변화는 호국경(護國卿)이 된 그의 성향대로 프로테스탄트를 향한 질주였다.

캔터베리 대주교였던 토머스 크랜머마저 급진적 칼뱅파로 변신한 상황이 되었다. 헨리 8세 때의 신앙 원리였던 '6개조'가 폐지된 것은 이런 시대 배경에서 벌어진 일이었다(1548). 그러나 더 본격적인 종교의 변화는 서머싯 공을 실각시키고 실권을 장악한 동생 워릭 백(Warwick 伯) 때에 와서의 일이었다. 그가 바로 뒷날 노섬벌랜드 공(Northumberland 公) 존 더들리(John Dudley)였다.

노섬벌랜드 공은 영어 '기도서(Book of Common Prayer)' 를 앞장서서 재발간함으로써(1552) 라틴어로 집행되던 교회 예배 의식부터 바꾸었다. 이듬해에는 '예배통일법(Act of Uniformity)'을 의결시켜 이 기도서의 사용을 강압했다. 이어 발표된 '42개조'는 루터파와 칼뱅파의 교리를 참작하여 영국 국교회의 신앙 내용을 규정한 것이었다.

이는 간략한 신교 의식의 채용이라고 할 수 있는 것이다. 그렇지만 이는, 성예전(聖禮典) 가운데 '세례'와 '성찬' 두 가지만 남기고 화체설(化體說)을 부인한 점으로 미루어, 영국이 신교국이 되었음을 의미하는 것이었다. 여기서는 성직자의 결혼도 인정되었다. 노섬벌랜드 공은 정치적 목적 때문에 신교에 더 과격하게 호의를 보였던 것이다.[22]

실제로 그는 정치적 야심이 훨씬 큰 인물이었다. 에드워드 6세가 후계자 없이 폐병으로 죽게 되자, 그는 병상의 에드워드를 설득하여 왕위 계승 순위를 바꾸려는 공작까지 꾸몄다. 메리의 즉위를 막고 영국이 가톨릭으로 복귀하는 것을 방지하기 위해서였다. 이것이 자기의 실각을 막을 수 있는 방법이었기 때문이다.

그는 자기의 아들을 제인 그레이(Lady Jane Grey, 헨리 8세의 누이 메리의 손녀)와 결혼시킨 뒤, 사경을 헤매는 에드워드에게 제인 그레이를 후계자로 지명하도록 하기 위한

계략을 꾸몄다. 이 제안에 왕이 동의함으로써 그녀는 즉
위하기는 했다. 그렇지만 그 왕위는 겨우 9일 만에 끝나
고 말았다.

노섬벌랜드 공 지지자가 아무도 없었기 때문이다.
신교도들까지도 노섬벌랜드 공의 기대와는 달리 제인
그레이 편에 서지 않았다. 군대도 마찬가지로 그를 외면
했다. 왜냐하면 그들은 메리의 종교를 두려워 한 것 이상
으로 노섬벌랜드 공의 저의(底意)를 두렵게 생각했기 때
문이다.

따라서 서퍽(Suffolk)의 어느 성에 머물고 있던 메리
는 런던으로 돌아와서 여왕이 되는 데 아무런 문제가 없
었다. 노섬벌랜드 공은 살기 위해 재빨리 가톨릭으로 개
종했지만, 개종이 그를 단두대로부터 구해주지는 못했
다(1553).[23] 이로써 영국을 신교 국가로 바꾸려는 위로부
터의 개혁은 실패로 끝나고 말았던 것이다.

## (2) 메리와 가톨릭의 반동

메리는 영국 역사상 최초의 여왕이 되었다. 그녀는 부왕
헨리 8세의 궁정에서 불운한 어린 시절을 보냈다. 그렇
지만 용기를 잃지 않았고 가톨릭 신앙에 철저했다. 메리
의 5년에 걸친 통치(1553~1558)는 두 가지 신념에 입각하
고 있었다. 영국에 가톨릭 신앙을 회복시킴으로써 이단
행위를 근절시키고, 어머니의 고국인 스페인과 동맹 관

계를 유지한다는 것이었다.[24]

　이는 에드워드 6세 치하의 프로테스탄트에서 가톨릭으로의 급전환이었다. 오늘날로 치면 좌익에서 우익으로의 급전환을 방불케 하는 것임은 이미 강조한 바 있다. 메리의 즉위 당시는 유럽의 가톨릭 교회가 한참 개혁운동의 소용돌이 속에 휘말려 있던 시기였다. 이를 '반종교개혁(Counter Reformation)'이라고도 하지만, 가톨릭에서는 '가톨릭의 개혁(Catholic's Reform)'이라고도 일컫는다.

　가톨릭 개혁을 위한 가장 대표적인 교단이 바로 1540년 이그나티우스 로욜라(Ignatius Loyola)가 창설한 '예수회'였다. 이 개혁운동은 자신들의 신앙에 활력을 불어넣고 프로테스탄트에게 빼앗긴 토대를 일부나마 회복시키려는 것이 목적이었다.

　이 운동의 지원자는 유럽의 거의 전역을 지배 영역으로 갖고 있던 카를 5세였다. 그리하여 메리는 그의 아들 펠리페 공과 결혼을 열망했다. 펠리페는 그녀의 조카로서 11년이나 연하였지만, 당시의 스페인은 영국과는 비교도 할 수 없는 일류 국가였기 때문이었다. 영국을 강력한 가톨릭 제국으로 끌어넣으려는 것이 그녀의 목적이었다.

　메리는 에드워드 시대에 득세한 프로테스탄트를 탄압하는 작업부터 시작했다. 노섬벌랜드 공의 처형이 그 시발점이었다. 뿐만 아니라 재상 가드너(S. Gardiner)의 경

**메리에 의해 처형된 제인 그레이**  Paul Delaroche 그림, 1833, 런던 내셔널갤러리.

고와 신민들의 반대를 무릅쓰고 1554년 그녀는 곧 왕이 될 스페인의 펠리페(1556년에 즉위)와의 결혼을 고집했다. 이에 의회는 마지못해 동의하기는 했지만 전제 조건을 붙였다.

즉, 펠리페는 영국을 자신의 대륙전쟁에 끌어들여 프랑스와 싸우게 해서는 안 된다는 점과, 만일 메리가 자식 없이 죽을 경우 펠리페는 영국에 대해 어떤 권리도 갖지 못한다는 내용이었다.[25] 그런데 결혼 발표가 있자 토

머스 와이엇(Thomas Wyatt)이 주도하는 신교도들의 반란
이 일어났다.

그러자 메리는 이 기회를 이용해 자기의 왕위를 위
협하는 존재였던 제인 그레이 부처도 와이엇과 함께 처
형해버렸다. 그리고 1555년까지 신교도 탄압에 속도를
냄으로써 하루 빨리 가톨릭으로 되돌아가려고 했다.[26]

그러나 그녀의 반동 정책은 수도원 재산을 불하받은
사람들을 불안에 떨게 했다. 그리고 특히 스미스필드에
서 크랜머 대주교를 포함하여 300여 명을 처형하자 여론
은 곧바로 그녀에게서 등을 돌렸다. '피의 메리(Bloody
Mary)'라는 별명도 여기서 붙여졌던 것이다.

그녀는 외교정책 면에서도 일관성을 잃을 수밖에 없
었다. 교황 파울루스 4세와 남편 펠리페 2세의 싸움이 메
리의 신앙심에 혼란을 초래했기 때문이다. 뿐만 아니라
1557년에 펠리페는 순전히 자국 스페인의 이해관계에
따라 프랑스와 전쟁을 벌였는데, 메리가 그의 지원 요청
에 따랐기 때문이다.

그리고 이 출병에 응함으로써 프랑스에 남은 영국의
마지막 영토였던 칼레(Calais)를 상실하고 말았다. 이는 영
국민에게 모욕감을 안겨준 사건이었다. 메리는 로마 아
니면 마드리드에 맹종하는 데 분개한 영국민의 국민감
정을 고려하지 못한 채 끝내 실패하고야 말았던 것이다.[27]

# 4. 엘리자베스 여왕 시대의 영국

## (1) 엘리자베스와 근대 영국의 기초

엘리자베스 시대(1558~1603)는 영국 역사에서 외경(畏敬)과 동경(憧憬)의 염(念)으로 회고된다. '엘리자베스 조(朝)'라는 호칭 속에는 이러한 뉘앙스가 담겨 있다. 엘리자베스는 1533년 9월 7일 일요일, 앤 불린의 몸에서 태어났다. 이는 남자 후계자를 열망하던 왕에게는 너무나도 슬프고 실망스러운 일이었다. 그러나 공식적으로는 왕국 전체가 왕녀의 탄생을 축복했다.

그리고 3일 뒤인 수요일에는 세례 의식이 열렸고, 여기서 대주교 토머스 크랜머는 그녀에게 '엘리자베스'라는 이름을 붙여주었다. 급진적 칼뱅파로 개종한 그가 메리에게 처형당했음은 이미 앞에서 언급한 바와 같다. 반면 왕자 출생에 모든 것이 걸려 있던 앤에게는 엘리자베스의 출산이 바로 캐서린과 비슷한 운명을 예고하는 신호와도 같은 것이었다.

물론 앤은 엘리자베스를 낳은 뒤에도 왕자를 출산할 가능성이 남아 있었다. 그동안에는 그녀도 왕후의 지위를 유지할 수 있었다. 그러나 1536년 초에 남자 아이를 사산하자 헨리의 참을성은 한계에 달하고 말았다. 여기서 헨리는 그녀를 '간통죄'로 몰아 처형해버렸던 것이다.

엘리자베스는 이런 과정에서 태어난 여아였다. 그러

나 45년에 걸친 그녀의 통치는 영국 역사를 결정적으로
바꾸어놓았다. 그녀는 영국의 어느 군주보다도 가장 위
대한 통치자였음을 입증했다. 우선 엘리자베스의 탄생
은 그 자체가 종교개혁이라는 영국의 중대한 역사적 사
건과 연결되어 있다.

헨리 8세가 앤 불린의 매력에 빠져 그녀를 왕비로
맞아 남자 후계자를 얻으려 했던 동기가 엘리자베스의
탄생으로 이어졌고, 결국 영국 국교회의 독립으로 이어
지는 결과가 되었기 때문이다. 즉, "엘리자베스와 영국
국교회는 쌍둥이 관계라고 할 수 있다".[28]

국교회는 국왕을 정치와 종교의 수장(首長)을 겸하
게 함으로써 영국을 강력한 중앙집권국가로 만드는 데
이바지했다. 그리고 뒷날에 이르러 영국이 경제적 우위
를 구축할 수 있는 근대 영국의 토대를 마련한 것도 바로
여왕의 업적이었다. 스페인·프랑스·네덜란드에 견주어
후진적이던 이류 국가 영국을 일류 국가로 끌어올린 것
이다.[29] 실로 여왕은 영국민의 정신적 통일을 이루었는가
하면, 이 나라가 세계를 향해 뻗어나갈 수 있도록 산업
기반을 구축하기도 했다.

엘리자베스는 이 목적을 향해 국민을 통제할 수 있
는 힘도 있었다. 강철 같은 굳은 의지, 이지적 기질, 상상
이나 정열에 영향받지 않는 냉철한 이성을 갖추고 있었
다. 게다가 부왕 헨리로부터는 겁을 모르는 용기와 놀라

운 자신감 그리고 국민과 자유로운 접촉을 즐기는 성향
을 물려받았으며, 앤 불린류의 감각적 방자함도 아울러
물려받았다.[30]

그러나 궁정 관계자 이외에는 그녀의 결점을 알 수
있는 사람이 전혀 없었다. 그녀는 국민의 동향과 기질을
본능적으로 틀어쥐고 있었고, 그럼으로써 국민 전부가
그녀에 깊은 신뢰의 염을 가지고 있었다. "그녀의 손가락
은 이것을 알아내기 위해 언제나 일반 대중의 맥을 짚고
있었다." 그녀의 포악성이나 부도덕 따위는 이 같은 국민
의 전폭적 지지에 가려 드러날 수가 없었다.

엘리자베스의 검약(儉約)에 사람들은 그저 감사할
뿐이었다. "여왕의 폭군적 분노의 발작 때문에 한 쪽 손
을 잘린 어느 청교도가 남은 다른 한 손으로 모자를 흔들
며 '엘리자베스 여왕 만세'를 외칠 정도였다", "우리는 엘
리자베스보다 훨씬 고귀한 군주를 가진 적은 있지만, 그
녀만큼 인기 있는 지배자를 가져본 적은 없다"[31]는 것이
국민 일반의 여론이었다. 이것은 여왕의 냉정한 비판적
지성이 만들어낸 결과였다.

엘리자베스의 목적은 간단하고도 명료했다. 즉, 강
력한 왕위를 보존·유지해야 했고, 영국을 전쟁의 권외
(圈外)에 두어야 했으며, 내정과 종교상의 질서를 회복해
야만 했다.[32] 그렇다면 과연 엘리자베스 여왕의 내·외 정
책은 구체적으로 어떤 것이었을까?

## (2) 즉위 이전의 엘리자베스

엘리자베스는 태어난 지 2년 8개월을 조금 넘은 어린 나이에 어머니를 잃었다. 그리고 앤이 대역죄로 처형됨으로써 엘리자베스의 신분에도 결정적으로 위험이 닥쳤다. 앤과 헨리의 결혼이 캐서린의 경우처럼 무효로 선언되었기 때문에 엘리자베스도 서녀(庶女)로 전락되고 말았던 것이다. 따라서 그녀도 메리와 동격이 된 이상, 나이 순서에 따라 메리가 엘리자베스보다 왕위 계승 순위에서 앞설 수밖에 없게 되었다.

그렇지만 어린 엘리자베스는 왕녀로서 귀중하게 양육되었다. 그녀에 대한 부왕의 애정도 지극했다. 엘리자베스에 대한 헨리 8세의 사랑은 앤의 처형과는 전혀 상관이 없었다. 헨리의 여섯번째 왕비 캐서린 파도 어린 그녀에게 친어머니처럼 대해주었다. 처음에는 적의를 품을 수밖에 없었던 언니 메리도 그녀를 가엽게 여기게 되었다. 앤 불린이 죽음으로써 엘리자베스도 자기와 같은 신세가 되었기 때문이었다.[33]

특히 남동생 에드워드와는 사이가 아주 가까웠다. 나이 차이도 크지 않았을 뿐만 아니라, 이들을 맡아 가르친 사람들이 대체로 같은 성향의 인물들이었기 때문이다. 이들이 바로 윌리엄 세실(William Cecil) 등 나중에 엘리자베스의 중신(重臣)이 되거나 브레인이 된 사람들이었다. 그녀가 이들로부터 받은 교육은 이른바 르네상스

형 귀족 교육이라는 것이었다. 머리가 좋은 엘리자베스
는 그리스어와 라틴어를 통달하고 이탈리아어와 불어를
거의 자국어처럼 말할 수 있었다고 한다.[34]

그러나 이처럼 평온하던 엘리자베스의 어린 시절은
1547년 1월 28일 부왕 헨리 8세의 죽음과 더불어 종말을
고했다. 부왕의 보호가 없어진 상황에서 그녀는 이제 종
교적 혼란과 권력 쟁탈전의 소용돌이를 오로지 혼자 힘
으로 헤쳐나갈 수밖에 없는 처지가 된 것이다. 이 혼란이
란 에드워드 6세 통치 아래의 프로테스탄트에서 메리 통
치 아래의 가톨릭으로 급격하게 복귀되는 상황을 말한다.

엘리자베스는 두 번이나 권력 투쟁의 소용돌이 속에
말려들기도 했다. 처음은 에드워드 6세 때의 일로(1548),
그녀는 자신도 모르게 왕의 외숙부 시모어 형제의 권세
다툼에 이용당했다. 동생 토머스가 형 서머싯 공을 몰아
내기 위한 모략이 드러나자, 토머스와 가까웠던 엘리자
베스도 함께 의심을 받았던 것이다. 부모도 없고 15살밖
에 안 된 어린 소녀에게는 너무나도 혹독한 시련이었다.
그렇지만 그녀는 의연하게 이 시련을 극복해냈다.

그뒤 메리 치세에서 당한 두번째 시련은 이보다 훨
씬 더 심각했다. 메리는 자신에 반대하여 일어난 와이엇
의 반란(1554. 1)에 엘리자베스가 관련되었다고 의심했던
것이다.[35] 메리는 즉위 초부터 엘리자베스를 두고 안심할
수가 없었다. 우선 동생의 발랄한 젊음이 마음에 걸렸던

것이다. 즉위 당시 메리는 이미 38세의 중년이었지만, 엘리자베스는 20세의 꽃다운 처녀였다.

메리는 앤 불린의 딸 엘리자베스를 태생적으로 예쁘게 볼 수가 없었다. 더욱이 엘리자베스는 메리가 가장 싫어하는 프로테스탄트였다. 그런데 사람들의 관심이 온통 엘리자베스에 집중되고 있었으니 메리로서는 더욱 참을 수 없었다. 따라서 이런 위험을 알아차린 엘리자베스는 가톨릭으로 개종할 결의까지 표명한 일도 있었다.[36]

그러나 개종이 진심이 아님을 알고 있던 메리는 이런 동생의 깜찍한 연극에 속지 말아야겠다고 다짐했다. 그리하여 메리는 엘리자베스가 와이엇의 반란에 관련되었다고 단정하고 그녀를 런던탑에 가두었다(1554. 3). 취조는 혹독하고 집요했지만 냉철하고 발언에 신중한 엘리자베스로부터 이번에도 마찬가지로 아무런 혐의를 발견해내지 못했다.

엘리자베스는 그야말로 천우신조(天佑神助)로 5월에 이르러 죽을 고비에서 벗어났던 것이다. 이는 참으로 기적이었다. 그러나 불안은 아직 끝난 것이 아니었다. 메리에 대한 국민의 불만이 커지면 커질수록 엘리자베스의 언행은 더욱 신중해질 수밖에 없었다. 조금이라도 궤도를 벗어나면 메리의 마수가 그녀를 덮칠 위험이 있었기 때문이다.[37] 부왕 헨리 8세의 죽음 이후 자신이 즉위하는 1558년까지 10년 동안은 엘리자베스에게 그야말로 생명을 위협받는 불안한 나날이었다.

## (3) 엘리자베스 즉위 당시의 영국 정황

엘리자베스는 메리의 죽음(1558. 11. 17)에 이어 영국민의
환호를 받으며 왕으로 즉위했다(대관식은 이듬해 1월 18일).
메리의 통치가 있었음에도 여성이 통치자가 되는 것이
아직은 변칙으로 보이던 세상이었지만, 아무도 그녀의
즉위를 가로막지는 못했다. 메리의 통치에 대한 영국민
의 감정이 극도로 악화되어 있었기 때문이다.

메리는 영국을 로마 교황에게 종속시키느라 '피의
메리'라는 별명까지 붙은 여왕이었다. 그녀는 반동정책
으로 수도원 재산을 불하받은 많은 프로테스탄트들을
불안에 떨게 했고, 남편 펠리페 2세의 종용에 따른 프랑
스 출병으로 영국 유일의 대륙 거점이던 칼레를 잃게 만
든 당사자였다. 이는 영국민으로서는 결코 잊을 수 없는
치욕이었다.

실로 메리 사망 당시의 영국은 재정적으로 사실상
파산 상태나 다름없었다. 교역은 침체되고, 상비군(常備
軍)도 없었으며, 효율적인 해군도 갖고 있지 못했다. 나
라가 마치 프랑스와 스페인의 관용(寬容)으로 존속되는
것 같았다. 16세기의 영국은 분명히 이류 국가에 지나지
않았다. 국부도 네덜란드에 미치지 못했고, 인구도 프랑
스보다 훨씬 적었으며, 군사력도 스페인보다 훨씬 약했

다. 중요성에서 포르투갈이나 폴란드보다도 못한 것처럼 보일 정도였다[38]

이런 상황에서 메리는 영국민의 버림을 받은 것만으로 그친 것이 아니었다. 설상가상으로 남편 펠리페의 버림까지 받고 있던 상태였다. 따라서 "메리의 죽음은 영국민만을 구제해준 것이 아니었다. 그녀 자신도 구해준 셈이었다".[39] 따라서 이런 상황에서 영국민은 희망을 오로지 엘리자베스의 통치에 걸 수밖에 없는 처지였다.

즉위 당시의 엘리자베스는 25세의 활달한 처녀였다. "그녀는 어머니 앤 불린보다 미모였고 모습이 당당했다. 얼굴은 길었지만 여왕다운 총명함으로 빛났고 눈도 민첩했다. 상당한 교양도 갖추고 있어 여왕으로서의 자질뿐만 아니라 왕비감으로서도 각국 군주들이 다 같이 탐을 낸 처녀였다."[40]

스페인의 펠리페 2세도 메리 스튜어트와 그 배후 세력이던 프랑스와 대결하기 위해 처제 엘리자베스를 치켜세웠으며, 그녀에게 연정까지 품었다. 그렇지만 엘리자베스는 이에 대응하며 여성으로서 이점을 백방으로 활용했다. 스페인과 프랑스 두 나라의 청혼자 가운데 어느 쪽에도 감정을 해치는 일이 없도록 배려했다.

엘리자베스는 그야말로 신기(神技)에 가까운 재주와 재치로 유럽의 여러 강자들에게 결혼할 것 같은 희망을 번갈아 안겨주었다. 스페인의 펠리페 2세, 오스트리아의

카를 대공, 그리고 프랑스의 앙주 공과 동생 알랑송 공이
바로 그들이었다.[41] 아직 20대 중반의 젊은 처녀 여왕으
로서는 너무나도 당돌한 몸가짐이었다.

그러면서도 엘리자베스는 즉위와 동시에 다음과 같
이 자기가 추진해야 할 정책을 정해야 했다. 첫째, 프로
테스탄트 회복을 통해 정적(政敵)인 스코틀랜드 여왕 메
리에 대항하며 자국 신민의 지지를 얻어야 했고, 둘째, 상
업 및 해양·해외 교역 진작을 통해 중산층 및 상인계급의
지지를 확보해야 했으며, 셋째, 펠리페 2세와 앙리 2세
사이의 적대를 조장함으로써 영국을 유럽 정치에서 독립
시키고, 넷째, 의회를 재치 있게 관리함으로써 독재 권력
과 입헌 정부 사이의 대립을 완화해야만 했던 것이다.[42]

## (4) 엘리자베스의 통치 기구

정치는 국왕 혼자서 할 수 있는 일이 아니다. 따라서 엘
리자베스를 보필해줄 그룹이 필요했다. 이 그룹이 바로
추밀원(樞密院, Privy Council)이었다. 여왕의 자문기관이자
여왕의 의사를 실행할 집행기관이기도 했다. 추밀원의
요직에는 대부분 젠트리 출신의 경험 있고 성실한 인물
들이 기용되었다.

여왕보다 13년 연상인 윌리엄 세실은 이후 40년 동
안 국무대신과 수석의관(首席議官)을 맡아 여왕을 도왔으
며, 그와 처남남매 사이였던 니콜라스 베이컨(Nicolas Bacon)

**40년 동안이나 엘리자베스를 보좌한 윌리엄 세실**  Marcus Gheeraerts(아들) 그림.

은 대법관이었다. 나중에 레스터 백(Earl of Leicester)이 된 로버트 더들리(Robert Duddley)는 여왕의 가장 가까운 총신 (寵臣)이자 한때는 남편으로 선택될 가능성마저 있던 인물이었다.[43] 프랜시스 월싱엄(Francis Walsingham)은 프랑스

주재 대사로 봉직했고, 세실과 함께 유력한 정보기관을 조직하여 여왕의 생명을 노리는 외국의 음모로부터 그녀를 보호했다.[44]

추밀원은 왕국의 중심부로서 각 지방의 치안판사(justice of peace)를 수족으로 이용, 여왕을 도와 왕국의 통일을 위해 노력했다. 그들의 임무 가운데 가장 중요한 것은 국내 치안의 유지였다. 형사사건도 추밀의관이 성실청의 판사로서 다루었다. 성실청은 1540년 이후 추밀원과 별개의 기관이 되었지만, 구성원에서는 두 기관이 동일했다.[45]

이 같은 중앙정치에 못지않게 지방정치는 엘리자베스 시대의 중요한 과제였다. 아직 봉건적 분열 시대의 잔재가 남아 있어, 국민들 사이에는 애국심보다 자기가 태어난 지방에 대한 향토애가 더 강했기 때문이다. 따라서 엘리자베스 정부는 각 지방의 동향에 세심한 주의를 집중하며 치안판사 등 지방관의 노력에 크게 의존할 수밖에 없었다.

특히 이들 치안판사들이 바로 엘리자베스의 중요한 사회경제 입법의 시행 책임을 맡았다는 점은 주목할 대목이다. 즉, 도제(徒弟)·직인(職人)에 관한 업무, 임금 규제, 부랑인 단속, 빈민 구제, 기근 때의 식량 확보 등 여러 가지 업무를 바로 이들 치안판사가 담당하도록 했던 것이다.[46]

한마디로, 지방시책이 사실상 이들에게 달려 있었다고 해도 지나친 말이 아니다. 그렇지만 치안판사의 본래 업무는 그 명칭으로도 알 수 있듯이 사법권에 있었다. 반역죄를 제외한 대부분의 범죄에 대한 사법권을 바로 이들이 맡아 수행했던 것이다.

치안판사는 극히 영국적인 존재였다. 16세기에 프랑스를 비롯한 영국 이외의 대부분의 나라에는 이런 것이 없었다. 중앙에서 파견된 국왕 직속의 지방관이 지방정치의 실권을 맡는 것이 보통이었다. 그러나 영국의 치안판사는 달랐다. 대법관이 임명은 하지만, 그들의 출신은 그 지방의 토착 젠트리였다. 뿐만 아니라 그들은 중앙정부로부터는 보수를 받는 것이 없는 무급(無給) 인력이었다. 따라서 완전한 의미의 '관리'라고는 할 수 없었다.

이들은 지방 사정에 통달해 있어 그 지방 실정에 맞는 시책을 펼 수 있는 장점도 있었다. 그렇지만 반대로 지방에 밀착되어 있어 중앙과 연결이 원만하지 못한 단점도 있었다. 그러나 지방의 젠트리에게 치안판사라는 지위는 사회적 위신의 징표였다. 무급이었지만 명예 이외에도 현실적인 편익이 많았다. 매년 이들의 임명을 경신할 수 있는 정부가 이들을 통제할 수 있었던 것도 이 때문이다.[47] 그렇다면 엘리자베스는 구체적으로 어떤 국정부터 펴나갔던 것일까?

### (5) 엘리자베스 여왕의 당면 과제

엘리자베스는 먼저 언니 메리의 실정을 수습하는 작업부터 시작해야 했다. 그녀는 언니가 잃은 칼레의 회복을 누구보다도 강력하게 염원했지만, 군사력이 약한 영국으로서는 가망이 전혀 없었다. 따라서 엘리자베스가 실행할 수 있는 유일한 방법은 체제를 정비한 뒤 프랑스와 강화를 맺는 길밖에 없었다. 이것이 1559년 4월 2일에 체결된 카토캉브레지 조약이다.

프랑스의 칼레 영유 기한을 일단 8년으로 정하되, 그 이상 영유를 희망할 때는 영국 쪽에 50만 에퀴(프랑스 금화)를 지불한다는 것이 그 내용이었다. 결국 칼레는 프랑스 소유가 되었지만, 그래도 여왕의 체면이 섰고 영국민의 굴욕감이 크게 감소되었다. 그리고 칼레의 상실은 영국에게 오히려 잘된 면도 있었다. 칼레를 유지하기 위한 재정적 부담에서도 벗어났고, 이는 이후 섬나라로서 자주 외교를 벌여나갈 수 있는 계기가 되었기 때문이다.[48]

프랑스와 스페인 사이에도 강화가 성립되었다(4. 3). 이처럼 카토캉브레지 조약은 두 가지로 이루어졌다. 이로써 합스부르크 왕가와 프랑스의 발루아 왕가 사이의 오랜 항쟁도 종지부를 찍게 되었다. 이 결과로 프랑스는 이탈리아에 대한 모든 권리를 포기한 대신, 스페인령 네덜란드와 프랑슈콩테 사이의 연락을 차단함으로써 네덜란드를 고립시킬 수 있게 된 것이다.

이들은 이때 이미 전쟁보다 타협을 우선해야 함을 알아차렸다. 동시에 이 같은 정황 변화는 우선 엘리자베스의 눈살을 펴게 했다. 영국이 양국 사이의 대결 무대가 될 염려가 없어졌기 때문이다. 그렇지만 정황은 아직 낙관할 수만은 없었다. 당시 스코틀랜드는 프랑스의 속국과 비슷해서, 영국은 앙리 2세가 통치하는 프랑스의 위협을 도버해협과 스코틀랜드 양쪽으로부터 항상 받고 있었기 때문이다.

따라서 여왕은 프랑스의 위협을 막기 위해 스페인의 펠리페 2세의 도움이 필요했다. 그렇지만 엘리자베스에게는 펠리페 역시 마찬가지로 경계해야 할 인물이었다. 이처럼 프랑스와 스페인 두 강국에 둘러싸인 영국의 처지는 좀처럼 편할 수가 없었다.

그러나 카토캉브레지 조약 체결 뒤 3개월 만에 갑자기 앙리 2세가 사망하자(1559. 7) 정황은 급변했다. 이제 엘리자베스에게 자주 외교를 펼칠 수 있는 상황이 전개된 것이다.[49] 프랑스와 네덜란드는 오랜 내란에 휘말렸고, 독일은 심지어 폐허 상태로 변한 상태였다. 이와 달리 영국은 왕권 경쟁에서 벗어나 모든 국력을 상업과 돈벌이에 집중할 수 있는 절호의 기회를 맞이했다. 여왕은 즉위 당초부터 이처럼 운이 너무나도 좋았다.

## (6) 엘리자베스와 영국의 종교개혁

엘리자베스는 메리 시대에 대륙으로 망명했던 사람들이 귀국함에 따라 국가 통일을 위해 먼저 신·구 양 교도의 대립부터 해소해야만 했다. 여왕의 종교개혁은 어느 의미로는 에드워드 6세 시대처럼 프로테스탄트로의 복귀라고 할 수 있다. 그리고 그 기초는 '국왕지상법'과 '예배통일법'이라는 두 법에 둔 것이었다.

'국왕지상법'은 1559년에 제정된 것으로, "여왕 폐하가 종교상의 사항에서도 세속상의 사항에서와 마찬가지로 영국 유일의 최고 통치자"임을 선언한 것이었다. 즉, 로마 교회나 외국으로부터 독립을 부왕의 경우보다 더욱 분명히 한 것이 그 내용이었다.

'예배통일법'도 같은 해에 제정에 착수한 것으로, 이는 성직자가 기도나 성예전(聖禮典)을 집행할 때 에드워드 6세 때의 1552년 기도서를 사용하도록 명령하고 있다.[50] 그러나 이는 엘리자베스의 계획 이상으로 대륙의 진보적 프로테스탄트였던 스위스 개혁자의 그것에 가까운 것이었다.

그렇지만 여왕은 중요한 점에서는 자기의 주장을 결코 굽히지 않았다. 예컨대, 가톨릭적 예식과 법의(法衣) 착용이 그것이었다. 이 시각적 효과야말로 여러 세기 동안 일반 민중의 신앙심을 떠받쳐왔기 때문이다. 그리하여 교회 조직 면에서는 가톨릭 교회 그대로의 주교제도

가 유지되도록 했다.[51]

　따라서 엘리자베스와 의회에 따라 재건된 국교회는 신교도와 구교도를 다 같이 만족시킬 수는 없었다. 진보적 프로테스탄트 쪽에서 볼 경우에는 '교황적 잔재'가 지나치게 많은 것이었고, 반대로 가톨릭 쪽에서 본다면 정도(正道)에서 벗어난 이단으로 보일 수밖에 없었다.

　그렇지만 엘리자베스의 결정은 어느 한 극단으로 치우침 없이 현실을 현명하게 고려한 타협적·절충적 진로였다고 말할 수 있는 것이었다.[52] 국교란 가톨릭과 프로테스탄트의 양극단만을 제외한 두 종교의 타협인 셈이었다. 그리고 여왕은 국교를 강제하는 데서도 완고하지 않았다. 국교를 공공연하게 부정하지 않는 한, 양심이 명하는 대로 자기의 신앙을 지킬 수 있도록 허용했다.

　대처 방법도 대단히 관용적이었다. 무리하게 억압하면 소동이 커질 뿐이기 때문이었다. 신앙의 일치를 요구하다보면 정치적 통일을 무너뜨리는 결과를 초래할 수도 있는 일이었다. "신교(信敎)의 통일보다 정치의 통일"이 바로 여왕의 목적이었다. 스페인의 펠리페 2세와는 정반대였다. 펠리페의 종교 통일 우선정책이 네덜란드 반란의 도화선이 되었음은 주지하는 바와 같다.

# 5. 인간 엘리자베스

## (1) 엘리자베스 여왕의 결혼외교

프랑스와 스페인이 자기들보다 훨씬 약했던 영국을 굴복시키지 못한 원인은 이들 양대 가톨릭 국가 사이의 적대에 있었다. 그렇지만 더 중요한 원인은 엘리자베스와 그녀의 뛰어난 휘하 정치가들의 기민한 외교정책에 있었다고 할 수 있다.

에딘버러 조약(Treaty of Edinburgh, 1560. 7. 6)으로 프랑스가 영국과 화평의 길을 택함으로써 여왕은 또다시 숨 돌릴 여유를 얻었다. 여기서 여왕은 상업 진흥과 해군력 강화로 국력 증강에 전념할 수 있는 절호의 기회를 맞이하게 된 것이다.

여왕은 정치 면에서도 부왕 헨리 8세에 못지않은 명민한 수완가였다.[53] 즉위 초에 여러 가지 심각한 난관에 부딪혔음에도 그녀는 단시일에 자신의 능력을 훌륭하게 증명해 보였다. 비록 자만심이 강하고 고집이 세기는 했지만, 엘리자베스는 통찰력과 아울러 그녀를 헌신적으로 추종하는 자들을 포용할 수 있는 인간적 매력도 갖고 있었다.

여왕은 권력을 사랑했다. 그러나 그녀의 민활한 두뇌는 큰 이익을 얻기 위해 작은 이익을 언제 포기해야 할지 그 시점을 똑바로 알고 있었다. 메리와는 달리 엘리자

베스는 영국 군주정치의 힘은 국민의 동의에 바탕을 두어야 한다는 사실도 똑바로 알고 있었다.[54]

엘리자베스는 우선 프랑스와 스페인의 적대 관계를 교묘하게 이용했다. 그리고 이후 30년에 걸쳐 그녀는 자기의 결혼을 미끼로 상대를 유혹하고 이용함으로써 외세 침공에서 영국을 안전하게 보전해나갔다. 즉위한 첫 2년 동안에만도 그녀는 외국으로부터 무려 열다섯 번이나 결혼 신청을 받았다.

프랑스의 경우는 여왕과 결혼의 필요성이 더욱 절실한 처지였다.[55] 합스부르크 왕국에 남북으로 포위당하고 있던 프랑스로서는 영국을 어떻게든 자기 편으로 끌어들여야만 했다. 그렇게만 된다면 양 합스부르크 왕국의 프랑스 포위는 완전히 무의미해지기 때문이었다.

사실상 프랑스로서는 이른바 '합스부르크 링'에서 벗어날 수 있는 방법이 이 길밖에 없었다. 그래서 그들은 심지어 엘리자베스가 50세가 될 때까지 사람을 바꾸어가며 끈질기게 청혼을 계속했다. 엘리자베스에게 청혼한 사람은 대부분이 가톨릭 군주들이었다.[56]

이들이 엘리자베스가 자신의 결혼을 이용해 펼친 외교정책의 상대자들이었다. 그 진수는 프랑스와 스페인을 상대로 한 것이었다. 1562년 프랑스에서 종교전쟁이 발발하자, 엘리자베스는 위그노(프랑스 프로테스탄트)를 도와 르 아브르(Le Havre)에 파병했다. 그러나 프랑스와의 전쟁은 여왕의 대실책이었다. 칼레 수복이 좌절된 것이다. 그렇지만 이 실책은 이후 여왕과 세실에게 좋은 교훈이 되었다. 문제를 평화적으로 해결하는 것이 최상의 방법이라는 교훈이 바로 그것이었다.

이후 여왕의 결혼 이용 외교는 이를 계기로 더욱 본격화했다. 샤를 4세(Charles IV)의 구혼과 그의 형제인 앙주 공 및 알랑송 공의 연이은 구혼을 그녀는 신중히 고려해본다는 선에서 우선 프랑스를 묶어두었다. 그리고 이면에서는 비밀리에 위그노에 대한 지원을 계속했다.

스페인에 대한 여왕의 정책도 마찬가지였다. 스페인의 펠리페 2세는 엘리자베스의 가톨릭에 대한 증오에도 불구하고 그녀에게 이미 구혼 신청까지 한 상태였다. 영국을 가톨릭 국가로 복귀시킴으로써 이 나라가 적국(敵國)인 프랑스의 영향력 아래로 들어가지 않도록 하기 위해서였다.

따라서 엘리자베스로서도 그의 구혼을 거절하기가 매우 난처했다. 왜냐하면 그 거절이 영국에 적대하여 프랑스와 스페인이 동맹을 맺도록 유도하게 되지 않을까 걱정되었기 때문이다. 그렇다고 해서 그녀는 이를 수락할 수도 없었다. 그럴 경우, 이는 스페인·프랑스의 영국 지배가 아니면 스페인·가톨릭의 영국 지배가 될 것이 분명했기 때문이다.

이에 엘리자베스는 특유의 재주를 모두 동원하여 펠

리페의 구혼에 대한 답변을 한껏 미루었다. 그러자 펠리페 2세도 지친 나머지 포기하고 결국 프랑스 여인을 왕비로 맞이하고 말았다. 따라서 이후 영국과 스페인의 관계는 다시 악화될 수밖에 없었다. 프랑스의 영국에 대한 책동은 중단되었지만, 엘리자베스와 펠리페는 각기 프로테스탄트와 가톨릭 진영의 지도자가 되어 서로를 용납하려들지 않았던 것이다.

엘리자베스는 스페인에 대한 도발 행위를 신중하게 피함으로써 평화를 유지했다. 그러나 그녀의 속내는 전혀 달랐다. 영국 수병(水兵)이 스페인 선박과 식민지를 습격한 데 대해 사과하면서도, 다른 한편으로는 스페인의 굴레에서 벗어나려는 네덜란드 반란을 비밀리에 지원했던 것이다. 물론 펠리페도 마찬가지로 이면공작을 서슴지 않았다. 메리 스튜어트의 영국 왕위 계승 음모를 지원한 것이 그것이었다.[57]

## (2) 엘리자베스 여왕의 독신 고집

의회와 국민은 이런 상황에서 튜더 왕가와 프로테스탄트의 왕위 계승을 위해 여왕이 영국 귀족과 결혼하기를 바랐다. 만일 상속자로 예정되던 스코틀랜드의 메리 스튜어트가 영국 왕이 된다면 종교전쟁이나 내란이 일어날 것이 분명했기 때문이다. 그렇지만 여왕이 영국 귀족과 결혼한다고 해도 문제가 없는 것은 아니었다. 이번에는 그에 대한 다른 사람들의 시기심이 세상을 어지럽게 만들 것이기 때문이었다.

이러한 이유로 여왕은 결국 독신을 택하게 된 것이다. 부친 헨리의 여섯 번에 걸친 난잡한 결혼 행각과 언니 메리의 슬픈 결혼 생활이 그녀에게 혼인을 꺼리게 하기도 했을 것이다. 그녀에게 남성 불신 내지 결혼 불신의 뿌리가 결코 없을 리가 없었다.

그렇지만 더 큰 원인은 엘리자베스의 결혼 적령기에 모든 정황이, 특히 외교 면에서 그녀에게 다양한 융통성을 제기해줄 수 있었던 데 있다. 독신이 그녀에게 오히려 마키아벨리적 초연함을 마음껏 즐길 수 있게 해주었던 것이다.[58]

하지만 엘리자베스도 분명히 한 사람의 여인이었다. 남성에 대한 연정이 없을 수가 없었다. 혼자만의 생활이 너무나도 고독했던 것이다. 그녀는 주위 세계에서 완전히 격리되어 있었고, 주위의 세계 속으로 들어간 적은 한 번도 없었다. 국민의 인기를 얻기 위한 혼신의 노력이 그녀의 생활에서 무서운 고독을 어느 정도 감추어주었을 뿐이다.[59]

제임스 6세의 탄생 소식을 듣고 그녀가 내뱉은 통절한 탄성은 자기 생활의 무서운 고독감을 솔직하게 증명해주고 있다. "스코틀랜드 여왕은 훌륭한 남자 아이를 얻었는데, 나는 고목(古木)을 잘라낸 밑동에 지나지 않는다”고 외쳤다는 것이다.[60] 격렬한 성격의 여왕이 드러낸 한 여인으로서의 연약한 일면이었다.

에딘버러 조약 체결로 프랑스의 압력이 없어져 여유가 생기자 엘리자베스는 장신(長身)의 미남 귀공자 로버트 더들리에게 연심을 품었다. 그는 노섬벌랜드 공 존 더들리의 다섯째 아들로, 냉정하기 그지없는 엘리자베스가 한때 결혼까지 생각했을 정도로 그를 좋아했다. 그러나 1560년 9월 더들리의 처가 갑자기 원인 불명으로 사망함으로써 의혹이 일자 여왕은 단연 결혼할 마음을 접었다. “군주로서 엘리자베스가 여성으로서 엘리자베스를 이겨냈던 것이다.”[61]

그렇지만 더들리는 그뒤에도 엘리자베스의 지극한 총애를 받았다. 그는 추밀원의 중요 의관으로서 또 여왕의 가장 가까운 신하로서 세실과 더불어 한껏 권세를 누렸다. 1564년 9월에는 ‘레스터 백’이라는 칭호까지 받은 정도였다. 더들리의 강력한 진언에 따른 프랑스 파병이 실패로 끝났음에도 여왕은 그를 멀리하지 않았다.

물론 이 밖에도 여왕은 월터 롤리, 에식스 백 등과 같은 연심의 상대가 있었다. 그러나 이들에게는 ‘미남’과 ‘과묵(寡黙)’만이 요구되었을 뿐이다. 엘리자베스는 어느 누구에게도 좌우되지 않기 위해 평생 독신을 고집했다. 자기가 여왕에게 없어서는 안 될 존재라는 말을 하든가, 자기의 정략적 재능이 뛰어나다고 뽐내는 자는 예외 없

**엘리자베스 여왕**  Marcus Gheeraerts(아들) 그림, 1592년경.

**여왕의 애인 레스터 백 더들리** 더들리는 장신의 미남 귀공자로서 여왕이 한때 결혼까지 생각한 정도였다. 비록 결혼은 하지 않았지만 그는 엘리자베스의 지극한 총애를 받았다. Anglo-Netherlandish School, 1564년경.

이 죽임을 당했다. 에식스 백 로버트 데버루가 1601년에 처형된 것도 이 때문이었다.[62]

그러나 여왕의 독신 고수는 끝까지 일말의 불안을 남길 수밖에 없었다. 왕위 계승자가 정해질 수 없었기 때문이다. 물론 여왕이 건강할 때는 문제가 없지만, 만일 갑자기 죽는다면 왕위 계승 문제가 최악의 상황을 맞을 것이기 때문이었다.

장미전쟁과 같은 혼란이 재연되지 않는다는 보장이 없었다. 따라서 의회는 여러 번에 걸쳐 여왕에게 결혼하라고 청원을 거듭했지만 대답은 언제나 '노(No)'였다. 의회가 독촉하면 여왕은 격노로 응답할 뿐이었다.

## (3) 엘리자베스와 스코틀랜드 문제 ①

엘리자베스가 스코틀랜드 여왕 메리 문제에 직면하게 된 것은 이처럼 의회의 결혼 권고가 있던 무렵의 일이었다. 메리는 헨리 7세의 증손녀로서 엘리자베스에게는 고종(姑從) 7촌 조카뻘이었다. 따라서 엘리자베스가 후계자 없이 죽을 경우, 더 가까운 친척이 없는 상황에서 명백한 영국 왕위 계승자는 바로 메리였다.

메리는 태어난 뒤 며칠 안 되어 스코틀랜드 왕위에 올랐다. 때문에 모친이 섭정을 맡게 되었다. 그녀가 바로 프랑스 가톨릭 지도자 기즈(Guise) 공의 누이였다. 이런 관계로 메리는 프랑스로 보내져 엄격한 가톨릭 교육을

**스코틀랜드 여왕 메리 스튜어트**  헨리 7세의 외손녀이다.
1561~1567년경, 블레어즈 박물관(스코틀랜드 가톨릭 유산 박물관)

받은 뒤, 프랑스 황태자(뒷날 프랑수아 2세)와 결혼했다. 이
는 스코틀랜드와 프랑스의 연합을 의미하는 것으로, 영
국으로서는 일대 위협이 아닐 수 없었다.

영국에 대한 적의(敵意)로 말미암아 스코틀랜드가
프랑스와 연합하려는 낌새는 물론 오래전부터 있었다.
그렇지만 이번에는 사태가 심상치 않았다. 그런데 영국

에게는 천만 다행으로 카토캉브레지 조약 체결 이후 1개
월 만인 1559년 5월에 스코틀랜드에서 반란이 일어났다.
프랑스인에 대한 증오와 로마 교회에 대한 반감 때문에
일어난 신교도의 봉기였다.

이 사건이야말로 영국에게는 오랜 골칫거리를 일거
에 해결할 수 있는 호재였다.[63] 이에 프랑스도 영국과 화
평의 길을 택할 수밖에 없었다. 이것이 앞에서 언급한 이
른바 에딘버러 조약이다. 국내에서 종교 내란의 징후가
나타났기 때문에 프랑스로서도 이는 어쩔 수 없는 고육
지책이었다.

이 조약은 프랑스로 하여금 스코틀랜드에서 손을 떼
게 만들었고, 이후 이 나라가 프로테스탄트 국가가 되는
계기가 되었다. 그 결과, 영국에 대해 남·북으로부터 가
해졌던 교황권의 압력도 이 시기에 이르러 해소되었던
것이다. 엘리자베스 즉위 2년 만에 국제정세가 완전히
안정된 것이다.

그렇지만 메리 스튜어트가 남편 프랑수아 2세의 사
후 스코틀랜드로 돌아옴으로써(1561. 8) 또 다른 문제가
대두되었다. 그녀가 스코틀랜드 여왕으로 만족하지 않
고 영국 여왕까지 되고싶어 했던 것이다. 튜더 왕가의 혈
통이 헨리 7세의 3녀 마거릿(Margaret)을 통해 스튜어트가
로 흘러 메리에 이른 것이 그 근거였다.

이런 가운데 메리는 1565년 4촌이자 헨리 7세의 후

손인 단리 경(Lord Darnley)과 재혼함으로써 영국 왕위에 대한 발언권이 한층 더 강해졌다. 여기서 메리의 태도는 엘리자베스에 대해 더욱 도전적이 되었고, 그럼으로써 엘리자베스의 경계 대상이 될 수밖에 없었다.[64]

두 여왕은 태생적으로 절대 가까워질 수 없는 사이였다. 메리는 엘리자베스 이후의 영국 왕위를 탐냈을 뿐만 아니라, 살아 있는 엘리자베스에게는 자신의 왕위를 찬탈하려고 꾀하는 것으로까지 보였던 것이다. 엘리자베스가 메리를 용서할 수 없었던 결정적 이유가 여기에 있었다.

## (4) 엘리자베스와 스코틀랜드 문제 ②

메리는 재혼한 단리와의 사이에 왕자(제임스 6세, 뒷날 영국 왕 제임스 1세)를 낳았다. 그렇지만 두 사람의 사이가 벌어져 메리는 부인 살해 혐의를 받고 있던 보스웰 백(Earl of Bothwell)이라는 자와 결국 자포자기적 결혼을 하고 말았다. 이는 엘리자베스의 경우와는 정반대로, "군주로서 메리가 여성으로서 메리에게 패배한 셈이었다".

이 사건으로 말미암아 메리는 프로테스탄트뿐만 아니라 가톨릭까지 다 함께 격분시켰다. 그리하여 1567년 7월 결국 왕위를 아들 제임스 6세에게 넘겨주고 유폐당하고 말았다. 그러나 이듬해 5월, 그녀는 스코틀랜드를 탈출하는 데 성공하여 영국으로 달아나 엘리자베스에게 보호를 요청했다(5. 17).[65] 메리는 제 발로 호랑이 굴에 찾아든 것이다.

그러자 엘리자베스는 일단 메리를 감금해놓았다. 영국 왕위를 노리는 불안의 씨앗일 뿐만 아니라 가톨릭이던 그녀를 방치할 수 없었기 때문이다. 그런데 이것이 엘리자베스에 대한 가톨릭 진영의 공세를 격화시켰다. 엘리자베스에게는 그야말로 일대 위험이 아닐 수 없는 일이었다.

특히 교황 피우스 5세의 엘리자베스 여왕 파문(破門)이 그 대표적인 예였다(1570). 이는 왕에 대한 충성의 의무로부터 영국 신민을 해방시켜줌으로써 여왕에 대한 이들의 반란을 정당화하려는 계략이었다. 어쨌든 가톨릭 쪽에서는 메리를 이단인 엘리자베스보다 존중하고 추앙했다. 그들은 엘리자베스 파문 사건을 영국 가톨릭 부활의 서광으로 여겼던 것이다.

여기서 영국 가톨릭 신자들은 교황과 왕 가운데서 어느 한 쪽을 택할 수밖에 없는 처지로 몰렸다. "이들은 가톨릭 진영에 동정은 했지만 그렇다고 해서 여왕에게 활을 당길 수도 없었다." 그리하여 메리가 영국으로 온 이후 엘리자베스를 암살하고 메리를 구출하려는 계획이 여러 번 일어났다.[66] 이 가운데서도 특히 1583년 메리와 영국주재 스페인대사 멘도사(Mendoza)가 연루된 스록모턴(Francis Throckmorton) 사건이 가장 유명하다.

그러나 사건은 대사를 추방하고 음모를 꾸민 스록모

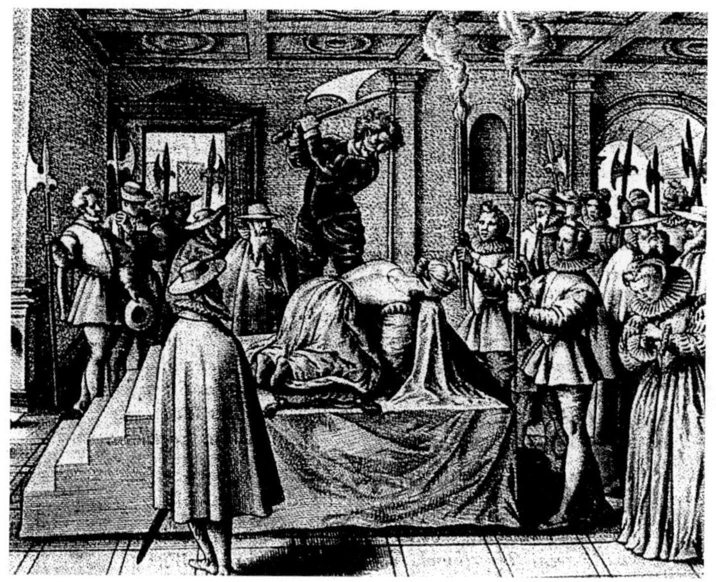

**메리 스튜어트의 처형**　메리는 스코틀랜드 여왕으로 엘리자베스 여왕의 정적이었다. 밀라노 시립 베르다레츠리 인쇄물 수집관.

턴을 처형하는 것만으로 끝나지 않았다. 이듬해(1584)에는 신교도인 윌리엄 오렌지가 암살되었으며, 이후 음모는 모조리 엘리자베스를 암살하는 데 집중되었다. 그것도 교황의 지원 아래 벌어진 일들이었다. 메리가 연루된 1586년 9월의 이른바 배빙턴(Anthony Babington) 사건이 바로 그것이다.

이 음모는 메리의 주변에 쳐놓은 월싱엄의 완벽한 스파이망에 걸려 일망타진되었다. 여기서 여왕은 추밀원과 의회의 요구에 따라 1587년 2월 8일 결국 메리를 처형하고 말았다.[67] 메리의 처형은 가톨릭 제국에게는 큰 충격이었다.

　이것이 스페인의 펠리페 2세로 하여금 무적함대를 동원, 영국 원정에 나서게 한 계기였다. 원래 스페인과 영국 두 나라는 심각하게 대립하고 있어 엘리자베스는 홀란드 독립군에 계속 원조를 제공하고 있었다. 영국은 중세 이래 이 지방과 밀접한 경제적 유대 관계를 가져왔기 때문에 홀란드에서 스페인 세력을 몰아내는 것은 영국의 국민적 여망이기도 했다. 이제 영국과 스페인의 대결은 불가피하게 되었던 것이다.


## 6. 영국과 스페인의 대결

### (1) 네덜란드에서 영국과 스페인의 대결

엘리자베스는 전쟁을 좋아하지 않았다. 전쟁은 막대한 재정을 필요로 하는 것이고, 그에 따른 재정 궁핍이 결국 자신의 통치를 파탄으로 이끌지도 모른다고 생각했기 때문이다. 따라서 여왕은 되도록 스페인과 충돌을 피하고 대륙 출병도 자제했다.

　그렇지만 1580년대로 접어들며 평화 유지는 불가능해졌다. 1585년 무렵 펠리페 2세가 영국에 대공세를 감행하기로 결정한 것처럼 보였기 때문이다.[68] 이에 영국도 그해 여름을 기하여 강국 스페인을 상대로 전쟁 상태에 돌입했다.

스페인을 상대로 한 영국의 전쟁은 먼저 스페인의 점령 아래 있던 네덜란드 상륙으로 시작되었다. 총병력은 6,000명으로 1585년 6월에 선견대가 파견되었고, 12월에는 레스터 백이 총사령관이 되어 전장으로 건너갔다. 그러나 영국군의 작전은 계획대로 추진되지 못했다. 영국의 열세가 1586년 여름의 전투에서 이미 드러났기 때문이다. 장비와 훈련에서 영국군은 스페인군의 적수가 될 수 없었던 것이다.[69]

군인과 행정관으로서 레스터 백의 역량 부족도 분명하게 드러났다. 그렇지만 그는 생각을 접지 않았다. 여왕이 좀더 강력하게 홀란드 독립을 지원, 파견군을 증강해 준다면 승리에 따른 평화 달성이 충분히 가능하다고 확신했던 것이다. 그러나 여왕의 생각은 달랐다. 그의 일시 귀국은 이 때문에 이루어졌다(1586. 11). 1586년 말에서 1587년 초에 걸쳐 네덜란드에서 영국의 위신은 한껏 추락되었던 것이다.[70]

뿐만 아니라 1587년 6월이 되자 스페인의 파르마 공은 병력을 플랑드르에 집결시켰다. 펠리페 2세가 그에게 영국 침공을 준비하라는 명령을 하달한 데서 비롯된 조치였다. 스페인에서 출발한 대함대가 네덜란드를 기항지로 이용하는 것은 영국에게는 대단한 위협이 될 수밖에 없었다. 이에 여왕은 강·온 양책으로 대응했지만 소용이 없었다. 파르마 공이 여왕의 휴전 제의를 피하며 진공을 계속했기 때문이다.

7월 말에는 네덜란드의 형세가 최악의 상태로 빠졌고, 이에 여왕은 12월에 레스터 백을 본국으로 소환했다. 이후 그는 다시는 네덜란드에 발을 들여놓지 못했다. 이 시점까지는 엘리자베스의 네덜란드 독립 지원이 실패한 것이 분명했다. 막대한 경비를 들였지만 아무런 결과도 얻지 못했던 것이다. 그러나 영국으로서는 다행스럽게도 스페인의 즉각적인 공격은 없었다.[71]

프랜시스 드레이크(Francis Drake, 1545~1595)가 카디스(Cadiz)만으로 침투, 수만 톤의 선박과 상점을 파괴한 것은 바로 이런 상황에서 벌어진 일이었다. 이어 드레이크의 함선은 반도 연안의 모든 교통로를 계속 집요하게 괴롭혔다. 따라서 아르마다함대는 겨울 이전까지는 준비를 갖출 수가 없었다. 전세는 이에 대한 영국 해군의 승리와 더불어 점차 개선된 것이다.[72]

## (2) 대서양에서 영국과 스페인의 대결

해상에서 영국과 스페인의 충돌은 일찍부터 시작되었다. 영국인의 욕심은 스페인인이 독점하다시피 하고 있던 아메리카산의 금·은을 얻는 데 있었다. 그 최선봉에 나선 사람이 바로 드레이크였다. 그는 엘리자베스 여왕으로부터 스페인을 상대로 하는 사나포(私拿捕, privateering)

**프랜시스 드레이크**  자기 소유 선박으로 해적 행위를 시작, 영국인으로는 최초로 세계를 일주한 항해가. 영국 해군의 제해권 쟁취에도 공헌했다. Marcus Gheeraerts(아들) 그림, 1590년 이후, 데번 버클랜드 대수도원.

를 정식으로 허가받은 해적의 두목이었다. 그는 여왕과 그녀의 총신 에식스 백으로부터 재정 지원도 받았다.[73]

1580년 그는 3년에 걸친 세계 주항(周航)을 마친 뒤 스페인인과 포르투갈인에게서 빼앗은 전리품을 가득 싣

고 귀국했다. 이 거액의 부는 영국의 조야(朝野)를 경악
케 했으며, 사람들을 흥분의 도가니로 몰아넣었다. 그리
하여 드레이크의 뒤를 따르는 자가 속출했다.[74]

물론 이들은 여왕의 공개적인 후원을 받지는 않았
다. 그러나 여왕은 내밀히 그들을 후원했고, 그들로부터
이익배당을 받고 있었으며, 심지어 그들에게 '나이트
(knight)' 칭호까지 수여했다. 여기서 격분한 펠리페가 영
국을 쳐부수지 않고는 제해권도 확보할 수 없고 해적 행
위도 근절시킬 수 없다는 결론에 도달하게 된 것이다.[75]

드레이크가 플리머스항을 출범하여 스페인의 카디
스만을 기습한 것은 이 이후의 일이다(1587. 4. 2). 기습은
대성공이었다. 스페인은 대형 선박만도 수십 척을 잃었
고, 대량의 군수물자가 소실되었으며, 식량을 가득 실은
대형 운송선 여섯 척이 전리품으로 영국에 포획되었다.
이어 영국은 연안을 왕래하는 스페인 선박을 위협하면
서 리스본항에 이르러 항구 안으로 숨어든 스페인 함대
를 유도해내려고 했다. 그러나 이것이 여의치 않자 그들
은 스페인의 모든 해안에 대한 경계 태세로 돌입했다.[76]

사태는 이미 스페인과 본격 대결이 불가피하게 되어
있었다. 신세계를 스페인에게 준다는 교황의 결정과 펠
리페가 모든 신교도에게 그 해협 항행을 금지시킨 조치
부터가 영국 선원들로서는 지킬 수 없는 것이었다. 홀란
드의 민유 무장선인 사략선(私掠船 또는 私拿捕船)이 영국

의 여러 항구를 근거지로 사용했고, 영국 선박이 네덜란드 '연합제주(聯合諸州)'의 깃발을 나부끼며 스페인 상선을 습격하는 판국이었다.[77]

스페인에 대한 영국민의 여론도 이미 악화될 대로 악화되어 있었다. 네덜란드 원정에서 돌아온 장병들이 알바 공의 잔학함을 전하고, 또 스페인에게 사로잡힌 영국 사략선 선원이 종교재판에 회부되어 고문으로 반죽음을 당한 사실이 전해지면서 신교도의 적의가 한껏 고조되었던 것이다. 비록 엘리자베스가 문제를 평화적으로 해결할 결심을 했다고 해도 이미 때늦은 일이었다.

스페인과의 개전을 바라는 국민감정과 가톨릭 교도와의 개전을 바라는 신교도의 감정이 합쳐져, 평화적으로 풀어보려는 노력은 설 자리가 없었다. 해적들은 마음속으로는 "신세계에서 구교도의 독점권 타파, 스페인인 살해, 흑인 매매, 황금 수송선 약탈 등을 바로 신의 선민다운 일"이라고 생각하고 있었다.[78] 이 사업은 위험을 무릅쓸 가치가 있을 만큼 이익도 막대했다.

아무리 스페인인들이 이들을 체포해서 '해도 달도 보이지 않는 종교재판소 감옥'에 쳐 넣어도 아무런 효과가 없었다. 완고하기로는 펠리페 2세도 이들 해적 못지않게 철저했다. 여기서 펠리페는 드레이크의 승리를 계기로 '신세계' 지배를 위해서는 먼저 영국부터 정복해야 한다고 생각하게 된 것이다. 그리고 영국군이 플랑드르

에 있는 이상, 독립을 꾀하는 '연합제주'의 정복을 위해
서도 영국 본토부터 손에 넣어야 한다고 확신하게 되었
던 것이다.[79]

## (3) 아르마다함대의 영국 침공 계획과 문제점

이런 상황에서 스코틀랜드 여왕 메리의 처형은 펠리페
에게는 그야말로 "그 권위를 골수까지 들쑤셔놓은 격"이
었다. 여기서 펠리페는 오랜 시간 계획해온 영국 침략 계
획을 가동할 수밖에 없었다. 펠리페의 계획은 먼저 아르
마다함대를 네덜란드로 보내어 파르마 공과 유럽 제일의
자국 육군을 영국으로 운송하려는 것이었다. 그러면 영
국 가톨릭 교도들이 봉기할 것이라고 기대했던 것이다.[80]

　파르마 공도 곧 있게 될 침략 작전에 대비하여 1만
7,000명의 병력을 정비하고 덩커크에 운송 선단을 집결
시킨 뒤, 자기의 도양(渡洋) 작전을 지원해줄 무적함대가
도착하기를 기다렸다. 유럽 각국도 비상한 관심을 가지
고 1588년에 있게 될 대결을 주시할 수밖에 없었다. 이에
따른 결과가 대륙 전체에 미치게 될 종교적·정치적 영향
이 엄청나게 클 것이 분명했기 때문이다.[81]

　그러나 펠리페는 처음부터 모든 일에 운이 따르지
않았다. 앞에서 언급한 것처럼, 1587년 드레이크의 카디
스 습격으로 그는 우선 무적함대의 영국 원정을 1년이나
늦출 수밖에 없었다. 뿐만 아니라 스페인의 지도적 해군

제독 산타크루즈 후작(Marquis de Santa Cruz)이 사망한 것
또한 그러했다.

　해전 경험이 거의 없는 노령의 메디나 시도니아 공
작(Duke of Medina Sidonia)이 그를 대신한 것은 스페인의 또
다른 불행이었다. 봄을 맞이하여 무적함대가 리스본을
출범했지만, 이번에는 비스케이(Biscay)만에서 태풍을 만
나 각기 흩어진 채 엘페롤(El Ferrol, 스페인 북서안)항으로
숨어들 수밖에 없었다.[82]

　이윽고 영국해협의 리저드(Lizard) 언덕에서 무적함
대의 돛대를 발견한 것은 7월 19일에 이르러서의 일이었
다. 물론 영국은 충분한 대전 준비를 갖추고 스페인군의
상륙에 대비하고 있었다. 따라서 파르마 공은 상륙할 능
력도 물론 없었지만, 비록 상륙한다고 해도 이미 희망이
없었다. 그가 성공할 수 있는 유일한 기회는 가톨릭 교도
의 봉기에 달려 있었는데, 이것은 처음부터 있을 수 없는
일이었기 때문이다.[83] 아르마다함대의 영국 침공은 시작
도 하기 전에 사실상 그 실패가 예정되어 있었던 것이다.


## (4) 영국과 스페인의 해군력

하워드(Howard) 제독이 이끄는 영국 함대도 용감하게 싸
웠다. 그렇지만 그들도 초승달 모양으로 편성된 스페인
함대를 끝내 격파할 수는 없었다. 그리하여 결국 영국해
협 지배를 둘러싼 두 나라의 제해권 다툼이 되고 말았다.

**아르마다함대에 대한 승리 축제에 나선 엘리자베스 여왕**  엘리자베스에게 즉위 이듬해인 1559년은 그야말로 행운의 해였다. 카토캉브레지 조약 체결로 국제정세가 안정되었는가 하면 '국왕지상법'과 '예배통일법'을 제정, 자신이 종교와 세속의 수장이 되었다. 여왕은 신앙의 통일보다 정치의 통일을 우선했다. 특히 1588년 아르마다함대 격파는 영국의 세계 해상 지배를 가능하게 한 일대 쾌거였다. 영국의 초기 산업혁명도 이 승리를 통해 비로소 위력을 발휘할 수 있었다. Robert Peake 그림, 개인소장.

두 함대의 수는 놀랄 만큼 균형을 잃고 있었다. 영국군은 80척에 불과했지만 무적함대는 149척이었다.

함선의 크기에서는 그 불균형이 더욱 심했다. 제독 직속 함대와 의용군의 선박을 합친 50척의 영국 함선도 오늘날의 요트 정도밖에 안 되는 수준이었다. 주력이던 30척의 여왕 소유 선박이라고 해도 스페인의 선박과 맞먹는 것은 겨우 4척밖에 없었다. 이와 달리 무적함대는 2,500문의 포를 갖추고 막대한 양의 식량을 적재하고 있었을 뿐만 아니라 8,000명의 선원과 2만 명이 넘는 전투 병력이 탑승하고 있었다. 메디나 시도니아는 신통치 않았지만, 스페인군에는 유능한 해군 사관들도 있었다.[84]

하지만 영국 선박은 비록 작기는 해도 장비만은 완벽했다. 속도와 움직임에서는 스페인 선박보다 2배로 기민했고, 스페인 쪽에서 1발을 발사하는 사이에 4발을 발사할 만큼의 발사 능력도 가지고 있었다. 9,000명의 선원들은 한결같이 용감한 뱃사람들이었으며, 제독을 돕는 자들 가운데는 이미 스페인 해역에서 이름을 떨친 바 있는 사관들도 적지 않았다.[85]

일찍부터 아메리카에서 돌아오는 스페인 보물선을 약탈해온 존 호킨스(John Hawkins), 북서 항로의 영웅 마틴 프로비셔(Martin Frobisher)와 리처드 그렌빌(Richard Grenvill), 그리고 프랜시스 드레이크 등이 바로 그들이었다. 특히 드레이크와 호킨스는 처남 매부 사이로, 1588년 아르마

다함대와 전쟁을 벌일 때 각각 해군 중장과 소장으로 활약했다.[86]

이들은 해협을 따라 진군하는 대함대의 배후를 대담하게 뒤따랐다. 그러나 메디나 시도니아는 이 추적자들과 맞붙을 수가 없었다. 멈추기도 하고 천천히 전진하기도 하며 양국 함대 사이의 항행전(航行戰)은 일주일 내내 계속되었다. 그러다가 무적함대가 칼레 근처에서 머물자, 이번에는 파르마 공과 무적함대의 랑데부를 방해하기 위한 한층 격렬한 싸움이 벌어졌다(7. 28).

그렇지만 대부분의 스페인 함대는 여전히 건재했다. 영국의 드레이크까지도 함대가 정말 강하다고 느낄 정도였다. 그러나 무적함대 선내의 분위기는 이미 희망이 사라진 상태가 되어 있었다. 영국의 무서운 추미전(追尾戰)에 지쳐 장병들이 사기를 완전히 잃고 말았던 것이다. 메디나도 절망에 빠져 있었다.

이에 작전회의는 스코틀랜드 동북단의 오크니(Orkney) 제도를 우회하는 항로를 따라 스페인으로 퇴각하기로 결정했다.[87] 그러나 그들이 오크니제도에 도착할 무렵, 이번에는 북해의 맹렬한 폭풍우를 만났다. 여기서 그들은 영국 해군에게 당한 손실보다 더 그 큰 피해를 당했던 것이다.

질병과 죽음의 공포에 떠는 1만 명의 병력을 싣고 그들이 라코루냐(La Coruña)에 도착한 것은 9월 하순이었

다. 무능한 메디나 시도니아가 끌고 귀환한 함선은 출발
때의 절반도 안 되는 67척뿐이었다.[88] 나머지는 침몰했거
나 아일랜드 해안의 절벽에 부딪혀 부서졌다. 아르마다
의 침략은 끝내 실패하고야 말았던 것이다.

## (5) 아르마다함대의 영국 침공 실패

해전에 실패했다고 해서 스페인이 당장 무너지는 것은
아니었다. 그리고 제해권이 곧바로 스페인에서 영국으
로 넘어오는 것 또한 아니었다. 이는 패전 이후 15년 동
안에 그 이전 15년 동안보다 더 많은 보물선이 스페인에
도착한 사실로도 알 수 있다. 그렇지만 펠리페 2세의 심
적 타격은 이루 말할 수 없이 클 수밖에 없었다.[89]

　반면 엘리자베스 치하의 영국에게는 이 해전이야말
로 일찍이 없었던 최대의 국난을 극복해낸 일대 쾌거였
다. 영국인들은 이제 자신을 얻게 되었고, 해전을 통해
교훈도 얻었다. 무적함대의 격파는 영국에게는 국가의
장래에도 중요한 결과를 미쳤다. 프로테스탄트를 공동
의 적에 대항하도록 만들었을 뿐만 아니라, 가톨릭까지
국가를 위해 단합하게 만들었던 것이다.

　그리고 더욱 중요한 사실은 무적함대의 패배로 가톨
릭과 스페인의 무력에 따른 유럽 제패 계획이 실패로 끝
나 네덜란드 반란자들이 그들의 독립 투쟁에 계속 열의
를 불태울 수 있게 되었다는 점이다. 즉, 홀란드가 독립

을 이룩할 수 있게 되었는가 하면, 홀란드인의 독립은 다
시 아르마다함대의 영국 침략을 막는 데도 크게 도움이
되었던 것이다.

스페인 해군력의 파탄은 이 밖에도 또 다른 의외의
결과를 낳았다. 그들의 영향력 아래 있던 동아시아와 신
대륙을 개방하지 않을 수 없게 됨으로써 식민지 세계에
서도 새로운 반격에 직면하게 된 점이 그것이었다. 이제
영국과 홀란드 함대는 동방에서 기울어가고 있던 포르
투갈에 도전하게 되었고, 프랑스와 영국은 신대륙을 식
민화하는 데 더 이상 주저할 것이 없어졌던 것이다.[90]

"실로 1588년의 사건은 엘리자베스와 영국 국민에
게 신과 행운이 그들 편에 있다는 사실을 재차 확인시켜
준 셈이었다." 그리고 세월이 지남에 따라 승리의 전설은
영국 정신을 드높이는 본보기가 되어갔다.[91]

여왕의 아르마다함대 격파는 영국에게 대양 지배의
길을 열어주었는가 하면 홀란드에게는 독립과 함께 해상
활동의 자유를 만끽할 수 있도록 해주었다. 이제 해양의
지배권을 둘러싸고 영국과 스페인의 대결이 아니라 새로
이 영국과 홀란드의 대결이 시작되기에 이른 것이다.


## (6) 아르마다 해전 뒤의 영국·스페인전쟁

무적함대의 패배는 전쟁의 종식이 아니었다. 오히려 대(對)
스페인전쟁의 시작을 알리는 신호였다. 무적함대의 패

배로 영국민의 사기는 충천했지만, 그렇다고 해서 패배한 스페인이 전쟁을 포기한 것은 아니었다. 따라서 전쟁은 장기전의 양상을 띨 수밖에 없었다.

이에 엘리자베스도 스페인에 대항하던 네덜란드 및 북부 프랑스에 영국군을 정기적으로 복무시킴으로써 대륙전쟁에 깊이 말려들게 되었다. 발루아 왕가의 마지막 왕인 앙리 3세가 암살되고, 프로테스탄트인 나바라의 앙리(Henri of Navarra)가 앙리 4세로 프랑스 왕위를 잇자, 엘리자베스는 1589년에서 1595년에 걸쳐 무려 다섯 차례나 그를 위해 토벌군을 파견해주었다.

스페인의 음모를 막고 앙리 4세를 지원하기 위해서였다. 그는 1593년에 가톨릭으로 개종했지만, 프랑스가 스페인과 평화 조약을 체결할 때(1598)까지 엘리자베스도 앙리와 마찬가지로 영불동맹을 버리지 않았다.[92]

그리고 1588년 이후 부와 명예를 더욱 갈망하게 된 영국민의 야심은 조정과 민간을 다 함께 호전적 풍조로 몰고갔다. 이에 드레이크는 1589년 4월부터 2개월 여에 걸쳐 50척의 군선과 1만 5,000명의 육군 병력을 거느리고 스페인 서북부의 코루냐항과 포르투갈의 리스본을 기습했다. 그러나 결과는 연안을 약탈했을 뿐 실패로 끝나고 말았다.

그 원인은 스페인 재침의 악몽에서 벗어나지 못하고 있던 엘리자베스의 잘못된 판단에 있었다.[93] 여왕이 드레이크에게 내린 명령은 먼저 스페인 북부의 여러 항구를 공격하여 그곳에 체류하고 있는 아르마다의 잔존 함선부터 파괴하라는 것이었다.

여왕은 아르마다함대에 대승을 거둔 이후에도 스페인의 힘을 과대평가하여, 이미 제해권을 장악한 유리한 정세를 효과적으로 이용하지 못했다. 즉, 도버해협에 불안을 느낀 나머지 그 방위에만 급급했던 것이다. 그리하여 펠리페는 전과 다름없이 신대륙의 부를 계속 순조롭게 수중에 넣고 있었고, 이것을 이용하여 그는 아르마다의 재건에 힘썼던 것이다.

따라서 엘리자베스로서는 될수록 더 많은 함선을 대서양으로 보내어 해상을 봉쇄함으로써 펠리페의 돈주머니부터 졸라매는 것이 선결 과제였다. 그럼에도 영국은 남해안 방위에 힘을 기울인 나머지 이를 실행하지 못했던 것이다.

실상 아르마다 해전 이후의 영국으로서는 도버해협의 경계(警戒)와 해상봉쇄를 동시에 실행하기 위한 대폭적인 해군력 증강이 무엇보다도 긴요했다. 그럼에도 영국은 해군력 증강이 아니라 육군력 증강에 더 많은 돈을 썼다. 당시에는 섬나라 영국에서조차도 육군을 우선시하는 생각이 지배적이었다.

전쟁에서 승패를 결정하는 것은 육군이고, 해군은 해안 방위 구실밖에 못한다는 낡은 생각 때문이었다. 실상 엘리자베스도 이 범주에서 벗어나지 못하고 있었던 것이다.[94] 이는 적 함대의 내침에 능동적으로 대응하는 것이 아니라 올 때까지 기다린다는 소극적인 전략이었다. 물론 영국도 플리머스를 요새화하고 함선을 보충하는 정도의 해군력 증강은 했다.

그렇지만 사나포선의 활동은 영국 쪽이 단연 우세했다. 노획할 물건이 귀금속이고 고가의 것이어서 대상인과 고관들이 앞을 다투어 이에 투자했기 때문이다. 무장선을 직접 소유하고 그것을 멀리 보내어 활동하게 하는 사람까지 있었다.

여왕의 함선이 아조레스(Azores)군도를 향해 출범하면 그 뒤를 민유 무장선이 따라가서 같이 한몫을 챙기기도 했다. 엘리자베스 시대의 영국인들은 이처럼 그들의 탐욕과 야욕을 드러내는 데 조금도 서슴지 않았던 것이다.[95]

## (7) 영국 해상 세력의 기초

영국이 해상 활동을 본격적으로 시작한 것은 엘리자베스 치세 때의 일이다. 활동은 해적·밀수·노예무역이 대부분이었다. 그 개척자는 존 호킨스(1532~1595), 프랜시스 드레이크, 토머스 캐번디시(Thomas Cavendish, 1555~1592), 험프리 길버트(Humphrey Gilbert, 1539~1583), 월터 롤리(Walter Raleigh, 1552~1618) 등이었다.

호킨스는 일찍이 1560년대부터 포르투갈 노예사냥

꾼이 아프리카의 기니 연안에서 포획한 흑인들을 해상
에서 가로채어 이들을 신대륙으로 운반, 스페인 식민지
개척자에게 파는 사업을 해왔다. 그는 여왕과 이익을 나
누어 가졌고, 1570년대에는 부자가 되어 자본가로서 영
국에 정착한 뒤 노예무역에 종사하는 많은 탐험대를 파
견했다. 영국 해군의 조직과 아르마다함대 격파에도 상
당한 역할을 했다.[96]

드레이크는 호킨스와 처남 매부 사이로 1570년 여
왕으로부터 정식으로 사나포 허가를 받았으며, 여왕과
그 측근들의 내면적인 재정 지원을 받아 스페인을 공격,
부와 명성을 쌓았다. 그는 1580년에 스페인과 포르투갈
로부터 빼앗은 많은 전리품을 싣고 3년에 걸친 세계 주
항 여행에서 돌아왔다. 이는 역사상 두번째 지구 주항이
었고, 영국인으로서는 최초의 주항이었다.[97]

캐번디시는 가는 곳마다 약탈을 자행하며, 2년 50일
에 걸쳐 세번째로 지구를 주항했다. 그러나 더욱 유명한
모험적 개척자는 길버트와 롤리였다. 길버트는 해적 행
위로 많은 부를 얻었고, 스페인에 저항하여 네덜란드에
서 작전을 벌였다.

그렇지만 그의 명성은 이보다도, 스페인과 포르투갈
의 루트를 사용하지 않고도 중국과 인도에 도달할 수 있
으며 북극해상의 북서 또는 북동 항해를 통해 더 빨리 그
곳에 도달할 수 있다고 영국민을 고취시킨 점에 있었다.

물론 북방 통로 개척 노력은 빙산이 가로막고 있어 실패로 끝났지만, 이는 이후 지리 지식 증진과 풍부한 북방 어업, 특히 포경업(捕鯨業)에서 영국이 우위를 점하는 데 크게 이바지했다.

길버트는 영국 식민지 개척의 선구자였다. 그는 1582년 뉴펀들랜드의 세인트존스(St. John's)에 식민지를 건설했다. 이 노력이 영국민의 해외 식민제국 건설로 이어지게 하는 데 크게 기여했던 것이다.[98]

롤리는 자랑스러운 해적으로 여왕의 총신이자 영국민의 우상이었다. 그는 스페인 식민지 및 상업 활동지에 습격을 가해 쉽게 돈을 번 뒤, 이를 궁정과 식민 활동에 아낌없이 사용했다. 길버트와 협력하여 그는 뉴펀들랜드에 영국 식민지를 건설했고, 플로리다 북쪽의 아메리카 땅에 처녀 여왕 엘리자베스를 존경한다는 뜻에서 '버지니아(Virginia)'라는 이름을 붙였다. 오늘날의 노스캐롤라이나에 영국 최초의 식민지를 건설했으며, 이것이 영원한 정착지로 굳혀진 것이다.[99]

16세기 후반 이들 영국인의 원거리 모험에 대한 보상은 대부분 스페인의 희생으로 얻어진 것이었다. 즉, 스페인을 겨냥한 해적 행위와 약탈 및 노예무역 등이 그것이었다. 그러나 이 방법은 스페인의 가톨릭 지배에 대항하여 프로테스탄트 영국의 자유를 확보하기 위해 필요했다는 근거로 정당화하고 있었다. "물론 엘리자베스도 드러내놓고 그들을 부추기지는 않았지만, 하라고 그들에게 윙크를 했던 것은 사실이다."[100]

## (8) 영국의 상업 및 산업의 발전

스페인의 세계 무역 독점과 그들의 세계 제국을 격파하는 데 중심 구실을 한 나라는 바로 영국이었다. 특히 엘리자베스 치세 기간, 영국은 상업혁명에 따라 무역이 크게 증진했고 번영을 누리게 되었다. 네덜란드의 독립혁명이 본격화하며 양모(羊毛) 공급국이던 영국이 이제 모직물(毛織物) 수출국으로 완전히 탈바꿈한 것이다.

이는 영국이 원료 수출국에서 제품 수출국으로 바뀌었음을 의미한다. 이 모직물 공업이 바로 영국 산업의 기축(基軸)이었다. 모직물은 생활필수품으로서 사치품과는 달리 경기변동에 따른 영향이 거의 없었다. 영국의 중요 수출품인 이 모직물이 가격혁명으로 물가가 크게 오른 스페인에 수출되면서, 아메리카에서 스페인으로 들어온 금·은이 자연스럽게 영국으로 유입된 것이다.

영국 모직물은 스페인의 금·은을 영국으로 끌어들이게 만든 미끼였다. "이 모직물이 아메리카의 금·은을 스페인 경유 영국행으로 만들었던 것이다." 영국은 모직물의 생산 기반을 농촌에 두고 있었다. 상인이 각 농가에 원료와 도구를 선대(先貸)하고 제품을 만들게 한 뒤 그것을 거두어 시장에 팔기도 했고(선대제도), 농민이 직접 원료를 구입, 가족을 동원하여 분업에 의한 협업을 통해 제품을 생산하기도 했다(매뉴팩쳐제도).

이렇게 생산된 모직물을 수출하는 상인이 바로 당시 영국의 이른바 '모험 상인'이었다. 이들은 1564년 여왕의 특허장을 받은 이후, 양모 수출 집단이던 '스테이플 상인(Staplers)'을 대신하게 되었다.[101] 이 밖에도 엘리자베스 시대에는 조선업과 광산업도 급속하게 성장했고, 야금·금속공업 및 군수공업은 물론 유리·식염·설탕 등 새로운 산업도 중요성을 띠어갔다.[102]

미국 경제사학자 네프(John U. Nef)는 이 시대의 산업 활동에 '초기 산업혁명(Early Industrial Revolution)'이라는 개념을 붙이고 있다. 공업 성장의 토대가 엘리자베스 시대에 구축되었다는 뜻으로, 새로운 제조업과 신기술이 도입되고 일부 기업의 대형화가 진행되었다는 것이다.[103] 수도원 해산에서 시작하여 엘리자베스의 치세와 제임스 1세의 치세 동안 이루어진 급속한 공업 발전은 18세기 후반의 공업 발전에 견주어도 조금도 처지지 않다는 것이 그 내용이다.

네프가 특히 중시한 것은 이 시대의 석탄 광업이다. 당시의 제철업은 목탄에 의존하고 있어 나무가 많은 곳을 찾아 용광로를 설치하고 있었다. 그리고 그곳의 나무가 다 없어지면 나무가 많은 또 다른 곳으로 용광로를 옮기는 것이 보통이었다. 한마디로, 나무가 곧 에너지였다.

그런데 나무 값이 오르자 석탄 사용이 더욱 절실해질 수밖에 없었던 것이다.

석탄은 그 값이 나무보다 훨씬 저렴해서, 석탄을 사용하면 생산 원가를 파격적으로 줄일 수 있었다. 그런데 영국은 프랑스보다 석탄을 약 100년이나 먼저 사용했을 뿐만 아니라 이미 대규모 생산을 시작했다는 것이다. 18세기의 산업혁명은 엘리자베스 시대의 '초기 산업혁명'이 있었기에 가능했다는 것이 바로 그의 논리이다.[104]

튜더 왕조는 국내 산업을 진흥하고 해외무역을 증진시키기 위해 국가 통제를 강화했다. '중상주의'라고도 불리는 정책이다. 상선대(商船隊)의 출현과 더불어 해외무역도 여왕이 특허한 새로운 무역회사들을 통해 신속하게 확장되었다. 모스크바회사(Muscovy Company, 1555)와 레반트회사(Levant company, 1592) 그리고 동인도회사(East India Company, 1600) 등이 그 대표적 경우였다.[105]

## (9) 엘리자베스 시대의 사회문제

엘리자베스 시대에 대단한 경제적 번영이 이루어졌음은 부인할 수 없는 일이다. 그러나 대지주들이 헨리 8세가 해산한 수도원 땅을 불하받아 더욱 대지주로 발전한 것과 달리, 농민들은 이른바 인클로저(enclosure)를 통해 이전부터 내려온 소작지와 공동 방목지로부터 쫓겨남으로써 생계를 더욱 위협받게 되었다. 이를 농민들의 '생산수

단으로부터의 자기소외(自己疏外, self alienation)'라고 일컫
는다.

당시에는 모직물 공업이 영국의 중요 기간산업이었
고, 그 원료가 양모였기 때문에 양의 사육을 위해 많은
토지가 필요했다. 따라서 모직물의 수출과 수요가 늘어
날수록 이런 사회문제는 계속 일어날 수밖에 없었다. 이
것은 엘리자베스 정부의 중요한 현안이었다.

더욱이 16세기 후반의 영국은 농업생산력이 인구 증
가율의 급증을 따르지 못했다. 곡물 수요를 감당할 수 없
었기 때문에 빈민들은 생존을 위협받았던 것이다. 노동
자들의 명목임금은 얼마간 올랐지만 그 실질임금은 크
게 낮아졌다. 국부는 증가했지만 그 혜택은 일부 특정 사
회층에 한정되었던 것이다.

실업자와 빈민에 대한 여왕의 입법은 바로 이런 상
황에서 제정되었다. 여기서 노동정책과 사회정책의 근
원은 '국가 전체의 복지'를 배려한 것일 수밖에 없었다.
그 대표적인 것이 1563년의 이른바 직인조례(職人條例,
Statute of Artificers)였다.

직인조례는 그 원명("An Act Touching dyvers orders for
Artificers, Laborers, Servants of Husbandry and Apprentices"(5 Elizabeth,
C.4))이 시사해주듯이 공업·광업과 같은 모든 산업과 상
업 및 농업까지도 체계적으로 관련시킨 영국 절대왕정
의 유일하면서도 가장 포괄적 산업규제법이었다. 그 전

**화려한 의상의 엘리자베스**

문(前文)에 명시된 것처럼, "재래의 모든 법령을 집대성"
한 절대왕정 확립기의 모든 정책의 근간 구실을 다한 것
이었다.[106]

한마디로, 이것은 완전고용을 추진함으로써 부랑(浮
浪)을 방지하여 사회의 안정을 기하고, 노동과 산업에 대
한 통제권을 지방에서 국가로 옮겨놓기 위한 것이었
다.[107] 요컨대, '과도기적 혼란(transitional chaos)'[108]을 막고
'국민개로(國民皆勞, universal obligation to work)'를 강압하기
위한 입법이었다.[109] '국민개병'이 아니라 '국민개로 체
제'의 강압이었다.

그러기 위해서는 각 산업에 7년 동안의 도제(徒弟)
기간을 강요하고 미숙련 노동력을 농업에 묶어둠으로써
급격한 변동을 막아야 했다. 즉, 일정한 자격을 갖추지
못한 노동력을 일단 고용 한계가 가장 넓은 농경 부문으
로 돌림으로써 노동력의 유휴(遊休)를 막으려는 것이었
다. 그리고 지방의 치안판사에게 다시 이들의 노동시간
과 임금을 규제하도록 안배함으로써 노동력을 통제했던
것이다.[110]

걸식과 부랑은 노동능력이 없는 자에 한해 허용되었
다. 강건한 자의 부랑은 절대로 용납되지 않았다. 낙인을
찍는 등 엄중한 형벌로 금압했고, 출생지로 송환하는 방
법으로 이들을 다스렸다. 그러나 이것만으로는 문제 해
결이 어려웠다. 그래서 나온 것이 바로 1601년의 구빈법

(Poor Law)이었다.

이는 노동할 능력이 없는 자와 능력이 있는 자를 엄격히 구분하여, 전자는 구빈세(救貧稅)로 부양하되 후자는 구빈세로 마련한 원료로 작업에 종사하게 했다. 이 법은 19세기까지 영국 구빈법의 기조가 되었다. 도시의 빈민 구제책(municipal relief)이 너무 제약이 많고 불규칙하여 재난에 제대로 대처할 수 없었기 때문에 나온 조치였다.[111]

교회가 맡아온 자선사업 관리 업무를 국가가 이양받은 원인은 인도주의 때문만은 아니었다. 굶주림으로 방랑하는 자들이 무슨 짓을 저지를지 모르는 공포 때문이었다. 이 법에 따라 교구(敎區)를 지방행정단위로 했고, 건강한 자의 부랑은 혹독한 벌금과 처벌로 금압했다.

각 교구마다 4명의 민생위원이 임명되었으며, 이들은 구빈원(救貧院)을 설치, 실업자에게 일자리와 임금을 마련해주기 위해 재산 소유자에게 강제로 세금을 부과했다.[112] 이는 직인조례를 통한 '국민개로'와 함께 '빈민 구제'로 나태(懶怠)를 엄금한 노동 및 사회정책이었다.[113] 노동능력이 없는 자는 구호할 수밖에 없지만, 건강한 자는 빠짐없이 일을 시키겠다는 정책적 노력의 구현이었다.

그러므로 "무분별한 자선행위는 오히려 태만(怠慢)의 결과가 된다"는 토머스 하만(Thomas Harman)의 견해에 따라 사적인 자선행위를 엄금하고 위반자에게는 자선액의 10배에 달하는 벌금을 과함으로써 국가적 구빈만을 시행했다.

'직인조례'의 노동규제 조항으로 실업 직전의 노동자를 실업으로부터 구하고, 이미 실직한 자에 대해서는 '구빈법'으로 취업을 강제, 노동에 복귀시키려 했던 것이다. 요컨대, 완전고용 목표를 실현함으로써 국민 모두를 일하도록 한 국민개로정책이었다.

## (10) 엘리자베스 시대의 역사적 의의

영국인에게 엘리자베스 시대는 외경(畏敬)과 동경(憧憬)의 염으로 회고된다. 특히 스페인 아르마다함대 격파는 여왕의 명성을 한껏 높여준 사건이었다. 오늘날까지도 영국인들은 국난에 봉착할 때마다 엘리자베스 시대를 회고하며 용기를 북돋우곤 한다. 한마디로, 엘리자베스 여왕의 치세 기간은 근대 영국의 토대가 구축된 시대였다고 말할 수 있다. 빅토리아 여왕 시대(1837~1901)가 최성기였다면, 엘리자베스 시대는 그 출발점이었다.

근대국가의 출발점은 통일국가의 형성에 있었다. 당시 이는 군주를 중심으로 하는 통일이었다. 이는 봉건국가 특유의 분권 구조를 타파하고 일정 영역 안의 거주자들을 단일 권력에 복속시키는 것이다. 영국에서 이런 움직임은 헨리 7세 때 시작되어 헨리 8세 시대에 본격화했다.

그러나 헨리 8세가 죽자 왕권 약화를 기화로 종교정책도 혼란에 빠졌다. 에드워드 6세 시대의 급진적 프로

테스탄트에서 메리 시대의 철저한 가톨릭으로의 급변이
바로 그것이었다. 이는 이념의 대혼란을 의미하는 것이
었다.

　여기서 에드워드 6세와 메리 치하의 혼란과 동요를
체험한 엘리자베스로서는 등극과 동시에 통일국가 실현
을 무엇보다도 우선할 수밖에 없었다. 그리하여 이를 위
해 여왕은 먼저 국내의 상충 요소부터 해소해나가야만
했다.

　그러한 노력은 바로 국교회(Anglican church)의 재건으
로 이어졌다. 이는 가톨릭의 극단(extreme Catholic)과 프로
테스탄트의 극단(extreme Protestant)을 배제한, 중도를 지향
한 것이었다. 이는 당대 영국인의 종교적 경향과도 일치
하였다.

　이미 언급한 바 있거니와, 여왕은 국교주의를 강제
하는 데서도 대단히 관대했다. 국교를 드러내놓고 부인
하지 않는 한, 그리고 자기 종교의 선교 활동을 하지 않
는 한, 여왕은 각자의 신앙을 인정했다. 신앙의 일치를
구하느라 스페인의 펠리페 2세처럼 정치적 통일을 무너
뜨리는 어리석음을 저지를까 우려했기 때문이다.

　엘리자베스의 일관된 목적은 '신앙의 통일보다 정치
적 통일의 우선'이었다. 여왕이 정치적 통일을 지향했던
사실은 그녀가 평생 독신을 유지한 사실로도 알 수 있다.
외국 군주와 결혼할 경우, 그 간섭을 받을 가능성이 커지

17세기의 영국 범선, 일명 '바다의 통치자' John Payne 그림

게 될 것이기 때문이었다.

1580년대 후반, 스페인의 위협이 급박해졌을 때 영국이 이에 대응할 수 있었던 것은 통일국가를 이룬 덕이었다. 엘리자베스 시대의 국가 통일은 진정 영국이 근대국가가 되기 위한 중요한 기초 조건이었다. 영국은 이후 국왕에 의한 통일과 통일이 가져온 안녕이 바탕이 되어 근대화를 진행해나갔던 것이다. 엘리자베스가 이룩한 통일의 효과는 그야말로 불멸이었다고 해도 지나친 말이 아니다.

# 제3장

# 홀란드의 독립과 세계 해양 지배

# 총 설

'네덜란드'는 오늘날의 홀란드와 벨기에 두 나라를 합친 지역을 가리키는 이름이다. 이른바 '페이 바(Pay-bas, Low-country)'라고도 하는 저지대이다. 그러나 홀란드와 네덜란드라는 명칭은 보통 혼용되고 있다. 홀란드는 북부의 프로테스탄트 7개 주(州) 가운데 1개 주의 이름에 지나지 않지만, 독립 때 가장 중심적인 역할을 했고 또 가장 번성한 지역이었기 때문에 독립 이후 이 지역 전체를 대표하는 이름, 곧 국명이 되었다.[1]

그러나 홀란드가 독립한 뒤에도 남부의 가톨릭 10개 주는 전과 다름없이 '스페인령 네덜란드'라고 불리는 스페인 땅으로 남았고, 이것이 나중에 벨기에로 독립했다. '홀란드'는 독립한 뒤 북부 7개주뿐만 아니라 남부 10개 주까지를 포함하는 지역을 뜻하는 '네덜란드 공화국'이라는 국명을 썼다. 이것이 홀란드와 네덜란드를 혼용하게 된 연원이다.

홀란드 독립 이전에는 번영의 중심지가 오늘날 벨기에에 속하는 남부의 플랑드르(Flandre)와 브라방(Brabant) 지방이었다. 그 가운데서도 15세기 말에서 16세기 초까지 가장 대표적인 도시는 안트베르펜(Antwerpen)이었다. 유럽 대륙으로 들어가는 관문이 바로 이 도시였고, 이곳이 교통의 요충지요 상업과 금융의 핵이었기 때문이다.

그렇지만 변화는 가톨릭 광신도였던 스페인의 펠리페 2세가 1567년 강경파 두목 알바(Alva) 공을 안트베르펜으로 파견한 데서 발단되었다. 스페인 군대의 도심 주둔과 '이단심문(異端審問)'에 대해 프로테스탄트가 항거했던 것이다. 그리고 이어 '스페인군의 광란(狂亂)'이라고 불린 네덜란드 주둔 스페인군의 야만적 안트베르펜 공격(1576)이 다시 남·북 네덜란드인의 항거를 격화시켰던 것이다. 이른바 '헨트(Ghent)의 평화'라는 반(反)스페인 전선의 구축이 바로 그것이었다.

그러나 남부 10주와 북부 7주는 가톨릭과 프로테스탄트로 종교가 각기 달랐다. 이것이 남·북 네덜란드의 반스페인 전선이 깨진 원인이었다. 결국 네덜란드는 양분되어 남부 10주는 아라스(Arras) 동맹을 맺고(1579. 1. 6) 종전대로 스페인령으로 남았으며, 위트레흐트(Utrecht) 동맹(1579. 1. 23)을 기반으로 한 북부 7주만이 홀란드로 독립하게 되었다.

홀란드는 스페인의 굴레를 벗어나는 데 영국·프랑스를 비롯한 독일 프로테스탄트의 지원을 받았다. 종교적 목적과 경제 및 정치적 목적을 위해서도 스페인 왕은 영국과 프랑스를 자국의 영향력 아래 두려고 했지만, 영국과 프랑스인들은 이 같은 외세의 간섭을 단연 용납하지 않았다.

펠리페 2세가 1581년 오렌지 공의 공권(公權)을 박탈하자 오렌지 공이 스페인 왕권으로부터 이탈을 선언한 것도 이 같은 유리한 국제정세에 힘입은 바가 컸다. 홀란드의 독립은 스페인의 가톨릭 신봉 강요와 세금 증징(增徵) 등에 대한 북부 주민의 항거로 시작되었다. 영국과 프랑스 등 여러 강국의 스페인 견제정책은 이들의 항거를 지원해준 배후 세력이었다.

그러나 홀란드의 독립은 내·외적으로 큰 변화를 가져왔다. 홀란드가 자국의 독립을 도와준 영국을 제치고 세계의 해상 지배권을 차지했는가 하면, 네덜란드 안의 번영 중심도 안트베르펜에서 암스테르담으로 이동한 것이 바로 그것이었다. 한편 스페인도 포르투갈을 병합함으로써 자기들의 아메리카 무역과 함께 아시아 상권까지 차지하게 되었다.

스페인 당국이 반란을 일으킨 홀란드인의 리스본항 출입을 금지시킨 것은 바로 이 무렵의 일이었다. 홀란드에 경제적 제재를 가하기 위해 이들의 식민지 상품 거래 중심지와의 접촉을 차단하려는 계획이었다. 그러자 홀란드인들은 즉각 스페인 및 포르투갈 식민지와 직거래를 시작했다. 스페인의 리스본 입항 금지 조치가 거꾸로 홀란드인에게 아시아와 직접 거래하도록 자극한 것이다.

그러나 홀란드인의 아시아 진출에는 엄청난 난관이 뒤따랐다. 현지 원주민의 반발도 문제였지만, 특히 스페인의 방해는 참으로 대단했다. 방대한 특권을 가진 홀란드 동인도회사의 창립은 이에 대응하기 위한 것이었다. 그리고 자기들의 안전과 특권을 지켜내기 위하여 회사에 아시아 지역에서의 외교권과 막강한 군사권까지 인정해주었다.

실로 홀란드 동인도회사는 일종의 국가와도 같은 조직이었다. 아시아로 침투하려던 영국인들도 발을 붙이지 못하고 여지없이 축출당할 정도였다. 그 결과 영국인들은 향료군도에는 더 이상 발도 붙이지 못하고 여건이 훨씬 불리한 인도 본토로 들어갈 수밖에 없었다. 그들이 인도가 엄청난 '보물 창고'라는 사실을 알게 된 것은 훨씬 뒤의 일이다.

홀란드는 독립과 더불어 스페인의 해상 지배를 무너뜨린 영국을 제치고 세계 제일의 해양국가로 등장했다. 그리고 네덜란드 안에서도 암스테르담이 이제 안트베르펜을 대신하여 교역과 세계 금융의 중심이 되었다. 그 지위는 후세의 런던과 맞먹는 것이었다. 그렇지만 홀란드는 세 번에 걸쳐 영국과 전쟁을 치르는 가운데 그 지위를 끝내 지켜내지 못했다. 분권국가였고 산업 기반이 약했기 때문이다.

# 1. 홀란드와 스페인령 네덜란드

### (1) 네덜란드 : 유럽 대륙의 관문

'네덜란드'는 도대체 어떤 지역이었을까? 그리고 그 가운데서도 종국적으로 북부의 홀란드가 가장 번성을 누리게 된 연유는 어디에 있었을까? 네덜란드에서 가장 번성을 누린 지방은, 처음에는 북네덜란드의 홀란드가 아니라 오늘날의 벨기에에 속하는 남네덜란드의 플랑드르와 브라방 지방이었다.

따라서 플랑드르와 브라방은 그 경제적 번영으로 말미암아 이웃 대국인 프랑스와 영국이 저마다 탐낸 땅이었다. 그들은 이 지역을 자기 세력 아래 두기 위하여 치열한 경쟁을 벌였으며, 그때마다 서로가 상대를 견제함으로써 다 같이 뜻을 이룰 수 없었다. 이를테면, 어느 특정 국가가 독자적으로 차지할 수 없는 일종의 '중간 지대'와도 같은 곳이었다.[2]

따라서 열강의 탐욕의 대상이 된 이 지역의 주민들은 이에 대한 반작용으로 독립과 자유를 중히 여기는 기풍이 강해졌다. 문제가 생길 때마다 이를 수호하기 위해 차례로 주변 세력과 제휴하는 세력균형 유지에도 잘 훈련되어 있었다. 자유와 자치를 중히 여기는 기풍을 잃지 않았던 것이 그들의 특색이었다.

후세에 와서도 유럽 열강은 이 지역의 이권을 탐내

**16세기의 네덜란드**　이 지도에서 초록색으로 표시된 북부의 주들만 홀란드로 독립하게 되었다.

어 여러 번 큰 전쟁을 벌인 사실이 있다. 그때마다 그들은 경쟁 세력의 견제를 받아 좌절되곤 했다. 루이 14세가 영국에 좌절당했고, 나폴레옹이 이 지역을 점령했을 때도 영국은 대불전쟁을 서슴지 않았다. 제2차 세계대전

당시 히틀러가 벨기에를 점령했을 때도 영국은 즉각 대
독전쟁에 뛰어들었다. 영국에게 이 지역은 대륙으로 들
어가는 최대 관문이었기 때문이다.

그렇다면 이 지역은 지리적으로 과연 어떤 중요성을
가지고 있었을까? 우선 네덜란드는 라인강(Rhine)과 마
스강(Maas) 그리고 셸데강(Shelde)의 출구에 자리 잡고 있
어 북부 유럽에서 가장 편리한 교통의 요지였다. 따라서
이곳은 프랑스·영국·독일 등 3대 강국 국민들을 다 같이
접하게 되는 지극히 미묘한 초점 지대였다.

대륙으로 수출되는 모든 영국 상품은 반드시 이 지
역을 통과하게 되어 있었다. 특히 동유럽으로 수출하기
위해서는 이곳을 거치지 않을 수 없었다. 그러나 같은 네
덜란드라고 해도 상세히 살펴보면 오늘날의 홀란드와
벨기에는 상당한 차이가 있었다.

남네덜란드의 대표적인 주는 플랑드르와 브라방이었
지만, 북네덜란드에서는 홀란드(Holland)와 젤란트(Zeeland)
가 대표적인 주였다. 그런데 여기서 가장 먼저 번영을 누
린 곳은 북방이 아니라 남방의 플랑드르와 브라방 지방
이었다. 일찍부터 이 지방에는 모직물 공업이 발달해 있
었기 때문이다.

그리고 플랑드르에서도 대표적으로 번영을 누린 도
시는 이프르(Ieper)·헨트(Ghent)·브뤼헤(Brugge)였다. 당시
상권(商圈)의 분포를 볼 때, 발트해와 북해 방면의 항해

는 한자 동맹 상인이 담당하고 있었으나, 이탈리아 상인
은 지중해에서 이베리아반도 및 프랑스 남방에 이르는
항해를 담당하고 있었다.

이런 상황에서 플랑드르 지방은 이들 북쪽과 남쪽
두 항해 지역의 중간 지점에 위치하여 중개지의 구실을
맡고 있었다. 플랑드르 지방은 두 지역을 연결해주는 구
실을 하며 마치 창고와도 같은 지위에 있었다. 이 연결
지역의 중심 도시가 바로 브뤼헤였다.[3] 한마디로, 15세기
전반의 브뤼헤는 베네치아가 지중해 무역에서 담당하고
있던 지위와 비슷했다.

말하자면, 당시의 유럽의 상업은 브뤼헤와 베네치아
라는 두 축을 중심으로 이루어졌다고 해도 지나친 말이
아니다. 그런데 15세기 말에 이르러 브뤼헤가 갑자기 쇠
퇴한 것이다. 양모(羊毛) 수출국이던 영국이 모직물(毛織
物) 수출국으로 바뀜으로써 플랑드르 지방이 더 이상 모
직물 독점권을 유지할 수 없게 되었기 때문이다. 그 번영
의 중심을 이어받은 곳이 바로 안트베르펜이었다.[4]

## (2) 안트베르펜 : '세계 경제와 금융의 핵'

이제 네덜란드 지방에서 번영의 핵은 이처럼 브뤼헤에
서 안트베르펜으로 옮겨졌다. 그렇다면 당시 안트베르
펜이 지녔던 지리적 조건은 과연 어떠했을까. 안트베르
펜은 16세기 세계 상업의 중심이던 남네덜란드(지금의 벨

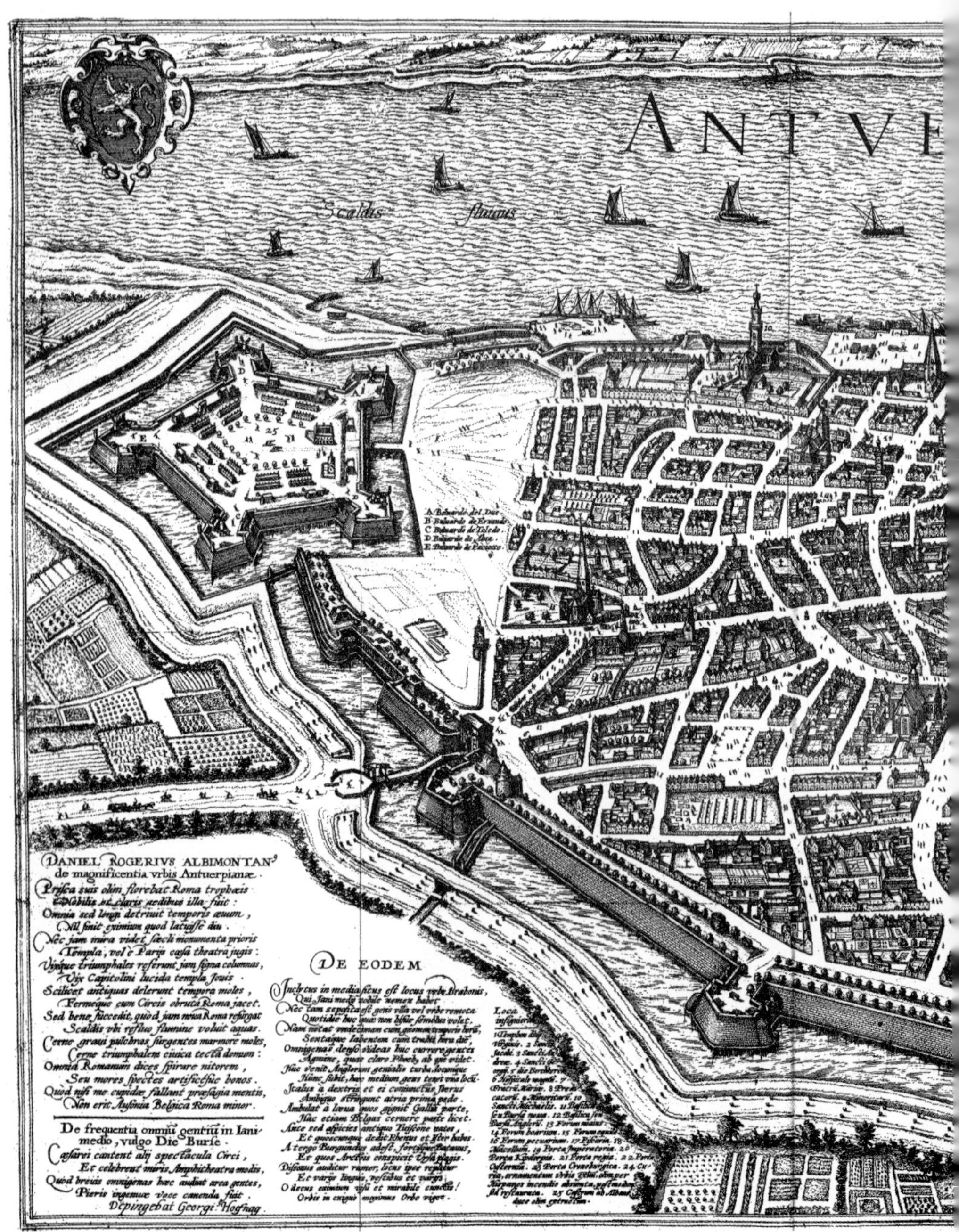

**안트베르펜 고지도**  동경대 서양사학연구실 이마이(今井)문고 소장(이마이 교수의 저서에서).

IA
Die Schelde fluis
Poëta Iulius Scaliger in laudem
ANTVERPIAE. hexastichon.
Oppida quot spectant oculo me torua sinistro,
Tot nos Inuidiae pallida tela petunt.
Lugdunum omnigenum est operosa Lutetia, Roma
Ingens. Res Venetum uasta. Tolosa potens.
Omnimodæ merces, Arces priuscúique, uomérque
Quorum inspice alijs singula, cuncta mihi.

기에) 가운데서도 브라방에 속하는 중요 도시로서, 양모 공업이 가장 발달한 지역이었다.

그 위치가 바다에서 50마일이나 떨어져 있기는 하지만, 강 폭이 넓고 깊은 셸데강을 끼고 있어 해항(海港)과 같은 기능을 가진 도시였다. 안트베르펜은 당시 유럽의 3대 상업 간선이던 대서양과 라인강 그리고 북해와 발틱해 등 3개 통로와 다 같이 연계되는 곳이었다.

안트베르펜의 번영을 뒷받침해주고 있던 세 개의 기둥은 영국의 모직물과 남독일의 은·동·마직물 그리고 포르투갈이 가져다주는 후추 등이었다.[5] 이 도시의 중요성을 가장 먼저 찾아낸 나라는 영국이었다. 그들은 이 도시를 중심으로 모직물 판매정책을 펴나갔던 것이다.

이 도시는 네덜란드 제일의 항구도시가 되어, 국제시장으로서 영국 모직물을 비롯한 세계 각국의 상품이 쏟아져 들어오는 중심 시장이 되었다. 해외 진출이 본격화했던 당시의 스페인·포르투갈과 북서유럽의 경제적 접점이 된 지역이 바로 안트베르펜 시장이었다.

안트베르펜은 영국 모직물 수출 상인의 동업조합이던 '모험상인회사(Company of Merchant Adventurers)'의 본거지였다. 모직물 공업의 중심지였을 뿐만 아니라 모든 거래의 중심지였다. 영국뿐만 아니라 플랑드르의 모직물도 대부분 이곳을 거쳐 스페인으로 수출되고 있었다.[6]

이 도시는 브뤼헤와 견주어볼 때 여러 가지 점에서

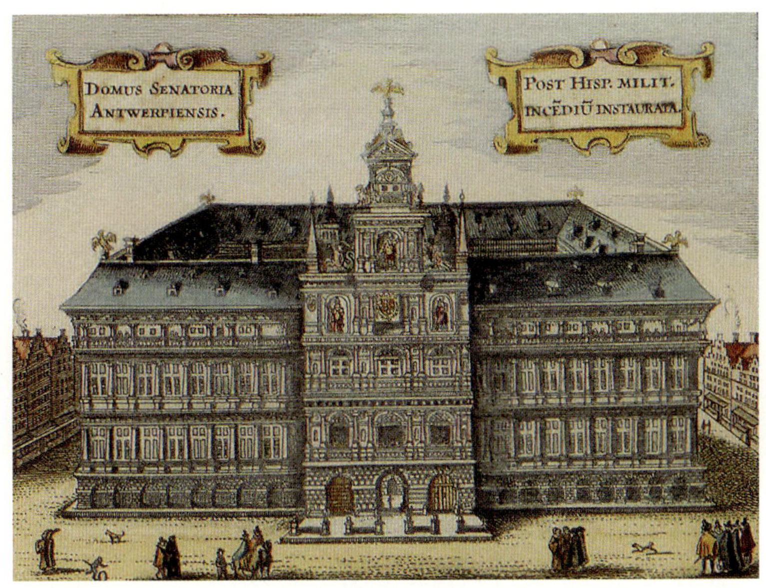



**안트베르펜 시청사**  현존하는 16세기 건축물로, 안트베르펜이 누렸던 당시의 번영과 국제성을 지금도 전해준다.

이미 근대적인 면모를 갖추고 있었다. 당시 포르투갈의 리스본이 동인도 무역의 기점(起點)이고 스페인의 세비야와 카디스가 신대륙 무역의 기점이었다면, 이 두 기점을 하나로 연결한 세계시장이 바로 안트베르펜이었다. 따라서 안트베르펜은 16세기 세계 경제와 금융의 핵(核)이기도 했다.

리스본의 후추와 세비야의 은이 각각 안트베르펜으로 유입되어 여기서 전면적으로 교역이 이루어진 뒤, 은은 동인도로 유출되고 후추는 유럽 각지로 배급되었던 것이다. 즉, 동인도 무역과 신대륙 무역은 '은'을 매개로 해서 밀접하게 연결되었는데, 이 같은 유럽 내부의 복잡한 상업 거래가 집중된 곳이 바로 안트베르펜이었다.[7]

지금도 남아 있는 아름다운 시청사는 이 도시가 누렸던 지난날의 번영의 흔적을 말해준다. 이 도시의 기차역은, 비록 후세의 것이기는 하지만, 밀라노역과 함께 우리의 눈길을 끈다. 이 도시의 번영은 15세기 말에서 16세기 말까지 약 1세기 동안 지속되었다.

그러나 16세기 말에는 급격하게 쇠퇴했다. 이 무렵에 일어난 네덜란드 독립전쟁이 바로 그 원인이었다. 16세기에 이르러 홀란드의 상업 활동이 유럽 각지로 크게 확대되었음은 이미 살펴본 바와 같다. 이 번영은 북네덜란드라는 그들의 지리적 위치가 바로 안트베르펜에 인접해 있기 때문에 가능한 일이었다.


## 2. 홀란드의 독립과 암스테르담의 번영

### (1) 홀란드의 독립운동과 그 계기 ①

펠리페 2세의 치세 기간(1556~1598)은 '스페인의 황금 시대'였다고 알려져 있다. 그러나, 그 전반기에는 부왕 카를 5세로부터 물려받은 경제의 구조적 약점도 있었지만, 터키와 대결하느라 적극적인 대외정책을 추진하지 못했다. 따라서 스페인이 대외정책을 적극화한 것은 1580년 무렵에 이르러서였다.

펠리페 2세가 안트베르펜 대성당의 성상(聖像) 파괴 (1566. 8)를 기화로 1567년에 네덜란드 반란 진압에 강경파 두목 알바 공을 파견할 수 있었던 것은 어디까지나 예외적인 일이었다. 이는 1561년 이후 아메리카로부터 은의 유입이 급증함으로써 경제가 갑자기 호전된 데 원인이 있었다.

스페인 통치에 대한 네덜란드의 반란이 일어난 최초의 원인은, 이미 언급한 바 있거니와 '이단심문'과 '스페인군의 도심 주둔'에 대한 불만 때문이었다.[8] 그런데 반란이 북부에서 남부로 번져가면서 불만은 점차 재정·정치·종교 및 개인적 원인 등으로 확대되었다. 특히 펠리페 2세의 통치를 외국인의 지배로 인식하게 된 민족적 혐오감은 프로테스탄트는 물론 가톨릭 신자들까지도 그에게 등을 돌리도록 만들기에 충분한 것이었다.

펠리페 2세는 부왕 카를 5세와는 달리 순수한 스페인인이었다. 네덜란드인들의 처지에서 보면 그는 완전한 외국인이었다. 사실 카를 5세 치하에서는 네덜란드를 자국민 관료가 자국풍(風)으로 통치했기 때문에 별다른 불만이 없었다. 그렇지만 펠리페 2세의 경우에는 사정이 전혀 달랐다. 그럼에도 그는 정복국의 군주가 피정복민을 통치하듯이 이 지역에 임했던 것이다.[9]

즉, 그는 네덜란드령을 성급하게 중앙집권적인 스페

**안트베르펜 대성당의 성상파괴**　Dirk van Delen 그림, 암스테르담 국립미술관.

인 국가 체제 속으로 끌어들이려 했던 것이다. 이들 네덜란드 주민을 스페인 왕과 그의 관료 및 군대의 점령 아래 복종시키려고 한 것이 바로 불만 폭발의 도화선이었다. 더욱이 왕은 광적인 가톨릭 신자로서, 세계를 가톨릭이 지배하도록 만들기 위해 신교도 복멸에 국운을 걸었던 것이 더 큰 문제였다.[10]

알바는 1567년 8월에 약 1만 명의 병력을 이끌고 브뤼셀에 도착했다. 그리고 플랑드르와 브라방의 주요 도시에 군을 주둔시킨 뒤 공포정치를 단행했다. 에그몬트·호른 등과 안트베르펜 시장을 체포·처형했고, '피의 평의회(Council of Blood)'라고 불린 이른바 '소요평의회(Council

**알바의 '피의 평의회'** E. S. Eillis, and C. F. Horne, *The Story of the Greatest Nations*, Vol. VII(Russia, Spain), 1906, 1910쪽.

of Trouble)'를 창설하여 '소란 참가자들'을 철저하게 처단했던 것이다.[11]

반란 진압 과정에서 보인 알바 공의 잔인성과 직물 등에 대한 그의 가혹한 과세가 네덜란드의 경제 번영에 치명타가 되었음은 이미 앞에서도 언급한 바 있다. 독일로 몸을 피했던 오렌지 공이 군대를 이끌고 브라방으로 들어온 것은 바로 이런 상황에서였다. 그렇지만 처음에는 알바에게 가볍게 패하고 말았다.

## (2) 홀란드의 독립운동과 그 계기 ②

1569년에는 거꾸로 스페인 쪽에 위협적인 사태가 발생했다. 오렌지 공 윌리엄(1533~1584)이 해적선을 빌려 스페인 선박을 약탈하기 시작했기 때문이다. "이들이 바로 '바다의 거지들(Sea Beggars)'이라고 불린 저항 조직이었다." "이들은 홀란드 해상 세력의 기반을 이룬 자들이기도 했다."[12] '바다의 거지들'은 스페인 해상 교통을 방해하고 그 선박을 나포하여 영국에 팔아넘기기도 했다.

당시 홀란드에는 해상 활동과 관련한 여러 가지 직업이 발달해 있었다. 북해에서 그들의 세력은 이미 강대국 스페인으로서도 가볍게 복멸할 수 없을 정도로 강력해져 있었다. 따라서 이에 대응하기 위한 알바의 진압 방

'바다의 거지들'이 던져준 청어와 빵을 먹고 있는 레이덴 주민들의 모습  Otto van Veen 그림, 1574, 암스테르담 국립미술관.

법도 그만큼 더 잔혹해질 수밖에 없었다. 그들이 반란 지역의 거리를 휩쓸며 부녀자와 아이들까지 서슴없이 학살을 자행했던 것이 그 예였다.[13]

더욱이 1576년에는 네덜란드에 주둔하는 스페인군에 대한 식량 공급과 임금 지급이 중단되자, 이들 군인들은 반란을 일으켜 안트베르펜을 비롯한 몇 개 도시에 가공할 약탈을 자행하게 되었다. 이것이 이른바 '스페인군의 광란(Spanish Fury)'이라고 불리는 야만적 공격이었다.

이로 말미암아 수천 명의 무고한 시민이 희생되었고, 피해액만 해도 500만 길더를 넘었다. 그러나 더욱 큰

안트베르펜에서 '스페인군의 광란' E. S. Eillis, and C. F. Horne, *The Story of the Greatest Nations*, Vol. VII(Russia, Spain), 1906, 1914쪽.

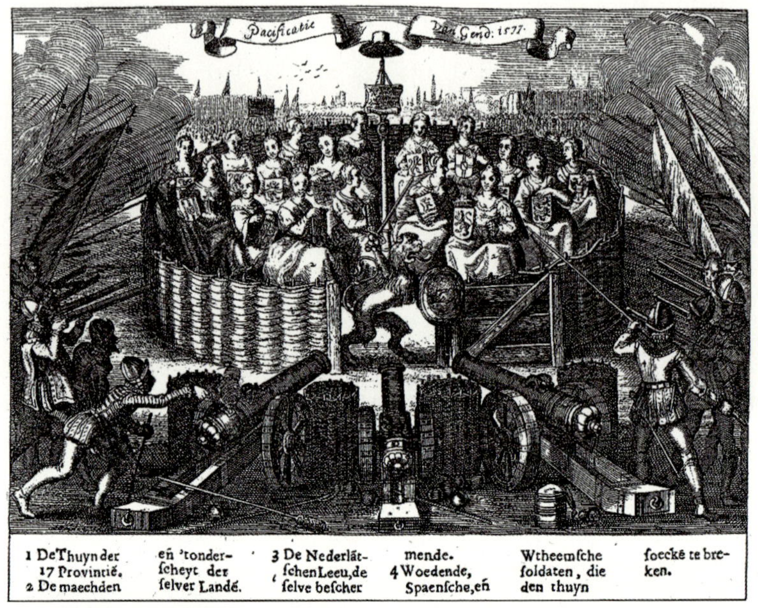


'헨트의 평화'에 대한 알레고리

문제는 여기서 불안을 느낀 영국 상인과 한자 동맹 상인 대부분이 이 도시를 빠져나간 데 있었다. 이곳을 '지정시장'으로 하고 있던 상인들의 이탈은 국제시장으로서 안트베르펜의 기능 마비를 의미하는 것이었다.[14]

그리하여 이에 따른 시민의 경제적 궁핍과 불만은 스페인 통치에 대한 저항에 기름을 붓는 격이 되고 말았다. 이것이 결국 독립운동의 에너지로 전화한 것이다. 격분과 흥분 속에서, 특히 급진적 칼뱅 교도가 주도권을 장악한 북부가 남부 네덜란드와 힘을 합쳐 맺은 협약이 바로 '헨트의 평화(Pacification of Ghent)' 선언(1576)이라는 것

이다.[15]

　이는 스페인 왕이 '이단심문'을 폐지하고 그들의 지난날의 자유를 회복할 때까지 항거한다는 내용을 담고 있다. 그러나 이 경우에도 아직은 그 목표가 독립된 새 나라를 건설하겠다는 것은 아니었다. 국왕과 화해하고 안정을 바라는 남부는 물론이거니와 북방의 지도자 윌리엄도 마찬가지였다. 스페인 왕의 지배는 인정하되 그 통치는 국민의 의회와 여기서 대표되는 국민의 법적 권리에 따라 제한받아야 한다는 것이었다.[16]

## (3) 네덜란드의 반스페인 전선 구축과 홀란드의 독립

1567년 4월 안트베르펜을 탈출한 이후 망명 귀족의 조직을 지도하여 알바 타도의 기회를 노리던 오렌지 공도 마침내 네덜란드 침공 계획을 적극 획책하게 되었다. 어디까지나 평화적으로 해결하려고 했던 그도 이제는 독일에서 자금을 모금하여 극력 저항에 앞장섰던 것이다.

　그에게는 매우 다행스럽게도 당시 서유럽의 신·구교 대립과 국제정황은 홀란드 독립에 매우 유리하게 구성되어 있었다. 프랑스 왕 샤를 9세는 오렌지 공 형제를 '좋은 친구'로 인정하고 프랑스 국내에서 모병(募兵)과 자금 원조까지 허용한 정도였으며, '바다의 거지들'에게는 선박 대여까지 약속해주었다. 그리고 영국의 엘리자베스 여왕은 심지어 이들에게 선박 나포까지 승인해줄

정도였다.[17]

다시 말하지만, '바다의 거지들'은 알바 공의 폭정에 항거하여 싸우다 쫓겨난 많은 사람들이 1572년에 결성한 저항 조직이었다. 이들에 대한 영국과 프랑스의 지원은 바로 홀란드의 독립 지원을 의미하는 것이었다. 그런데 영국과 프랑스뿐만 아니라 독일의 프로테스탄트들까지도 홀란드의 독립을 지원했다.[18]

여기서 힘을 얻은 저항 세력은 홀란드와 젤란트 시정(市政)을 탈취하고 마침내 칼뱅교를 확립하기에 이른 것이다. 물론 이것은 아직 새 국가 건설에 의도를 둔 행동은 아니었다. 그렇지만 현실적으로는 이미 국가 독립을 위한 첫걸음을 내딛은 것이나 다름없었다. 여기서 오렌지 공의 끈질긴 노력과 그의 관용 이론을 따라 신·구 양 교도의 타협이 성립되었던 것이다.

이미 언급한 것처럼, '바다의 거지들' 지배 아래 홀란드주 및 젤란트주가 스페인군 폭정 아래의 남부 10주와 맺은 '헨트의 평화' 협정이 바로 그 예였다. 이는 전 네덜란드의 대동단결에 따른 반스페인 전선의 성립이었다. 그들이 내세운 요구는 네덜란드에서 스페인군이 완전히 철수하라는 것이었다.

그러나 펠리페 2세에게는 다행스럽게도 파르마 공 파르네스(Duke of Parma, Farnese)라는 결단력과 재략을 겸비한 총독이 있었다(1578~1592). 그는 우선 남·북이 종교가 서로 다른 점을 조장하여 사이를 벌려놓는 데 성공했다. 북부 여러 주의 사람들은 대부분 칼뱅 교도이고 상업적이었지만, 남부 여러 주의 사람들은 가톨릭 교도이고 산업적이며 부분적으로 프랑스인이었다.

이 결과 유력한 가톨릭 대귀족이 많이 살던 남부 10주, 특히 왈룬어(Waloons) 사용 지역은 아라스 동맹을 맺고 스페인 지배로 돌아가고 말았다. 이는 가톨릭 보호는 물론 펠리페 2세와 화합하기 위해서였다. 남부 10주는 종교가 다른 북부로부터의 위협이 더 클 수 있을 것이라고 판단했던 것이다.[19]

## (4) 홀란드 독립의 원인과 경위

'헨트의 평화'는 결국 이런 식으로 무산되었고, 네덜란드는 두 부분으로 갈려 각기 제 갈 길을 걸어 나름의 역사를 발전시켜나갔다. 다시 말하지만, 남부는 이후 '스페인령 네덜란드' 또는 '오스트리아령 네덜란드'라는 이름으로 이후 2세기가 넘도록 합스부르크 왕가의 손아귀를 벗어나지 못했다. 벨기에라는 나라로 독립한 것은 그 이후의 일이다.

그러나 "같은 1579년에 북부 7주는 위트레흐트 동맹을 결성, 그들의 권리와 자유 수호를 위해 스페인 전제정치에 대항하여 7개주가 마치 한 개의 주처럼 결속했다".[20] 네덜란드인이 스페인 통치에 항거하게 된 요인은 대개 다음의 네 가지로 요약할 수 있다.

첫째는 부왕 카를 5세 때보다 펠리페가 더 많은 세금을 거두어들인 것으로, 이것이 가장 큰 문제였다. 특히 상품을 판매할 때마다 그 값의 10분의 1에 해당하는 '알카발라'라는 세금을 부과했고, 특히 직물 등의 품목에 대해서는 심지어 10분의 7에 달하는 세금을 걷었다. 이는 네덜란드의 경제적 번영을 결정적으로 가로막는 것이었다.

둘째는 총독에 의한 본국 위주의 전제정치, 셋째는 종교재판 등 가톨릭 신봉 강요, 그리고 넷째로 외인(外人) 지배에 대한 민족적 혐오감이 그것이었다.[21] 알바 공의 통치 기간(1567~1573)만 해도 무려 8,000명이 처형되었고, 3,000명이 재산을 몰수당했으며, 10만 명이 해외로 도피했다. 오렌지 공도 알바가 도착했을 때 이미 영지를 몰수당하고 독일로 피신한 상태였다.

그리고 그가 영국과 프랑스 등의 지원을 받아 1579년 이후 스페인에 대한 항거를 본격화하자 펠리페 2세는 1581년에 마침내 오렌지 공의 공권(公權) 박탈을 발표했다. 즉, 그를 '반역자' 내지 '위법자'로 선언하고, 그를 죽여서든 살려서든 잡아 오기만 하면 그 사람이 누구든 간에 사례하겠다고 제안했던 것이다.

그러자 오렌지 공은 이 조치에 대항하여 유명한 '정당성 주장(Apology)'이라는 것으로 응수했다. 그러나 왕에 대한 그의 실질적 대답은 바로 '왕권 포기법(Act of Abjuration)'

이었다. 북부 7주의 대표들이 헤이그에 모여 스페인 왕
권으로부터 분리를 엄숙하게 선언한 것이 바로 그것이
었다. 1581년의 이 법은 사실상의 독립선언이었다.[22]

비록 윌리엄이 집권(1581) 3년 만에 스페인의 앞잡이
발타사르(Balthazar)에게 암살되고(1584. 7. 10) 스페인이 프
로테스탄트로부터 안트베르펜을 다시 수복하기는 했지
만(1585), 더 이상 연합제주(聯合諸州)의 독립 의지를 꺾을
힘은 없었다. 파르네스의 능력과 비범한 재능으로도 이
는 불가능했다. 여기서 그들은 1609년에 북네덜란드와
12년 동안의 휴전에 동의했던 것이다. 그리고 공식 독립
승인은 30년전쟁(1618~1648) 이후 1648년 베스트팔렌 회
의를 통해 이루어졌다.


## (5) 안트베르펜의 쇠퇴와 암스테르담의 흥륭

오렌지 공이 홀란드의 독립을 선언한 것은 안트베르펜
이 스페인군에게 함락당한 상황에서 벌어진 일이었다.
안트베르펜은 모직물의 최대 집산지이자 유럽 제일의
교통 요충지였지만, 이제 이곳을 찾아오는 상인이 없어
지고 말았다. 그리하여 이 지역의 많은 신교도는 물론이
고 생활이 곤궁해진 구교도까지도 고향을 버리고 홀란
드로 달아나게 되었다. 플랑드르에서 1585년에 국외로
도피한 사람만도 20만 명을 넘었다.

이들 이주자의 행선지는 영국이었고, 또 다른 곳은

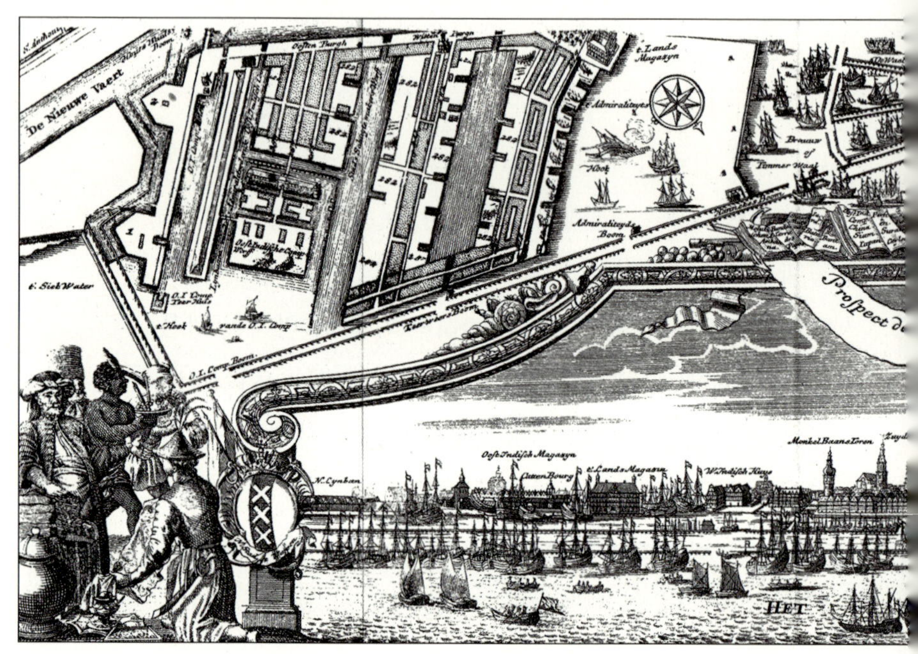



**암스테르담 고지도**　동경대 서양사학연구실 이마이(今井)문고 소장(이마이 교수의 저서에서).

바로 홀란드 지방과 젤란트 지방이었다. 그러나 영국의 경우는 직물업에 종사하는 직인(職人)만을 보호했기 때문에 이들 모두가 이주지로 택하는 데는 문제가 있었다. 뿐만 아니라 영국 특유의 국민경제정책에 따른 배외정책으로 말미암아 이주자에게는 여러 가지 불편한 것이 많았다.

그러므로 대부분의 이주자는 홀란드주와 젤란트주를 행선지로 택할 수밖에 없었다. 이 결과 1609년 당시

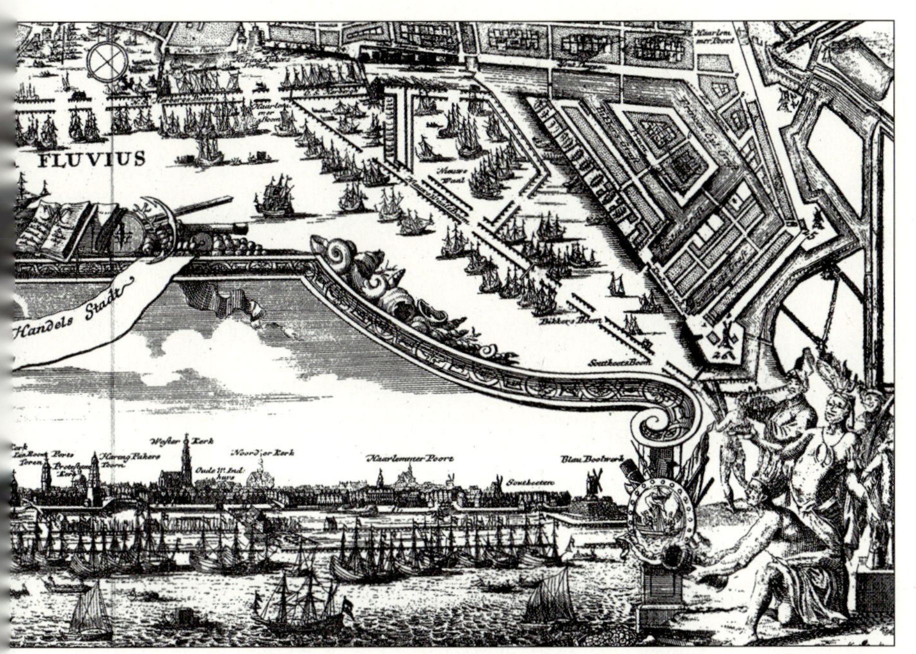


홀란드 인구는 350만 명으로 늘어났다. 이는 당시 영국 인구와 비슷했다. 그렇지만 홀란드의 부의 정도는 영국과는 비교도 안 될 만큼 훨씬 높았다.[23] 16세기 중반에 이미 홀란드와 젤란트의 상업자본은 리스본-안트베르펜 및 세비야-안트베르펜의 상업 간선에 확고한 발판을 구축한 상태였다.

따라서 일단 그들의 모직물 공업이 더욱 번성하기만 하면 암스테르담은 세계 상업에 그 웅자를 드러낼 구조가 이미 구축되어 있었다. 이 결과 "한때 크게 번영했던 안트베르펜의 거리에는 풀이 자라는 꼴이 된"[24] 반면, 홀란드의 암스테르담은 번영의 중심이 되었던 것이다.

안트베르펜이 쇠퇴하게 된 원인은 이제 더 이상 이 도시에서 대서양으로 진출하는 것이 불가능하게 된 데도 있었다. 동유럽에 이르는 라인강과 마스강 입구를 장악한 북네덜란드인들('Dutch')[25]이 다시 셸데강을 봉쇄하고 인근 바다를 지배하게 됨으로써 안트베르펜의 상공업상의 우위에 결정타를 입혔기 때문이다.

홀란드가 서셸데강 하구와 동셸데강 하구를 모조리 장악함으로써 안트베르펜은 이제 대서양으로 진출할 수 있는 출구를 모조리 봉쇄당하고 말았다. 홀란드인들이 강의 하구, 즉 안트베르펜의 입구에 위치하고 있는 블리싱겐(Vlissingen) 및 엥크호이젠(Enkhuizen)마저 점거함으로써 그곳을 거점으로 대서양 연안의 모든 지역을 독점해버렸던 것이다.[26]

## (6) 암스테르담 흥륭의 생산적 기초

홀란드는 남부의 플랑드르와 브라방 지방을 압도했을 뿐만 아니라, 전통 깊은 동쪽의 한자 동맹의 지위까지 가로챘다. 그렇다면 당시 그들의 활동에서 중요한 생산적 기초는 과연 무엇이었을까?

그 첫째는 모직물 공업이었다. 홀란드·젤란트 지방,

**17세기 네덜란드 은행가**　Rembrandt 그림.

그 가운데서도 홀란드의 도시 레이덴(Leiden)의 모직물 공업은 특히 유명했다. 그들도 16세기 전반에는 영국 모직물 공업의 압박을 받아 한때 위기를 맞은 일이 있었다. 그렇지만 1550년대부터 급속하게 회복하기 시작했으며, 특히 1585년 스페인의 안트베르펜 점령으로 플랑드르의



225

모직물 공업이 대거 홀란드로 몰려든 이후에는 일찍이 없던 번영을 누렸던 것이다.

두번째의 생산적 기초로는 어업을 들 수 있다. 북해의 어업 가운데서도 청어(herring)잡이가 특히 유명했다. 청어 어업은 한때 한자 동맹 도시 뤼베크를 번영하게 한 일도 있었다. 홀란드의 청어 어업은 스웨덴 남해안의 스코네(Schone) 어장이 15세기 후반 홀란드 근해로 이동한 데서 비롯되었다. 이후 어업은 영국 근해 및 그 해안 어업까지도 영국인이 아니라 홀란드인의 손에 좌우되는 정도가 되었던 것이다.

청어는 북쪽의 발트해에서 남으로는 지중해에 이르는 넓은 판로를 가진 상품이었다. 청어는 15세기 후반 홀란드 상업자본의 등장을 가능하게 한 하나의 자원이기도 했다.[27] 영국에서는 '렌트(Lent)'라고 해서 양식 대신 청어를 먹는 날까지 따로 있는 정도였다. 이 밖에 그들의 생산적 기초로는 홀란드와 젤란트 지방의 버터와 치즈 등 농민들의 생산물을 들 수 있다.

그러나 암스테르담을 중심으로 하여 홀란드인이 세계적으로 실력을 드러낸 가장 중요한 분야는 무엇보다도 상업 무역과 그에 따른 금융업이었다. 독립전쟁 전까지만 해도 홀란드인의 활동 무대는 발트해와 북해로 한정되어 있었다. 지중해까지는 거의 거동할 수 없던 것이 현실이었다. 한자 동맹의 상선만이 북방의 산물을 싣고

지중해의 여러 항구를 왕래했을 뿐이다.[28]

그러나 독립전쟁을 계기로 의기충천하게 된 홀란드 인들은 상업 활동의 범위를 마침내 지중해로 확대해나 갔다. 예컨대, 1591년에는 400척의 홀란드 선박이 발트 해 방면의 산물을 싣고 당시 북방 물산의 결핍을 통감하던 이탈리아로 간 사실이 있었다. 이것이 홀란드와 이탈리아 사이의 상업 관계가 활발해진 하나의 계기였다.[29]

뿐만 아니라 1596년에는 베네치아 상인들이 홀란드 정부의 반출 허가를 받아 암스테르담에 매입해 쌓아두었던 많은 곡식을 사 갈 수 있게 되었다. 이것이 두 상업 공화국 사이에 체결된 정규 교역 관계의 시작이었다. 그리고 이는 한자 동맹 상인이 지중해에서 쫓겨나게 된 계기가 되었으며, 홀란드인과 지중해 연안 여러 나라 사이의 상업 관계 발달을 의미하는 일이었다.[30]

암스테르담은 세계 물산의 집산지로 변모하며 금융 사업도 크게 발달했다. 처음에 금융업은 사인(私人)으로서 기업가나 은행가에 위임되었고, 그들은 자유경쟁을 벌인 관계로 세계적인 대규모 거래에 알맞은 금융 설비를 갖추지 못했다. 여기서 암스테르담 당국이 중심적 금융기관 설립을 계획하게 되었던 것이다.

1609년 암스테르담은행이라는 세계 유수의 은행이 설립된 것은 이런 연유에서였다. 이로써 홀란드 정부는 일거에 투기적 은행업자나 폭리를 탐하는 상인들이 준

동할 수 있는 여지를 말끔히 일소해버렸다. 그럼으로써 자연스럽게 모여든 국제 거래에 질서와 통제가 제공된 것이다. 이 결과 은행의 신용이 높아지고 외국 자본가들도 차츰 이 은행에 예금을 늘려갔던 것이다.

전 세계의 자본이 암스테르담으로 몰려드는 결과를 가져온 것은 바로 이 은행을 통해서였다. 이전에는 안트베르펜이 세계 금융의 중심이었지만, 17세기에는 암스테르담이 그 핵이 되었다. 암스테르담은행은 17세기 말까지 마치 뒷날의 런던처럼 세계 금융의 중심적 지위를 차지하게 된 것이다.[31]

## 3. 홀란드 동인도회사와 동인도 경영

### (1) 스페인의 홀란드 무역 파괴 기도와 그 여파

17세기 중반의 홀란드인들은 스페인 및 포르투갈 해상권의 뛰어난 계승자라고 말할 수 있다. 영국과 프랑스가 스페인을 타도하는 데 중대한 기여를 했다면, 그로 말미암은 중요한 이익은 홀란드가 차지했기 때문이다. 16세기 후반 이래 북부 네덜란드(홀란드)가 펠리페 2세의 스페인에 저항, 성공적인 장기간의 독립 투쟁을 벌였음은 이미 언급한 바 있다.

홀란드인들이 스페인 상업과 식민지의 대부분을 끈

질기게 강탈할 수 있는 이유와 수단과 기회를 함께 얻을
수 있었던 것도 바로 이런 여건 아래에서 비로소 가능했
다. 더욱이 1580년 포르투갈이 스페인에 병합되자, 홀란
드인들은 다시 포르투갈의 상업과 식민지까지 강탈하는
데도 마찬가지로 우월한 처지에 서게 되었던 것이다.[32]

독립전쟁이 시작될 무렵만 해도 홀란드 상인들은 향
료·약품·생사 등을 동양 화물의 대집산지였던 리스본에
가서 구입해 오고 있었다. 동양 무역을 포르투갈과 스페
인이 독점하고 있었기 때문에 달리 방법이 없었다. 뿐만
아니라 그들은 그 상품을 구입하는 데도 한자 동맹 상인
또는 안트베르펜 상인들과 경쟁할 수밖에 없었다. 때문
에 그 이익도 자연히 적을 수밖에 없었다.

그러나 문제는 이것만으로 끝나지 않았다. 스페인이
포르투갈을 병합한 뒤에는 펠리페 2세가 자국에 항거하
는 홀란드인의 리스본 방문을 전면 금지시켜버렸다. 그
러자 홀란드인들은 하는 수 없이 자국 배에 다른 나라 깃
발을 달고 리스본으로 가서 얼마 안 되는 상거래를 계속
할 수밖에 없었다.[33]

설상가상으로 네덜란드인들에 대한 스페인의 압박
이 또다시 가중되었다. 1598년 펠리페 2세가 죽은 뒤 즉
위한 펠리페 3세가 경제적으로 홀란드인을 완전히 질식
시켜버리려 한 계획이 그것이었다. 즉, 홀란드인의 아시
아 식민지 산물 무역을 전면 금지해버리려 했던 것이다.

이는 그의 광대한 영토에서 홀란드인의 상업을 완전히 몰아내겠다는 뜻이었다.

"왕은 200년 뒤에 나폴레옹이 영국에 대해 실행한 것과 똑같은 방법을 시도했다." "그렇지만 홀란드는 나폴레옹에 대항했던 영국처럼 우세한 해상권을 가지고 거꾸로 스페인을 괴롭혔다." 그리하여 결과는 200년 뒤의 영국과 마찬가지로 홀란드가 세계 상업의 독점권을 장악하게 되었던 것이다.[34]

즉, 홀란드는 스페인이 리스본 입항을 금지시키자 직접 스페인의 아시아 식민지로 달려갔다. 그리고 이들 스페인 아시아 식민지와 직접거래를 시도했다. 스페인의 강경 조치가 거꾸로 홀란드인들에게 아시아 진출을 부추긴 결과가 되고 말았던 것이다.

그렇지 않아도 홀란드인들은 이미 1593년에 아프리카의 기니(Guinea) 연안에서 조직적인 노예무역을 시작했고, 1595년에는 인도와 향료군도 탐사에 나선 일이 있었다.[35] 그리하여 탐험이 이익이 많다는 사실을 알게 되었고, 그럼으로써 그들의 동인도 무역에 대한 관심도 이미 크게 고조된 상황이었다.

펠리페 3세의 홀란드 무역 전면 파괴 조치는 바로 이 무렵에 나왔던 것이다. 그러나 홀란드인들에게도 미개의 땅에 가는 일이 결코 쉬울 수가 없었다. 스페인과 포르투갈의 방해가 뒤따랐을 뿐만 아니라, 이들이 현지인을 선동하는 사태까지 있어 모든 여건이 순조로울 수가 없었다.

홀란드의 동인도 무역이 처음부터 전투적으로 운영될 수밖에 없었던 까닭도 이 때문이었다. 이 사업을 방해하는 자에게 총독이 무력 사용을 허용한 사실로도 그 사정을 충분히 알 수 있다.[36] 한마디로, 홀란드 동인도 무역은 처음부터 스페인을 상대로 한 전쟁이었다.

그러나 홀란드의 동인도 무역이 발달하자 스페인 왕은 크게 분노하여 이에 초강경으로 대처하고 나섰다. 펠리페 3세의 명령에 따라 스페인이 홀란드 상선을 격파하고, 홀란드 무역을 허용한 현지인까지 공격한 사실이 그런 것들이었다.

그렇지만 결과는 홀란드인의 승리로 끝났다. 여기서 해상권을 장악한 홀란드인들은 스페인을 대신하여 마침내 이 지역의 향료(香料) 전매권을 확보하게 되었던 것이다.[37]

## (2) 홀란드 동인도회사의 조직과 사업

홀란드 동인도 무역은 모험적인 개인 또는 단체들이 시작했다. 그러나 영국의 경우처럼 홀란드에서도 그들 상인끼리 경쟁을 벌이게 되자 통제의 필요가 제기되었다. 여기서 동인도 무역이 협력적·조직적으로 운영되어야 한다는 견해가 나왔다. 수요공급 관계의 조절을 위해서도 필요했지만, 스페인과 포르투갈에 효과적으로 맞서

1599년 7월 19일 제2차 동인도 원정을 마치고 암스테르담으로 돌아오는 선박들　런던 국립해사박

기 위해서도 통제가 필요했던 것이다.

그리하여 종래부터 있어온 여러 개의 개인 기업을 결합시켜(1595~1601) 하나의 특허회사를 설립하고, 이에

전매권을 부여하게 되었다. 이것이 1602년 4월 20일에
특허장을 받은 '홀란드 동인도회사'이다.[38] 회사의 조직
도 각 주와 시에 있는 여러 단체의 대표자로 이루어졌으

며, 여기서도 전체 주(株)의 56.9퍼센트를 소유한 암스테르담 대표가 운영권을 좌우했다.

회사는 국회에 주주의 명부를 제출하고 국회는 이에 따라 17명의 중역을 지명했다. 여러 가지 사무는 이들 중역이 집행을 맡았으며, 전성기에는 1명의 총독이 자바의 바타비아(Batavia, 지금의 자카르타)에 주재했고, 이류 지역 (Malacca·Banda·Amboyna·Moluccas·Cape 등)에는 지사(知事)를 두었다.[39]

회사에는 또한 연방공화국의 명의로 동아시아 여러 나라와 조약을 체결할 수 있는 외교권과 함께 군사권까지 부여되었다. 필요한 곳에 요새를 구축할 수도 있었고 군대 유지와 함께 사관(士官)을 임명할 수도 있었다. 회사는 정부의 힘에 의해 설립되었고 주권자의 권위가 주어졌던 것이다.

한마디로 말해서, 회사는 일종의 국가였다. 역사학자 발렌틴(Valentin)의 언급처럼, 회사는 그야말로 순수한 '상인공화국'이었다.[40] 이것은 정치·경제상의 강력한 새 조직이었다. 관료적인 번잡한 국가의 조직과 달리 회사의 조직은 간략했고 통일적이었다. 스페인처럼 원주민에게 그리스도교를 전도하려는 것도 아니었고 모험적인 사업을 하자는 것도 아니었다.

회사는 전적으로 사무적·상업적 조직이었다. 이것이 스페인·포르투갈의 경우와 완전히 다른 점이었다. 처

음부터 홀란드인들은 정복에는 관심이 없는 듯 오로지
상권 확장에만 중심을 두었다. 원주민에게 마치 보호자
와도 같은 태도로 임했기 때문에 점차 이들의 환심도 사
게 되었다.

　따라서 회사는 급성장했으며, 동인도의 여러 곳에서
스페인의 지배권은 영리하고도 교활한 홀란드 신참자들
에게 차례로 유린당하는 꼴이 되고 말았다.[41] 당시의 법
률적 해석에 따르면, 어느 섬이든 연안의 한 지역을 점령
하게 되면 그 배후 지역까지 영유할 수 있게 되어 있었
다. 이것이 이른바 '힌터랜드주의(Hinterland Doctrine)'이다.
　그러나 이에 대해 당시의 동인도회사 사장 후고 그
로티우스(Hugo Grotius)는 해양 자유의 원칙을 주창하고
나섰다. 이것은 해상 무역에 대한 홀란드인의 단순한 요
구와 주장이 아니었다. 스페인과 포르투갈의 독점 사상
에 대한 정치적 공격이었다. 관습적인 국가의 권력 청구
에 대한 대담한 사상적 공격이자 파괴였다.[42]

## (3) 홀란드 동인도회사의 활동 ①

동인도회사의 이익이 얼마나 컸는지는, 최초 6년 동안에
자본이 약 5배로 증가했고, 첫해에는 75퍼센트, 그 뒤에도
연 40퍼센트에서 50퍼센트의 이익 배당이 계속되었다는
사실로도 알 수 있다. 1609년에 이 회사는 무장 선박 50
척을 거느리고 있었으며, 싸움이 벌어지면 3만 명의 병

**홀란드 동인도회사**

사를 전장에 보낼 수 있을 정도로 그 위력이 대단했다.[43]

회사는 이처럼 막강한 병력으로 스페인·포르투갈 무역과 그 식민지에 공격을 가하며 자국의 무역을 보호했다. 회사 소유 무역선만도 3,000척에 달했고, 그 승무원이 10만 명에 이를 정도였다. 콜베르(Colberts)의 계산에 따르면, 당시 해양에 떠 있는 2만 척의 선박 가운데 1만 5,000척 내지 1만 6,000척이 홀란드 국기를 달고 있었다는 것이다.[44]

**런던의 영국 동인도회사 본사** Thomas Hosmer Shepherd 그림, 1817년경.

이처럼 홀란드는 동인도회사의 무력을 앞세워 동아
시아 여러 지역으로 세력을 확장해나갔다. 회사는 우선
포르투갈인들을 실론(지금의 스리랑카)·자바·수마트라·
몰루카(일명 향료군도) 등지에서 몰아냈다. 이어 그들은
1606년 말라카(Malacca) 해전에서 스페인·포르투갈 연합
함대에 대승을 거두었다. 그리고 1607년에는 지브롤터에
서도 스페인 잔여 함대를 결정적으로 격파함으로써 이
지역 해상 무역로(貿易路)의 실질적인 주인이 되었다.[45]

따라서 동인도회사 총독 쿤(Jan Pieterszoon Coen)은 1세
기 전에 포르투갈인들이 그들 나라를 위해 한 것과 똑같
은 역할을 자국 홀란드를 위해 할 수 있었다. 쿤은 우선
포르투갈인들에게서 빼앗은 무역 거점을 재편성하고 원

주민 추장(酋長)들을 회유하여 유리한 조약을 맺었다. 그럼으로써 동아시아에서 홀란드, 즉 '네덜란드 제국'을 확장·강화해나갔던 것이다.[46]

그들의 동아시아 제국은 실론·자바·수마트라 그리고 몰루카(Molucca)뿐만 아니라 말레이반도·대만·보르네오(Borneo)·셀레베스(Celebes) 그리고 뉴기니(New Guinea)의 일부와 오스트레일리아의 서해안(New Holland라 불리는)에 대한 권리까지를 포함하는 것이었다.

특히 홀란드는 대만에 거점을 두고 있던 스페인을 몰아낸 뒤, 명(明)나라를 받들던 정성공(鄭成功)에게 쫓겨날 때(1642)까지 38년 동안이나 대만을 실질적으로 지배했다. 이는 그들이 동아시아로 통하는 교통의 요충지로서 대만의 중요성을 일찍부터 간파하고 있었다는 것으로, 매우 주목할 만한 일이다.


### (4) 홀란드 동인도회사의 활동 ②

쿤은 1619년 자바 섬의 바타비아에 그들의 거대하고도 부유한 판도의 정치 및 상업 수도(首都)를 건설했다. 그리고 그는 홀란드에서 동아시아로 수송되는 모든 화물은 반드시 이곳으로 먼저 운송되도록 규정했다. "선박의 출입 상황이나 그 번영의 정도가 본국의 암스테르담을 능가했다"는 말이 나왔던 연유도 여기에 있다.[47]

쿤의 사후에도 홀란드인들은 얼마 동안 그들의 동아

시아 무역 독점권을 계속 강화해나갔다. 이는 그들의 식
민 정책이 후세의 영국처럼 자본주의적인 것이 아니었
기 때문에 가능한 일이었다. 그들은 어디까지나 상업주
의적이었고 교역하기에 적당한 요지(要地)만을 점령해나
가는 방식을 유지했던 것이다.

홀란드인이 무역 독점권을 강화할 수 있었던 또 다
른 원인은 그들이 어디서나 겸손했고 지불 능력 있는 구
매자였기 때문이다. 한마디로, 확실한 상인으로서 신뢰를
받고 있었기 때문이다. 이 차이가 뒷날 홀란드만이 다른
아시아 지역과는 물론 일본과도 오랫동안 교역 관계를
유지할 수 있는 원인이 되기도 했다. 그들은 일본·중국·
인도 무역에서도 다른 유럽인을 크게 앞질렀던 것이다.[48]

홀란드 동인도회사의 활동은 대양주(Oceania) 방면으
로도 확대되었다. 이 회사의 유명한 항해자 아벨 타스만
(Abel Tasman, 1603~1659)은 오스트레일리아를 완전히 일주
했고, 타스마니아(Tasmania)·뉴젤란트(New Zeeland, 지금의
뉴질랜드)·통가(Tonga) 및 피지(Fiji) 섬 등을 발견했다.

그리고 이 밖의 다른 홀란드 항해자는 남대서양의
세인트헬레나(St. Helena) 섬을 차지했을(1645) 뿐만 아니
라, 1648년에는 홀란드 항해자가 희망봉에서 난파된 뒤
케이프타운(Cape Town)을 발견함으로써 남아프리카에도
홀란드 식민지를 건설하게 되었다.[49]

이 무렵 홀란드인이 한국 땅에도 표착(漂着)해 온 일

이 있었다(1628, 인조 6년). 벨테브레(Weltevree)라는 자가 바로 그였다. 그는 한국 여인과 결혼하여 한국을 위해 봉사하며 생을 마쳤다. 그리고 1653년(효종 4년)에는 하멜(Hamel)이 한국에 표착하여 서울까지 온 일이 있었다. 그는 13년 뒤인 1666년에 탈출하여 본국으로 돌아가 《하멜표류기》를 저술, 한국을 유럽에 처음으로 소개했다.

### (5) 홀란드 서인도회사와 아메리카 식민 활동

홀란드인들은 아메리카 대륙에서도 상업 및 식민 지배를 위한 거점을 건설했다. 그리고 당시의 영국이나 프랑스 사람들처럼 그들도 처음에는 스페인과 포르투갈 지배 영역에서 해적 행위와 밀수 및 노예무역부터 시작했다. 그러나 얼마 안 가서 동인도회사를 본받아 1621년 서인도회사가 특허를 받은 뒤 스페인과 포르투갈의 전략 요충을 앞장서 탈취해나갔으며, 미점령 지역에 대한 자기들의 권리를 내세웠다.[50]

서인도회사는 향후 24년 동안 아프리카 서해안, 아메리카 해안, 대서양의 여러 섬과 미발견 제도의 무역 독점권을 받았다. 동시에 그들은 향후 8년 동안 홀란드에 수입되는 화물의 관세 면제 특권까지 받았다. 그뒤 회사는 아메리카의 스페인 및 포르투갈 식민지에 침입, 중대한 전과를 거두었다. 특히 헤인(Piet Heyn) 제독이 쿠바 해안에서 벌인 스페인 은(銀) 함대 격멸은 유명하다.

전성 시대의 회사 소유 선박은 800척에 달했고, 포르투갈·스페인에게서 빼앗은 선박만도 500여 척이나 되었다. 그들은 아프리카·대서양 연안의 포르투갈 식민지와 남아메리카의 브라질 식민지 대부분을 점령했다(1624). 스페인 사람들로부터도 토바고(Tobago)와 쿠라사우(Curaçao)의 서인도제도를 빼앗았다(1632~1634).[51]

다른 한편 그들은 처음으로 북아메리카의 허드슨 계곡(Hudson valley)에 이민을 보내 이를 식민지화하기도 했다. 영국 항해가 헨리 허드슨이 당시 홀란드에 고용되어 있었기 때문에 이곳을 홀란드가 점유했다는 것이다. 이어 그들은 강 입구에 '뉴암스테르담(New Amsterdam)'이라는 도시도 건설했다(1614). 이것이 지금의 뉴욕이다.[52]

그들은 강의 150마일 상류에 '포트 오렌지'라는 보루(堡壘)를 세웠다. '뉴네덜란드'라는 이 유망한 식민지가 동쪽으로는 코네티컷강, 그리고 서쪽으로는 델웨어까지 확장된 것이다. 이 결과 17세기 중엽에 홀란드인들은 아시아와 아프리카에서 포르투갈의 상업적 우위를 이어받았을 뿐만 아니라, 아메리카 대륙에서도 스페인으로부터 이어받을 이권을 둘러싸고 영국과 프랑스 등 최대 강국들까지 위협할 정도가 되었다.[53]

요컨대, 17세기 전반에 이미 홀란드는 동아시아 방면에서 그리고 아메리카 방면의 식민 사업과 상업 및 무역에서 다른 나라를 훨씬 능가했다. 원래 홀란드 무역은 발트해에서 북해의 화물을 사고파는 것이 고작이었다. 그렇지만 17세기에 들어와서 그들이 스페인과 포르투갈의 식민지를 빼앗은 뒤에는 동·서 양반구(兩半球)의 물품이 암스테르담으로 모여들게 되었고, 여기서 이 물품이 비로소 북유럽에 공급되었던 것이다.

즉, 홀란드는 자국의 모직물과 기타 제품을 스페인을 통하거나 직접 신대륙으로 수출함으로써 '은'을 획득했다. 그리고 다시 이 은을 동인도로 수출하여 향료 등 기타 동양 산물의 거래를 독점함으로써 세계 상업의 패권을 장악하게 되었던 것이다. 그리하여 세계 무역의 핵으로 변하게 된 암스테르담은 독립 뒤 가장 번영을 누리게 되었던 것이다.

암스테르담은행 등은 서인도회사가 신대륙으로부터 들여오는 화폐의 소재(특히 은)를 거의 모두 구입, 그 가운데 근소한 양만을 조폐소(造幣所)에 공급했을 뿐, 대부분을 덩어리〔地金〕 그대로 동인도회사에 팔아넘김으로써 막대한 중간 이익을 챙겼다.[54]

그러나 서인도회사의 식민 활동은 동아시아 방면에 대한 동인도회사의 그것과는 근본적으로 달랐다. 약탈을 자행했고 노예를 매매했으며 무역 독점에만 전념했다. 산업 시설 같은 것에는 관심조차 없었다. 이것이 뉴네덜란드를 영국에게 탈취당하는 원인이 되었던 것이다(1664).[55]

# 4. 홀란드와 영국의 갈등

## (1) 홀란드의 무역 독점과 영국의 대응

앞에서 살펴보았듯이, 홀란드는 1609년 스페인과 휴전 조약을 체결하고 이후 12년 동안 그 국세가 크게 증강되었다. 특히 대륙 여러 강국이 30년전쟁(1618~1648)에 말려들어 홀란드 문제에 관여할 겨를이 없었던 것이 그들로서는 더할 수 없이 다행스러웠다. 국제정황이 홀란드에게 무역 독점의 기회를 준 셈이었다.

더욱이 이 전쟁의 권외에 있던 영국마저도 당시는 마침 찰스 1세 시대(1625~1649)의 내란기여서 국민의 관심이 오로지 국내 문제로 집중될 수밖에 없는 형세였다. 홀란드에게는 그야말로 2중의 행운이 아닐 수 없었던 것이다. 그리고 1648년에는 스페인과의 전쟁도 뮌스터(Münster) 조약으로 종결됨에 따라 홀란드에 대한 스페인의 제약도 없어진 상황이었다. 이것이 홀란드가 동양 및 아메리카 무역과 식민에서 우위를 점할 수 있었던 또 다른 유리한 정황이었다.

실로 홀란드에게 1650년 무렵은 그야말로 번영의 절정에 도달한 행운의 시기였다. 이미 그들은 스페인을 압도한 상태였고, 여기에 영국이 혁명의 소용돌이에 빠져 있는 처지여서 사실상 거칠 것이 없었다. 반면 영국에게는 이처럼 홀란드가 번영을 누리게 된 열쇠가 바로 해양 지배에 있다는 사실을 분명히 깨닫게 해주는 계기가 되었다.

그리하여 17세기 초, 영국 근해의 어업이 바로 홀란드 번영의 중요한 기초가 된 사실을 깨달은 영국인들은 이 어업권을 탈취해야 한다는 강렬한 주장을 제기하기에 이르렀다. '해양의 자유'라는 개념에 맞서 '해양의 영유' 내지 '해상 주권론'이라는 개념이 제기된 것은 바로 이 무렵의 일이었다.[56]

15세기 말, 스페인·포르투갈 두 나라가 미지의 해양을 향해 탐험에 나서 새로운 해륙을 발견하자 이들 사이에 세력범위의 문제가 일어나게 되었고, 이를 교황의 중재로 해결했음은 잘 알려진 일이다. 이 결과 스페인은 태평양 및 대서양의 서반부가, 그리고 포르투갈은 인도양 및 대서양의 동반부가 자국에 속한다고 주장한 사실 또한 널리 알려진 일이다.

이런 상황에서 프랜시스 드레이크가 세계를 일주하며 해적 활동을 한 뒤 귀국하자, 스페인은 "태평양은 로마 교황의 권위에 의한 협정을 통해 결정된 스페인 영역인데, 이를 겁탈한 것은 권리 침해"라며 항의했다. 그러자 영국은 이에 대해 "우리는 로마 교황을 인정한 사실이 없다. 때문에 그 협정에 복종할 수 없다. 바다를 영유하는 것은 국제법에 반하는 것"이라며 반박했다.

"영국에서는 바다의 영유에 대해서는 정당한 근거

를 인정할 수 없다. 해양 영유는 '자연'이 허용하지 않는 것으로, 바다는 누구에게도 자유로운 곳이다. 스페인 사람이 인도양을 항해할 수 있듯이, 영국 사람이 그곳에서 배를 띄우는 것도 합법적이다. 바다와 공기는 만인에게 공유되어야 한다"고 통박했던 것이다.[57]

이것은 스페인과 포르투갈이 동·서의 바다를 독점적으로 사유화하려는 데 대한 영국의 반발이자 홀란드의 호응이었다. 그러나 17세기로 접어들며 정황이 바뀌자, 영국은 자기들의 국익에 따라 홀란드와 의견을 완전히 달리하게 되었다.

1617년 《봉쇄해역》의 저자 셀던(John Selden)은 "영국인은 외국 어민에게 자국 해안에서 약탈을 당하고 있으며, 그 세력이 홍수처럼 해안으로 밀려오고 있다"고 주장했다.[58] "바다는 모든 사람에게 공통이라고 말하지만 이것은 육지와 마찬가지로 영유할 수 있는 것이며, 영국의 근해는 현재와 과거를 막론하고 영국의 일부이고 부속지"라는 것이 그의 주장이었다.

## (2) 영국과 홀란드의 결별

스페인에 대한 항거를 계속한 약 80년 동안에 걸쳐 홀란드는 줄곧 영국과 보조를 같이했다. 영국인과 홀란드인은 다 같이 진실한 프로테스탄트로서 가톨릭 스페인에 대항하는 데 오랫동안 같은 목적을 가지고 제휴해왔다.

두 나라 사이의 경제적·종교적 유대 관계는 참으로 오래
고도 밀접한 것이었다.

그러나 홀란드는 부유해질수록 모든 외국인들을 자
기들의 상권(商圈)과 식민지에서 몰아내려고 열을 올렸
다. 그들은 외국인이면 프로테스탄트든 가톨릭이든 가리
지 않고 배제했던 것이다. 따라서 16세기의 스페인이 미
래 상업국들의 공격 대상이 되었던 것처럼, 17세기에 이
르러서는 홀란드가 바로 각국의 공격의 대상이 되었다.[59]

이제 스페인인과 포르투갈인이 아니라, 홀란드인이
바로 프랑스와 특히 영국인의 혐오 대상이 된 것이다. 영
국과 홀란드 사이의 전쟁은 어디까지나 경제적 이해 대
립에 원인이 있었다. 17세기에 이르러 자본주의의 눈부
신 성장으로 말미암아 각기 자기 나라의 경제적 이해관
계가 최우선이 된 것이다. 두 나라의 종교가 같다는 사실
은 이제 종속변수에 지나지 않았다.[60]

17세기 초에 발전된 영국과 홀란드의 적대 관계는
북대서양에서의 어업, 동인도에서의 상업 거점, 아프리
카와 서인도제도에서의 노예무역, 그리고 아메리카에서
의 식민 문제 등을 둘러싸고 다양하게 심화되었다. 아메
리카의 경우, 홀란드인들은 뉴네덜란드 식민지를 건설
함으로써 영국의 버지니아 정착지와 뉴잉글랜드 사이를
갈라놓는 위협적인 쐐기를 박아놓았다.

그리고 동아시아에서도 영국 동인도회사가 홀란드

동인도회사에 의해 향료군도와의 교역 관계를 금지당하는 사태가 벌어졌다. 홀란드 동인도회사는 사실상 정부의 하나의 성(省)과도 같았다. 따라서 그들은 어떤 모략이나 무허가 업자로부터의 시달림도 받을 염려가 없었다. 막대한 자본을 가지고 동아시아에 대함대를 파견함으로써 홀란드는 포르투갈(즉, 스페인) 통치 아래에 있는 여러 군도의 요충을 하나씩 차례로 탈취해갔던 것이다.[61]

1602년 홀란드 함대는 자바 섬의 반탐(Bantam) 근처에서 포르투갈을 무찔러 수마트라와 자바 섬 사이의 순다(Sunda)해협으로 가는 통로를 개척했고, 1605년에는 희귀한 향료 지역인 암보이나(Amboyna, 지금의 암본〔Ambon〕) 섬에 대한 실질적인 통치권을 확립했다. 그리고 2년 뒤에는 테르나테(Ternate) 왕과 조약을 맺어 몰루카군도의 심장부에 발판을 마련했으며, 1609년에는 반탐의 통치자와도 조약을 체결함으로써 군도의 입구를 확보했다.[62]

이 무렵 이 지역의 영국인들은 수적으로든 조직 면에서든 홀란드보다 열세였고, 특히 교역 면에서는 그들보다 압도적으로 열세였다. 그러나 당시에는 실질적인 대결은 일어나지 않았다. 홀란드는 아직 독립전쟁을 끝내지 못했고, 스페인이 시기적으로 아직 모든 것을 잃었다고 확신할 수가 없었기 때문이다. 그러나 1609년에 스페인과 12년 동안의 휴전이 성립되어 국내가 안정되자 홀란드는 동아시아에서 공격적인 정책을 서슴지 않았던

것이다.[63]

### (3) 향료군도에서 홀란드의 영국인 축출과 그 여파

홀란드는 1609년 향료군도에 대한 배타적인 통치권을 주장했다. 그리고 그들은 보트(Pieter Both)를 아시아 속령의 초대 총독으로 임명했다. 섬 무역(island trade)을 둘러싼 영국과 홀란드 사이의 본격적인 경쟁의 시대는 1611년 그의 반탐 도착과 더불어 시작되었다. 이후 영국인들은 어디서든 선수(先手)를 빼앗기거나 멸시의 대상이 되고 있었던 것이다.[64]

1613년에서 1614년에 걸쳐 홀란드인들은 토착 세력의 비호를 받아 영국인에 대한 숨겨온 적의(敵意)를 비로소 드러냈다. 1617년에는 40명의 영국인이 암보이나 섬에서 잔혹하게 투옥되었다고도 전해졌고, 홀란드는 영국 깃발을 달고 항해하는 원주민을 학대하기 위해 교묘한 방책을 채택했다는 이야기도 전해졌다.

이에 영국은 전(前) 버지니아 총독 데일(Thomas Dale)이 지휘하는 함대를 파견했지만, 훨씬 우세한 홀란드 해군력에 밀려 어쩔 수 없이 그 섬을 떠나 인도로 철수하고 말았다.[65] 그리하여 1620년, 보트의 후계자로 총독이 된 쿤은 바타비아를 그의 제국의 새로운 수도로 정하는 한편, 전 군도에 대한 홀란드 통치권을 주장하게 되었다.

이어 쿤은 영국인들을 무력으로 반다(Banda)제도의

란토(Lanto)와 풀로 룬(Pulo Run)에서 몰아냈다.[66] 그리고 1623년, 반다의 서북쪽에 위치하고 있는 암보이나에서 유명한 학살 사건을 도발했다. 이곳에는 타워슨(Gabriel Towerson) 이하 18명의 영국 상인이 운영하는 대리점이 있었다. 홀란드인은 이에 견주어 압도적이었다. 즉, 수백 명의 원주민 병력을 거느린 홀란드인 200명이 8척의 군함을 휘하에 두고 있었던 것이다.

이에 지방 총독이던 스퓔트(Herman van Speult)는 쿤으로부터 지나치게 신중하다는 질책을 받고 1623년 2월 마침내 행동을 개시했다. 즉, 요새 안에 있던 일본 군인을 구속하고 그들에게 영국인과 함께 요새의 소유권을 탈취하려 했다는 혐의를 씌웠다. 그리고 다음으로 각기 다른 지역에 사는 18명의 영국인을 구금하여 이 음모를 꾸몄다고 뒤집어씌웠다.[67]

이들 영국인은 물고문과 불고문으로 눈이 튀어나오고 불탄 살이 썩어 문드러지도록 고통을 당했다. 이런 가혹한 방법으로 일단 증거를 조작·확보하자 스퓔트는 비극을 완결지었다. 같은 해 2월 27일, 10명의 영국 상인과 9명의 일본 군인을 많은 원주민이 둘러서서 지켜보는 가운데 처형한 것이다. 원주민에게 이 광경을 공개한 것은 홀란드의 승리를 확인시켜주기 위해서였다. 영국의 지원을 받아 독립한 홀란드가 이제 영국인 학살로 보답한 꼴이 되어버렸다.[68]

## (4) 홀란드의 향료군도 독점과 혁명기의 영국

1624년 이 소식이 영국에 전해지자 격분과 공포가 함께 일어났다. 영국 국민 대중의 폭넓은 분노는 한동안 소멸되지 않고 계속되었다. 정부도 홀란드에 엄중히 항의했지만, 분명한 해결은 이루어지지 않았다.[69] 동아시아에서 죄를 저지른 가해자가 성공을 거둔 셈이 된 것이다.

1623년 이후 영국 무역은 향료군도에서 자취를 감추기 시작했다. 2년 뒤에는 자바의 영국 거점(據點)까지 무너졌다. 영국의 주된 관심이 인도 본토로 전환될 수밖에 없었던 연유가 바로 여기에 있었다. 영국 동인도회사는 설립 25년을 거치며 향료 무역에서 홀란드에게 완전히 밀려났고, 도리 없이 대신 인도 본토 개척에 착수할 수밖에 없게 되었던 것이다.

그러나 인도는 당시의 영국에게는 결코 손쉬운 침투 대상이 아니었다. 많은 인구를 가진 강력한 무굴 제국이 통치하고 있는 대륙이어서 침투 여건이 향료군도 같은 섬과는 전혀 달랐다. 침투하기 어렵다는 것만이 문제가 아니었다. 그곳의 산물 또한 향료보다 훨씬 가치가 없는 것들 뿐이었다. 인도에는 당시 영국인이 선호하는 산물이 거의 없었다.[70]

1632년에 이르러 영국은 홀란드와의 교섭 끝에 폴레론(Poleron) 섬을 돌려받게는 되었지만 또다시 문제가 발생했다. 홀란드가 이 섬을 영국에 넘겨주면서 그곳의 나무를 모조리 불태워버렸기 때문이다. 이후 양국 사이의 관계는 더욱 악화될 수밖에 없었고, 이제 두 나라에는 대결을 위해 군비 충실에 박차를 가하는 일만이 남게 되었던 것이다.[71]

그렇지만 당시의 영국은 국내 사정으로 말미암아 이에 대처할 여력이 없었다. 1603년 엘리자베스 여왕에 이어 스코틀랜드 왕 제임스 6세가 영국 왕을 겸하여 제임스 1세로 즉위했지만(스튜어트 왕조) 의회와 대립이 격화되었고, 이어 찰스 1세 시대는 다시 혁명의 소용돌이 속으로 휘말렸기 때문이다.

왕들의 의지가 없었기 때문만은 결코 아니었다. 제임스 1세는 왕의 면허 없이는 영국 영해에서 누구를 막론하고 어업을 허용하지 않는다고 선언한 뒤 홀란드 어업 배척에 나섰고, 찰스 1세도 네덜란드의 불법 어업 횡행을 이유로 부왕의 칙령을 재확인했다. 그러나 이미 지반이 굳을대로 굳어진 홀란드 어업이 이 정도로 흔들릴 수는 없었다.

다시 말하거니와, 영국인들은 국력을 내란으로 낭비하고 있어서 이미 거국적인 산업 증진을 전혀 추구할 수 없는 처지였다. 더구나 머나먼 동아시아의 향료 무역에는 일말의 관심조차 가질 여념이 없었다. 특히 내란 8년 동안 해외 문제에 관한 한 더욱 그러했다. 이런 사정이 홀란드에게는 절호의 기회가 되었던 것이다. 이것이 엘리자베스 시대에 개척한 영국의 상업 지배권을 홀란드가 차례로 탈취할 수 있었던 배경이다.

이처럼 17세기 전반에 영국은 언제나 홀란드에게 압도당하고 있었다. 영국이 홀란드에 대응할 수 있게 된 것은 공화정부가 탄생한 이후의 일이었다. 공화정부에 이르러서야 영국은 정치·종교 문제를 떠나 국가의 경제적 이익이라는 점에서 비로소 홀란드와 전면 대립할 수 있었다.

홀란드가 영국의 발전을 가로막고 있다는 사실을 깨닫게 되면서 공화정부는 단연 이에 대응하고 나섰던 것이다. 그렇다면 영국 공화정은 홀란드의 횡포에 과연 어떻게 대응했던 것일까?


## 5. 홀란드와 영국의 대결

### (1) 홀란드의 번영과 영국의 대홀란드 적대

홀란드가 세계 상업의 새로운 패자(覇者)로 대두하자 그것이 영국 조야를 크게 자극하게 되었음은 너무나도 당연했다. 일찍이 엘리자베스 말년부터 영국에는 이 신생 공화국의 경제적 발흥을 선망하여 이를 본받자고 하는 견해도 있었고, 이웃나라의 융성을 질시(嫉視)하여 경쟁의식을 토로하는 논의도 있었다.

　　1603년도에 출판된 논문으로 월터 롤리가 저술했다고 전해지는 글("Observations touching Trade and Commerce with the Hollander etc.")은 그 실상을 다음과 같이 적나라하게 전해주고 있다.

　　"홀란드는 자국의 자원이라고는 어느 것 하나 없음에도 불구하고 동방 제국의 곡물과 목재, 프랑스산 술과 소금 등 외국 물자를 세계 각처에 팔아 자기 나라를 세계의 상품 창고로 만들고 경탄할 만한 상업적 번영을 이루었다".

　　이와 달리 "영국은 모직물·연(鉛)·석(錫) 등 중요 물품을 풍부하게 생산하고 세계 상업의 중심을 점하고 있음에도 불구하고 거꾸로 홀란드에 의해 세계 상업에서 밀려나고 있다".[72] "홀란드가 스페인과 포르투갈에 팔고 있는 고급 모직물도 실은 영국산 모직물에 그들이 염색 가공한 것에 불과하다."

　　"홀란드의 기초 상업이라 할 수 있는 청어잡이 어업도 전적으로 영국 영해에서 이루어지는 것으로, 그 제품이 수출 상품이 되어 해마다 이 나라에 막대한 이익을 남겨준다. 홀란드는 자국산 상품도 없고 조선용(造船用) 목재가 없어도 상업을 번영시키며 해마다 1,000척의 배를 새로 건조한다."[73]

　　요컨대, "영국은 상업의 기초인 물산도 풍부하고 조선용 목재 또한 부족함이 없음에도 그 해운은 점점 쇠퇴해가고 상업도 날로 퇴락(頹落)해가고 있다. 이는 홀란드 인들이 영국의 자원을 도용하고 있기 때문이다. 그들은 우리의 상품을 가지고 모든 종류의 상업에서 우리를 몰 아내고 있다”는 것이 그 요지였다.[74]

이는 영국도 상업의 자유, 관세 인하, 상품 판로 개 척 등 유리한 특권이나 제도로 상공업을 진흥하고 외국 산업을 자국에 유치함으로써 현재 홀란드가 가지고 있 는 세계시장의 지위를 영국으로 빼앗아 와야 한다는 주 장이었다. 이를 위해서는 먼저 국내에서 자국 상인의 지 위를 확립해줌으로써 홀란드 상인에 대항시켜야 하고, 국산 물자는 국민의 손으로 완성·가공하게 해야 하며, 그 운송을 자국 해운에 맡겨야만 한다는 것이었다.

그런 뒤 그는 국민의 어업 장려책을 국왕 제임스 1세 에게 건의했다.[75] 이는 홀란드 상업의 번영이 영국인에게 강력한 자극제가 되었음을 읽을 수 있게 해준다. 특히 왕 에 대한 월터 롤리의 건의는 당시 영국 국민을 가장 자극 한 것이 무엇보다도 영국 연해의 어업이었음을 알려주 고 있다.

홀란드가 다른 나라보다 우수한 선박과 선원을 가질 수 있었던 원동력이 바로 영국 연해의 청어 어장에서 비 롯되었다는 사실이 바로 그것이다. 즉, 청어 상품의 세계 적 판로와 거기서 비롯되는 큰 이익이 홀란드 상업 번영 의 기초가 되었고, 그것이 풍부한 자본의 원천이 되었다는 이야기였다.

따라서 본래 영국 국가 소유인 이 천부(天賦)의 보고 (寶庫)를 다른 나라 국민에게 빼앗김으로써 영국에 대한 경쟁력을 키워주는 수단이 된 사태에 대해 사람들은 통절한 분노를 느끼지 않을 수 없었던 것이다. 그것은 "우리 국민에게 중대한 불명예이며, 우리 국가에게 큰 장애였다"는 것이 바로 월터 롤리의 견해였고, 동시에 일반 영국민의 여론이었다.[76]

## (2) 크롬웰의 '항해조례'와 영국·홀란드전쟁

홀란드에 대한 영국민의 감정은 이 밖에도 일종의 배신감에서 비롯된 면도 없지 않았다. 홀란드의 독립 자체가 영국의 지원으로 이루어졌다고 해도 지나친 말이 아니었기 때문에 배신감은 그만큼 더 클 수밖에 없었다. 그 배신감이 결국 적개심으로 바뀌게 된 것이다.

더욱이 암보이나 섬에서 홀란드인이 자행한 영국민 학살 사건에 더해 이해관계가 서로 극도로 대립되고 있어 어떤 타협도 이루어질 수가 없었다. 다만 영국이 혁명의 소용돌이 속에 빠져 있었기 때문에 사태를 방치할 수밖에 없었을 뿐이다.

그러나 영국 공화정이 일단 안정을 찾게 되자, 크롬웰(Oliver Cromwell)은 홀란드와 평화적 해결이 어렵다고 판단, 단연 강경으로 방침을 바꾸었다. 1651년 항해조례

**올리버 크롬웰** Robert Walker 그림, 런던 국립초상화갤러리.

(Navigation Act)의 발포가 바로 그것이었다. 그리고 이것이 곧바로 영국과 홀란드를 전쟁으로 치닫게 했던 것이다.[77] 그렇다면 항해조례의 내용은 어떤 것이었으며, 전쟁은 어떻게 전개되었던 것일까? 한마디로, 영국 및 그 식민

지의 산물은 영국 선박으로만 수출이 허용된다는 것이었다. 그것도 선박 승무원의 4분의 3 이상이 영국인이어야 하며, 외국의 산물도 영국 선박 또는 그 산물의 생산국의 선박에 의해서만 수입될 수 있다는 것이었다.

요컨대, 영국 무역은 영국 선박을 이용하도록 제한함으로써 홀란드인이 영국과 직접 교역하는 것을 금지하려는 것이 그 목적이었다. 그리고 영국 근해의 어류와 그 제품도 영국 선박으로만 수출할 수 있고, 영국인이 잡은 어류의 수출도 마찬가지로 영국 선박으로만 운송할 수 있도록 제한한 것이었다.

그리고 이를 위반하는 경우에는 그 선박은 물론 그 선박에 실은 물품까지 모조리 몰수하겠다는 것이었다. 이는 과거에는 실행된 일이 전혀 없었던 초강경 조치로서, 그 목적은 어디까지나 홀란드의 해상 활동을 봉쇄하는 데 있었다.[78] 홀란드는 이를 위반하여 몰수당한 선박만도 200척이나 되었다. 이 때문에 홀란드는 항의를 거듭했지만 전혀 통하지 않았다.

이미 항해조례는 홀란드에 대해 노골적으로 적의를 표명한 것이었다. 홀란드 상업을 평화적인 수단으로 꺾을 수 없다면 힘으로 굴복시킬 수밖에 없다는 것이 영국의 여론이었다. 여기서 피할 수 없게 된 것이 세 번에 걸친 영국·홀란드전쟁이었다. 영국으로서는 스페인과 벌인 전쟁이 세계 해상권 지배를 위한 제1회전이었다면,

**영국에 나포된 홀란드 선박**　홀란드의 Sampson호와 Salvadore호 그리고 St. George호 의 모습으로, 이 선박들은 1652년 영국에 나포되었다. 대영박물관의 풍자화.

홀란드와 벌이는 이번 전쟁은 이를 위한 제2회전인 셈이 었다.

### (3) 영국·홀란드전쟁의 과정과 그 결과 ①

홀란드 상업은 제1차 영국·홀란드전쟁(Anglo-Dutch War, 1652~1654)으로 크게 타격을 입었다. 전체적으로 보아 결 정적인 승패는 없었지만, 홀란드의 상업 규모가 영국보 다 최소한 4배나 컸던 탓에 피해도 그만큼 클 수밖에 없었다. 홀란드가 과거 스페인과 벌인 수십 년에 걸친 전쟁의 피해보다 이번 한 번의 전쟁으로 입은 피해가 더 컸던 것이다.[79]

더욱이 영국은 지난날의 스페인처럼 영토적 야욕 때문에 이 전쟁을 한 것이 아니었다. 홀란드의 부의 기반인 그들의 해상 세력을 타도하고 스스로 그에 대신하기 위해 싸웠던 것이다.[80] 웨스트민스터 조약(1654. 5. 8)으로 영국은 홀란드로부터 향료군도의 무역 거점을 획득하기도 했고, '암보이나 학살'에 대한 보상도 받아냈다.

영국은 이 전쟁에서 홀란드 통치에 항거하여 궐기한 브라질의 포르투갈 식민자들의 간접 지원도 받았다. 그리하여 홀란드를 강압해 브라질을 포르투갈에게 되돌려 주도록 하기도 했다. 찰스 2세가 홀란드보다 더 약한 포르투갈이 브라질을 영유하는 것을 선호했기 때문이다.[81]

실제로 제1차 대영전쟁 말기의 홀란드가 궁지에서 탈출할 수 있는 유일한 방법은 한마디로 전쟁을 중지하는 길밖에 없었다. 그래서 드 빗(Johan de Witt)과 그가 통치하던 홀란드주는 다른 주와 상의할 겨를도 없이 영국과 단독 강화를 서둘렀던 것이다. 이것이 앞에서 말한 웨스트민스터 조약이었다.

따라서 홀란드인은 이후 남아메리카에서 기아나의 일부(Guiana·Surinam)만을 보유하게 되었다. 항해조례 문제에는 전혀 손도 대지 못했다. 한마디로, 크롬웰의 대성

**제2차 영국·홀란드전쟁**　1667년 6월 20일, 홀란드 군함이 영국 군함을 격파하는 장면이다. Jan van Leyden 그림, 1667~1669, 암스테르담 국립미술관.

공이었다. 홀란드는 전투에서는 패자(敗者)가 아니었다고 해도 전체적인 결과에서는 이미 패자나 다름없었다. 이는 몰락의 첫걸음이라고 할 수밖에 없는 일이었다.[82]

　제2차 영국·홀란드전쟁(1665~1667)은 1660년 왕정 복고로 즉위한 찰스 2세가 개인적으로 홀란드와 개전을 바랐기 때문에 발발한 것이다. 그리고 영국이 지난 전쟁의 사실상 승리자였음에도 불구하고 산업 면에서는 거꾸로 압박을 당하는 꼴이 되었던 데 원인이 있었다.

상업국민으로서 홀란드인의 실력은 단 한 번의 전쟁으로 전복되기에는 여전히 너무나 강했다. 크롬웰 시대의 홀란드와 영국의 무역액 비율은 대략 4대 1이었지만, 1650년대에는 5대 1로 그 격차가 더 크게 벌어졌던 것이다. 영국으로서는 다시 싸워 홀란드를 격파하지 않을 수 없었다.

## (4) 영국·홀란드전쟁의 과정과 그 결과 ②

영국은 1663년 무렵부터 홀란드에 적대 행위를 노골화하여 우선 그들의 아프리카 식민지부터 쳐들어갔다. 이어 1664년에는 북아메리카의 주요 식민지(뉴네덜란드)를 탈취하고 '뉴암스테르담'을 '뉴욕(New York)'으로 개칭했다. 그리고 브레다 조약(Treaty of Breda, 1667. 7. 31)으로 이 지역의 영구 할양권을 획득했다.[83]

전세는 드 라위터르(De Ruiter) 휘하의 홀란드 함대가 6월 15일 템스강을 거슬러 올라가서 런던을 기습하는 등 홀란드에 훨씬 유리했지만, 그 승리가 조약에는 거의 반영되지 못했다.[84] 이는 홀란드가 프랑스의 남네덜란드 침략 야욕을 간파한 데서 비롯된 일이었다. 처음부터 제2차 영국·홀란드전쟁에는 두 나라의 싸움을 부추김으로써 이들을 한꺼번에 피폐하게 만들려는 프랑스의 음모가 숨어 있었다. 프랑스 왕 루이 14세는 이해에 이미 남네덜란드 침략을 시작한 상태였다.[85]

제3차 영국·홀란드전쟁(1672~1674)에서 문제의 핵심은 영국과 홀란드의 충돌에 루이 14세의 남네덜란드 침략 야욕이 내포되어 있었다는 점이다. 홀란드와 영국의 전쟁을 이용, 어부지리를 얻으려는 루이 14세의 야욕이 확연했던 것이다. 특히 재상 콜베르(Colbert)는, 프랑스가 세계 정책을 수행하기 위해서는 먼저 홀란드를 타도해야 하고 이를 위해서는 영국을 이용해야 한다는 생각을 갖고 있었다.[86]

그럼에도 당시의 영국 왕 찰스 2세는 루이 14세와 동맹을 맺고, 여전히 홀란드가 자국의 상업과 식민지 확장을 가로막는 최대 장애물이라고 생각하고 있었다. 그러나 찰스 2세의 국내정책에 비판적이던 영국 의회는 입장이 전혀 달랐다. 홀란드는 이제 더 이상 영국의 적수가 될 수 없다는 것이고, 프랑스가 장차 영국의 최대 적이 된다는 것이었다.[87]

이 전쟁에서도 드 라위터르 제독의 활약으로 전략면에서는 홀란드가 사실상 승리한 것처럼 보였다. 그러나 이번에도 조약 면에서는 이 같은 승리가 반영되지 않았다. 더욱이 제임스 2세의 딸 메리가 홀란드 총독 윌리엄 3세와 결혼함으로써(나중에 남편과 영국의 공동 왕이 됨) 홀란드의 양보는 더욱 뚜렷해졌다.

이는 프랑스와의 관계 때문에 홀란드로서는 불가피한 일이었다. 어쨌든 영국·홀란드전쟁은 세계의 제해권

을 둘러싼 두 나라의 싸움이었고, 상업과 어업에서 기선을 잡으려는 경쟁임이 분명했다.[88]

## (5) 홀란드의 패배와 그 여파

독립한 뒤 북부 7주로 이루어진 홀란드(공식 명칭은 '네덜란드 공화국')에는 건국 당초부터 중앙집권당과 지방분권당이 있었다. 그리고 이 공화국을 움직이고 있던 세력은 특히 암스테르담의 상인계급이었다. 그들은 총독이나 군사령관 같은 지위까지도 비상시에나 필요한 변칙적인 것으로 여기는 정도였다. 스페인의 압제로부터 벗어날 때나 필요한 것이라는 견해였다.

홀란드의 도시에는 아직 중세도시의 전통이 많이 남아 있었다. 이 나라의 국민적 활동을 대표하고 그에 따라 번영을 누리고 있던 암스테르담 시민들조차도 통일국가의 의미를 제대로 인식하지 못하고 있었다. 이런 점에서 그들은 17세기를 거치면서도 아직 '지방주의'와 '분권주의'의 전사와 비슷했다.

홀란드는 근대 유럽의 통일국가들이 발흥하고 있던 한복판에서 여전히 중세적 형태의 전통에서 벗어나지 못하고 있었다. 군인도 용감했고, 또 전통적 해상국민으로서 선박 조종 능력도 탁월했다. 그렇지만 그들의 문제는 바로 중세적 분권주의에서 탈피하지 못했다는 점, 바로 거기에 있었다.

지방분권주의로 말미암아 군비도 각 주마다 따로 갖추었고, 그 비용도 각 주마다 분담하는 형편이었다. 공동 일치의 정신은 어디에도 없었다. 더욱이 이 나라는 중앙집권주의의 군주당과 지방분권주의의 공화당 사이에 심각한 당쟁까지 겹쳐 있는 상태였다.[89]

당시 홀란드에 체재하던 영국대사 템플(Sir William Temple)은 1672년 자신의 책(*Observatios upon the United Province of Netherland*)에서 이 나라를 다음과 같이 평했다. "네덜란드는 여전히 몸집이 크다. 그러나 거기에는 혼(魂)이 없다. 그것은 과거에는 국가였지만 그것은 분리된 여러 주〔諸州〕의 나라일 뿐이다. 즉, 융합되지 못한 주(disunited province)의 국가이다. 거리에는 질서가 없고, 시민에게는 복종이 없으며, 군대에는 규율이 없고, 모든 것에 중심이 없다."[90]

홀란드가 제3차 영국·홀란드전쟁을 치른 것은 바로 이런 상태에서였다. 더욱이 당시 그들은 1672년 루이 14세의 침략전쟁에도 대응할 수밖에 없는 처지였다. 홀란드가 이 전쟁을 계기로 생명줄과 같았던 중개무역권을 잃고, 그것이 영국의 수중으로 들어가게 된 원인은 바로 여기에 있었다.

즉, 홀란드는 상업을 잃고 이른바 '국가적 빈혈'을 일으키는 상태가 되었으며, 영국은 재빨리 단독 강화로 전쟁을 피하고 상권 개척에 힘씀으로써 상업국의 지위를 확고하게 구축해나갔던 것이다. 홀란드는 강대한 육군국 프랑스를 상대해야 하는 처지여서 해군력 증강에만 재정을 쏟아 부을 수도 없었다. "드 라위터르의 전사(戰死)는 곧 해군국 홀란드 몰락의 상징이었던 것이다."[91]

이런 정황 변화 속에서 영국의 대외정책은 널뛰기를 하게 되었다. 찰스 2세와 그의 동생이자 왕위 계승자인 제임스 2세(1685~1688)의 통치 기간 동안에는 친프랑스 정책을 쓰기도 했고, 친홀란드 정책을 쓰기도 했다. 그러나 1688년에 이르러서야 비로소 하나의 결론에 도달하게 되었다.

영국의 실질적 성장기가 해양 제국을 건설하기 위한 스페인·포르투갈과의 대결에 뒤이은 네덜란드와의 대결 시기였다면, 세계의 부와 지배권을 차지하기 위한 앞날의 경쟁은 바로 영국과 프랑스의 대결이었다.

영국은 자본주의와 상업 및 식민지의 기초를 16세기에는 스페인과의 전쟁을 통해 그리고 17세기에는 홀란드와의 전쟁을 통해 확립해나갔다. 그러나 이후에는 프랑스와의 전면전을 통해 대양과 대양 건너 모든 대륙의 지배권 확립의 영광을 추구해야만 했다. 영국과 프랑스의 충돌은 1689년에 시작되어 18세기 내내 간헐적으로 전개되었던 것이다.[92]

# 프랑스의 중앙집권화와 영국·프랑스의 세계 해상권 경쟁

# 총 설

프랑스가 세계 무역의 패권을 둘러싸고 영국과 최종 결승전을 벌인 시기는 루이 14세가 아우크스부르크전쟁을 도발한 1689년부터였다. 이는 앙리 4세가 부르봉 왕조 최초의 왕으로 즉위한 1589년 이후 꼭 100년 만의 일이다. 프랑스가 영국과 패권 경쟁을 벌이기 위해서는 먼저 100년에 걸친 국가의 중앙집권화와 국력 충실부터 기해야만 했다. '짐이 곧 국가'라는 루이 14세의 호언은 이것들의 완성을 뜻한다.

루이 14세는 당시 영국과 홀란드의 전쟁 상태를 틈타, 세계 무역의 지배를 위해 먼저 홀란드부터 타도하려고 시도했다. 이 두 나라가 자국에 간섭할 여유가 없는 틈을 그가 이용한 것이다. 귀속전쟁(War of Devolution)·홀란드전쟁(Dutch War)·아우크스부르크동맹전쟁(War of League of Augusburg) 등을 차례로 도발한 것이 그것이었다.

그러나 그의 야욕은 '세력균형' 이론에 따른 반불동맹(反佛同盟)의 결성에 부딪혀 끝내 뜻을 이루지 못했다. 이 동맹의 선도자는 지난 1세기에 걸쳐 스페인과 홀란드의 해상 지배를 차례로 타도한 영국이었다. 따라서 유럽의 최대 강국 프랑스와 세계 제일의 해양대국으로 등장한 영국 사이의 결승전만 남게 되었던 것이다.

결승전은 1700년 스페인 왕위가 프랑스 부르봉 왕

가에 귀속되자(스페인 왕위계승전쟁), 유럽 대륙에서는 오
스트리아가 그리고 해외 식민지에서는 영국이 전면에
나서 프랑스에 대항함으로써 시작되었다. 이것이 영국
과 오스트리아가 진영을 같이하게 된 배경이었다.

식민지 지배를 둘러싼 영국과 프랑스 사이의 최종
패권 경쟁은 이처럼 유럽 대국들 사이의 대결과 상호 연
결되어 전개되었다. 식민지를 둘러싼 영국·프랑스전쟁
은 두 나라만의 단독 대결로 치러진 전쟁이 아니었다. 본
질은 영국·프랑스전쟁이었지만, 유럽 여러 나라도 두 진
영으로 갈려 싸운 복잡한 전쟁이었다. 이것이 기왕의 영
국·스페인전쟁, 영국·홀란드전쟁과 구별되는 점이다.

오스트리아 왕위가 마리아 테레지아(Maria Theresia)에
게 넘어가자, 프러시아가 독일의 주도권을 둘러싸고 오
스트리아와 쟁패를 벌였음은 이미 널리 알려진 일이다.
이 싸움에서 영국은 오스트리아 편에 그리고 프랑스는
프러시아 편에 각각 가담한 사실도 이미 널리 알려져 있
다(오스트리아 왕위계승전쟁).

프랑스는 이 전쟁에서 위협적이던 영국과의 식민지
전쟁에 마땅히 총력을 집중해야만 했다. 그럼에도 그들
은 프러시아를 도와 이미 약화될 대로 약화된 오스트리
아 타도에 힘을 집중함으로써 그 기회를 놓치고 말았다.
프랑스의 문제는 바로 여기에 있었다.

한편 유럽 대륙에서는 프랑스가 홀란드 타도라는 초

기의 야망을 포기하고 대신 침략의 대상을 스페인령 네덜란드로 바꾸자, 영국과 홀란드는 당시 진행하고 있던 전쟁을 즉각 중단하고 힘을 합쳐 거꾸로 프랑스에 대항했다. 영국은 자국의 유럽 관문을 잃지 않기 위해서였고, 홀란드는 강적과 이웃하는 것이 싫었기 때문이다.

7년전쟁(1756~1763)은 영국과의 동맹에 실망한 오스트리아가 프랑스와 지난 200여 년 동안의 숙적 관계를 청산하고 동맹을 맺은 뒤, 영국과 진영을 같이한 프러시아를 상대로 벌인 전쟁이었다. 그러나 전쟁의 결말은 이미 예견된 것이었다. 프랑스는 오스트리아와 함께 패전함으로써 프랑스혁명이라는 길로 접어들게 된 것이다.

후베르투스부르크 화약(Treaty of Hubertusburg, 1763. 2. 5)으로 유럽의 7년전쟁이 끝나면서 프러시아는 1급의 열강으로 등장하게 되었고, 파리 조약(Treaty of Paris, 1763. 2. 10)으로 영국과 프랑스 사이의 결승전도 끝남으로써 영국은 '해가 지지 않는 나라'로 도약할 수 있는 기초를 마련하게 되었다. 광활한 시장을 얻은 영국에게 이제는 여기에 공급할 상품 생산을 위한 산업혁명만이 필요하게 되었던 것이다.

# 1. 프랑스의 중앙집권화와 루이 14세

### (1) 앙리 4세와 중앙집권화 추진

앙리 4세(재위 1589~1610)가 종형 앙리 3세에 이어 부르봉 왕조의 초대 왕으로 즉위한 무렵의 프랑스는 신·구 교도 대립이 크게 격화되어 있었다. 따라서 왕권은 100년전쟁 당시에 못지않게 크게 무력해진 상태였다. 원래 신교도 였던 앙리 4세는 이런 무질서와 정치적·경제적 혼란 속에서 국정을 맡았던 것이다.

그는 젊은 시절부터 오로지 칼뱅의 가르침만을 위해 전선을 방랑하며 살아온 사람이었다. 그럼에도 앙리 3세는 유언을 통해 이 젊은 이단자에게 서슴지 않고 왕위를 넘겨주었다. 가톨릭 왕국에 신교도 왕의 즉위가 무엇을 의미하는지는 너무나도 분명한 일이었다.

그러나 이 같은 그의 선택은 결과적으로 전혀 잘못이 없음이 입증되었다. 이는 영국의 메리 여왕이 죽음을 맞는 병상에서 이복동생 엘리자베스에게 왕위를 넘겨준 것과 비슷한 선택이었다. 앙리 4세는 누구와 견주어도 뒤지지 않는 충분한 기량(器量)을 가진 인물이었다.

뿐만 아니라 정치에도 깊은 지혜와 뛰어난 감각을 갖추고 있었다. 국내 통일을 기하기 위한 방법으로 1593년에 자신의 종교부터 먼저 가톨릭으로 개종한 사실을 보아서도 짐작할 수 있는 일이다. 이어 1598년에는 낭트

**군신 마르스로 묘사된 앙리 4세** '왕국을 못 가진 왕'으로 즉위한 앙리 4세는 재상 쉴리의 보좌를 받아 17세기의 프랑스 우위의 기반을 구축하기 시작했다. Ambroise Dubois 그림, 1601.

칙령(Edict of Nantes)을 발포, 역사상 처음으로 각 개인에게 신앙의 자유를 인정함으로써 신교도들에게 종교적 관용을 베풀었다. 동시에 베르뱅 화약(Treaty of Vervin)으로 스페인과의 전쟁을 종식시켜 외부의 위협도 제거했다.

앙리 4세가 프랑스의 국정을 맡은 당시는 스페인이 유럽에서 일등국의 지위를 누리고 있던 시기였다. 16세기 후반은 그야말로 스페인의 황금 시대였다. 프랑스에서 전쟁이 끝난 것은 1598년 스페인의 펠리페 2세가 사망한 뒤의 일이었다. 이는 1589년에 앙리 4세가 프랑스 왕으로 즉위하고나서 9년 만의 일이었다.

실로 앙리 4세는 17세기 프랑스 우위의 기반을 구축하기 시작한 왕이었다. 낭트칙령은 신교도 각 개인에게 신앙의 자유를 인정한 최초의 사건으로, 역사상 그 의의가 매우 크다. 그러나 이것은 당시의 정치적 필요에서 나온 것일 뿐, 이것으로 종교 대립이 해소될 수는 없었다. 당시는 정치적·경제적·사회적으로 혼란이 극에 달한 시기였고, 왕권이 그야말로 위기에 처해 있었기 때문이다.

쉴리(Sully, 1560~1641)가 재상이 되어 왕권 강화와 국가 재건의 중책을 맡고 나선 것은 바로 이런 상황에서 일어난 일이었다. 그는 절약과 치밀한 사무 관리로 1600년에서 1610년에 걸쳐 매년 평균 100만 리브르의 잉여 자금을 만들어낸 재정 전문가였다. 동시에 농업을 국부(國富)의 원천이라고 생각해, 종교전쟁으로 황폐해진 농업과 목축 진흥에 진력한 중농주의자(重農主義者)이기도 했다.

앙리 4세는 이 같은 쉴리의 보좌를 받았다. 왕이 중산계급의 이익을 증진하는 데 힘쓴 것도 그의 영향 때문이었다. 양잠업과 뽕나무를 들여온 사람도 바로 앙리 4세

**낭트칙령**

였다. 이탈리아에서 직물 기술자를 초청, 견직물 공업을 프랑스의 가장 중요한 공업의 하나로 발전시킨 사람도 그였다. 파리·리옹·마르세유의 견직물 공업과 함께 사치품 생산도 모두 앙리 4세의 장려정책으로 비롯된 것이었다.[1]

**재상 쉴리**



왕은 상업도 함께 장려했다. 상선(商船)도 왕실 장려금으로 건조했고, 해군도 창설하기 시작했다. 그리하여 프랑스는 스페인의 상업 독점을 침식하기 시작했고, 홀란드에 이어 영국의 해양 활동과도 경쟁을 하기 시작했다. 인도에 프랑스의 무역 거점을 세우고, 북아메리카에

275

식민제국을 건설하기 위해 샹플랭(Champlain)을 신세계에 파견하기도 했다. 앙리 4세와 쉴리의 이 같은 긴밀한 협조는 프랑스에게는 큰 행운이었다.

## (2) 루이 13세와 리슐리외의 왕권 강화 ①

낭트칙령의 발포로 질서를 회복시키고 국력의 충실을 기해가던 프랑스는 1610년 앙리 4세의 암살로 또다시 혼란에 빠져들었다. 아들 루이 13세(1610~1643)가 9살밖에 안 된 어린 나이였고, 무능한 모후 마리 드 메디시스(Marie de Médicis)가 섭정을 맡았기 때문이다. 그녀는 쉴리를 해임하는 등 남편 앙리 4세가 12년에 걸쳐 쌓아놓은 업적을 한꺼번에 무너뜨리는 어리석음을 저질렀다.

구교도였던 그녀의 지배는 신교도들에게는 먼저 공포감부터 안겨주었다. 그리고 왕권 약화를 틈타 특권 강화를 노리던 대귀족들에게는 반항의 기회를 마련해주기도 했다. 더욱이 외교정책도 그녀는 남편 앙리 4세와는 정반대의 방향을 택했다.

"앙리 4세는 스페인을 자국 프랑스의 주적(主敵)이자 천적(天敵)으로 간주했다." 그는 스페인의 펠리페 2세를 견제하려고 했지만, 이와 달리 마리 드 메디시스는 철두철미 친스페인정책으로 일관했다. 그녀는 스페인의 강력한 국력에 현혹되었을 뿐만 아니라, 자신이 당면한 국내의 곤경을 스페인이 해소해줄 것이라 믿었기 때문이다.[2]

**루이 13세**  Philippe de Champaigne 그림, 1655.

이에 젊은 왕 루이 13세는 마침내 모후를 인퇴시키고 친정을 시작했다(1617). 그리고 이후 1624년에서 1642년까지 18년에 걸쳐 추기경 출신의 재상 리슐리외(Armand de Richelieu)에게 국정을 맡겼다. 리슐리외의 신념은 '국왕보다 왕권을 위해' 최선을 다한다는 것이었다.

그의 궁극적인 목표는 왕권 강화와 국력 증진에 있었다. '국가이성(raison d'État)', 즉 국가의 존립과 팽창이 필요로 하는 욕구에 모든 것을 종속시킨다는 것이었다. 한마디로, 그는 마키아벨리의 《군주론》을 실천에 옮긴 사람이었다. 왕권과 국위 선양을 위해서는 어떤 수단과 방법도 가리지 않는다는 것이 그의 정치사상이었다. 그는 이것을 국가이성으로 여겼던 것이다.

그의 정책을 요약하면, 첫째는 프로테스탄트 세력의 타도이고, 둘째는 귀족 세력의 억압이며, 셋째는 국제 관계에서의 세력 확립이었다. 그가 최초로 착수한 작업은 말썽 많던 위그노(신교도) 세력의 타도였다. 리슐리외는 로마 교회의 추기경이라기보다는 오히려 냉혹한 정치가였다. 그는 30년전쟁 때(1618~1648) 합스부르크 왕가 타도를 위해 독일 신교도를 원조했지만 국내 신교도는 탄압했다.

신교도의 요새였던 라 로셸(La Rochelle)을 15개월 동안이나 끌며 공격·포위한 것도 그의 강력한 신교도 탄압 의지의 표현이었다. 그렇지만 알레칙령(edict of Alais, 1629)으로도 알 수 있듯이, 그는 위그노의 종교적 자유를 박탈하려고 한 것은 아니었다. 신교도들도 당연히 왕에 복종해야 한다는 정치적 문제 때문이었다. 양심과 신앙의 자유는 허용하되, 요새(要塞)와 정치 집회는 절대로 허용하

지 않는다는 것이었다.[3]

## (3) 루이 13세와 리슐리외의 왕권 강화 ②

대귀족 억압은 그가 당면한 더 어려운 과제였다. 귀족을
각 지역의 지방장관(governer)으로 임명하는 것은 프랑스
의 오랜 관행이었다. 그들은 실제로 군대 파견권까지 가
지고 있었지만 왕의 의지를 드러내놓고 거역하는 것이
보통이었다. 이에 리슐리외는 우선 이들이 반란의 기미
가 보일 때마다 가차 없이 엄벌했으며, 왕에게 충직하고
유식한 중산계급에서 새로이 '지사(知事, intendant)'라는 왕
의 관리를 등용, 대부분의 권력을 이들에게 넘겨주었다.[4]

즉, 왕은 전국 각처에 지사를 파견하고 그 지역의 사
법·경찰·재정 감찰권을 맡겼다. 국왕에 직속된 이들은 중
앙의 지령에 따라 징세는 물론 군사 재판의 권능까지 맡
게 되었고, 지방 사정을 중앙에 보고할 의무도 지게 되었
다. 프랑스의 중앙집권적 관료제와 이에 따른 재정수입
확보는 이 제도로써 비로소 그 기초가 확립된 셈이었다.

왕권에 반항해온 고등법원(Parlement)의 권능을 축소
하고, 중세 이래 과세협찬권을 행사하고 있던 삼부회
(États-Généraux)를 유명무실하게 만든 것도 그의 업적이
었다. 그러나 왕권을 제약하는 기관은 아직 많이 남아 있
었다. 특히 경제정책은 내란과 대외전쟁으로 말미암아
적극 강구해보지도 못했다. 절대주의 확립에서 리슐리

**리슐리외의 3중 초상화**　추기경 출신 재상 리슐리외에게 루이 13세는 국정을 맡겼다. Philippe de Champaigne 그림, 1640년경, 런던 내셔널갤러리.

외의 역할은 강력한 귀족 세력을 약화시킨 바로 그 점이었다.[5]

이처럼 리슐리외의 국내정책으로 프랑스 왕권이 강화되고 있을 무렵, 해협 건너의 영국은 혁명으로 유혈 상태에 빠져 있었다. 당시의 영국은 대륙 문제에 간여할 수 없는 처지였다. 리슐리외는 바로 이 기회를 틈타 스페인을 약화시켜 유럽에서 프랑스의 위치를 높여놓았다. 즉,

주적인 합스부르크 왕가를 희생시켜 부르봉 왕가의 영
향력을 확장하는 것이 그의 대외정책이었다.

리슐리외는 30년전쟁 때, 처음에는 합스부르크에 반
항하는 세력, 곧 독일 프로테스탄트, 스웨덴, 홀란드에게
충고와 금전을 제공하는 정도로 만족했다. 그러나 그는
이들 반(反)합스부르크 세력에 대한 간접 지원이 크게 효
력이 없다고 판단되자, 곧바로 직접 전쟁에 뛰어들었다
(1635). 그렇지만 그는 전쟁의 결과를 볼 수 있을 만큼 오
래 살지는 못했다. 베스트팔렌 조약이 체결되기 6년 전,
그리고 피레네 조약이 체결되기 17년 전인 1642년에 그
가 숨을 거두었기 때문이다.

그러나 "그도 물결이 바뀌어가는 것을 볼 수 있을 만
큼은 오래 살았다". 군사적 명성이 스페인에서 프랑스로
옮겨진 것이다. 1642년 당시 프랑스는 그의 노력에 힘입
어 스페인보다도 강대하고 우수한 육군을 갖게 되었고,
그가 끌어들인 훌륭한 장군들(튀렌[Turenne]과 콩데[Condé])
의 덕으로 프랑스는 오스트리아 합스부르크 왕가에 대
승을 거두었던 것이다.


## (4) 루이 14세의 유년기 : 마자랭의 '국왕 명의의 재상 지배'

리슐리외가 죽은 상황에서 루이 13세도 1643년에 뒤따
라 별세했다. 이에 프랑스 왕위는 5살밖에 안 된 어린 루
이 14세가 맡게 되었다(1638년 출생).

당시는 30년전쟁이 독일을 무대로 벌어진 상태여서 유럽의 국제 관계가 두 진영으로 뚜렷이 갈린 형세였다. 프랑스가 홀란드·스웨덴·사보이·포르투갈 등과 진영을 같이하여 독일 황제와 스페인에 적대하고 있었던 것이다.

영국만이 전란에서 벗어나 있었지만, 여념이 없기는 이 나라들과 마찬가지였다. 내란(혁명)의 소용돌이 속에 빠져 있었기 때문이다. 특히 프랑스의 경우는 형세가 더욱 불안했다. 루이 14세가 태어나기 2년 전인 1636년에는 스페인군이 국경을 넘어 파리로 밀어닥치기도 했고, 1639년에서 1640년 사이에는 설상가상으로 남프랑스와 노르망디 곳곳에서 농민 반란이 빈발했기 때문이다.

모후 안 도트리슈(Ann d'Autriche)가 섭정을 맡은 것은 바로 이런 상황에서였다. 그렇지만 정치의 실권은 또 다른 명재상 마자랭(Mazarin)에게 쥐어져 있었다. 그러나 프랑스 국민이 이들 두 이방인 수중에 들어간 정부를 좋아할 까닭이 없었다. 마자랭은 이탈리아 출신의 추기경으로 1639년에야 프랑스에 귀화했고, 모후는 프랑스인이 아닌 스페인 왕녀였기 때문이다.

마자랭 역시 리슐리외의 신임을 받아 관직에서 고속 승진한 '국가이성론'의 신봉자였다. 다시 말하거니와, '국가이성'이란 나라의 발전을 위해서는 수단과 방법을 가릴 필요가 없다는 마키아벨리적 정치사상이다. 리슐리외가 사망한 1642년에서 마자랭 자신이 사망하는 1661년

어린 시절의 루이 14세를 보좌한 마자랭

까지 프랑스를 실제로 통치한 사람은 바로 이 사상으로 무장한 마자랭이었다.[6]

그는 리슐리외가 시작한 스페인 및 오스트리아 합스부르크와의 대결을 계속함으로써 프랑스에 대성공을 안겨준 인물이다. 1648년 신성로마제국과의 베스트팔렌 조

약과 1659년 스페인과의 피레네 조약이 바로 그것이었
다. 그는 전자로부터는 알자스를, 그리고 스페인으로부
터는 루시용(Roussillon)을 탈취했다. "그는 리슐리외가 뿌
린 씨를 추수했다. 부르봉의 해가 뜨고, 합스부르크의 해
가 지는 데 그는 만족했던 것이다."

이와 달리 그는 국내 문제에서는 중대한 곤란에 직
면했다. 리슐리외가 추구한 대귀족 탄압정책을 계승, 더
욱 박력 있게 추진했기 때문이다. 대귀족들은 리슐리외
에게는 저항하지 못했지만, 마자랭에게는 중산계급의
지원을 받아 맹렬하게 덤벼들었다. 이들은 이탈리아 출
신의 외국인을 싫어했고, 특히 그의 비열한 2중 거래 방
식을 혐오했다.

이들 대귀족이 중심이 되고 일부 중산계급이 합류하
여 일어난 저항이 바로 1648년의 프롱드(Fronde)의 난이
었다. 이는 당시 영국 혁명에서 자극을 받은 것이 분명했
다. 저항은 마자랭 통치에 대한 고등법원의 반항으로 시
작되었다. 고등법원은 원래 왕국의 재판을 다루던 기관
이었지만, 1614년 이후 삼부회가 소집될 수 없게 되자 왕
권을 견제하는 유일한 기관이 되었다.

그들은 마자랭과 젊은 왕을 부정하고, 왕의 지배로
부터 자유를 선언함과 아울러 '지사' 관제의 폐지를 주장
했다. 1652년까지 간헐적으로 반항을 계속하기는 했지
만, 프롱드의 난이야말로 프랑스 절대왕권 수립에 저항

한 귀족들의 최후 반격이었다. 이 난이 끝난 1653년에 왕은 15세가 되어 있었다.

이 난으로 나라는 혼란에 빠졌지만 그 어두운 그림자가 왕의 심정을 끊임없이 자극하여 귀족들에 대한 필요 이상의 경계심과 의심을 품게 한 것이 사실이다. 이 때문에 귀족 세력은 결정적으로 약화되었고, 결국 궁정 귀족으로 전락하고 말았다. 이제 고등법원은 더 이상 정치나 재정 문제에 관여할 수 없게 되었으며, 파리도 무장해제를 당한 채 도시의 관리 선출권을 박탈당했다.

따라서 왕권은 리슐리외 시대보다 훨씬 강화되었다. 앙리 4세와 리슐리외·마자랭은 다 같이 루이 14세가 절대왕권을 이룩할 수 있도록 직행로를 닦는 구실을 해주었던 것이다.

### (5) 루이 14세의 친정 : '국왕 명의의 국왕 지배'

마자랭이 죽자(1661) 젊은 왕 루이 14세는 친정(親政, 1661~1715)을 선언했다. 이제 '국왕 명의의 재상 지배'가 아니라 '국왕 명의의 국왕 지배 시대'가 전개된 것이다. 루이 14세가 직접 통치를 맡은 프랑스는 이미 상당히 안정된 상태였고, 지방행정도 지사들에 따라 잘 통제되고 있었다.

국가 내부는 왕권 이외에 어떠한 권력의 존재도 인정되지 않는 상태가 되었다. 왕권에 계속 저항해온 귀족으로부터 반항의 기회를 모조리 빼앗았던 것이다. 즉, 구(舊)

**루이 14세**  재상 마자랭의 사망을 계기로 왕은 이른바 '국왕 명의의 국왕 지배의 시대'를 열었다. 이는 '짐이 곧 국가다'라는 말로 상징된다. 모든 것이 왕을 중심으로 움직인다고 해서 '태양왕'이라고도 하며, 그의 친정기였던 17세 후반을 '루이 14세의 세기'라고도 일컫는다. Hyacinthe Rigau y Ros 그림, 1701, 파리 루브르박물관.

귀족으로부터는 군대 양성의 권리를, 고등법원으로부터
는 왕에 건의하는 권리를, 그리고 지방 귀족으로부터는
자치의 권리를 빼앗아 모두 자기의 수족처럼 움직이는
존재로 만들었던 것이다. 이와 같은 결과는 루이 14세의
"짐이 곧 국가다(L'etat c'est moi)"라는 말로 상징된다.

실로 왕은 유럽 역사에서 새 시대를 열어갈 모든 준
비를 갖춘 셈이었다. 유럽 최대의 강국으로서 물질적·문
화적으로도 번성을 이루어 다른 나라를 압도했다. 그가
친정한 17세기 후반을 '루이 14세의 세기(Siecle de Louis 14)'
라고 부르며, 모든 것이 왕을 중심으로 움직인다고 해서
그를 '태양왕(roi soleil)'이라고도 일컬었다. '짐이 곧 국가'
라고 한 루이 14세의 호언 그대로였다.

루이 14세는 우선 국왕에 걸맞는 체격과 위엄과 총
명함도 함께 갖추었다. 그는 국무, 그의 표현을 빌리면
'국왕의 업무(trade of king)'에도 충실했다. 왕권신수설(王
權神授說)은 영국 등 유럽 각국에서는 일찍이 16~17세기
에 대두되었지만, 프랑스인과 유럽인이 그 현실적 실상
과 그 이론의 효력을 실제로 실감한 것은 루이 14세의 왕
권을 통해서였다.[7]

우선 중앙정부와 행정 조직에서 최고의 지위에 있는
이는 물론 왕이었다. 왕은 문자 그대로 "모든 정무를 몸
소 재결했다". 몇 개의 정부부서(재정·육군·해군·공공업무
등)를 두어 그 장을 왕에 종속시켰다. 모든 정책 결정권

은 왕이 행사했고, 각 대신은 왕의 의지를 수행하는 기관
에 불과했다. 고등법원이 남아 있기는 했지만 왕권에 저
항하는 일은 전혀 할 수 없었다.

지방장관이고 지사고 할 것 없이 모두 왕이 임명하
고, 중앙부서를 거쳐 이들을 모두 왕에게 직속시켰다. 전
대로부터 내려온 지사제도를 강화하는 한편, 특히 유력
귀족의 실권을 빼앗기 위해 이들을 베르사유 궁전에 모
아놓고 여러 가지 은혜를 베풀며 집중적으로 감시한 것
은 유명한 일이다. 유럽 각국은 1685년의 프랑스를 왕권
에 따라 가장 잘 정비된 중앙집권적 정치기구로 보았다.
특히 외국 군주들은 거의 신과 같은 프랑스 왕권을 부러
워했던 것이다.

### (6) 루이 14세의 위용과 베르사유 궁전

루이 14세는 자신의 위엄에 어울리는 전당(殿堂)이 필요
했다. 이것이 프롱드의 난으로 파리에 염증을 느끼게 된
왕이 파리에서 12마일 떨어진 교외 늪지대에 축조하기
시작하여(1669) 40여 년 만에 완공한 호장한 베르사유
(Versaille) 궁전이다. 1685년 5월 31일 하루만 해도 이 건
축 공사에 매달린 사람이 3만 6,000명이었다고 한다.[8]

볼테르는 루이 14세 시대의 문화를 회상하면서 페리
클레스 시대의 아테네, 아우구스투스 시대의 로마, 메디
치가(家) 지배 시대의 이탈리아에 이어 세계 역사상 네번

베르사유 궁전의 '거울의 방'

제4장  프랑스의 중앙집권화와 영국·프랑스의 세계 해상권 경쟁

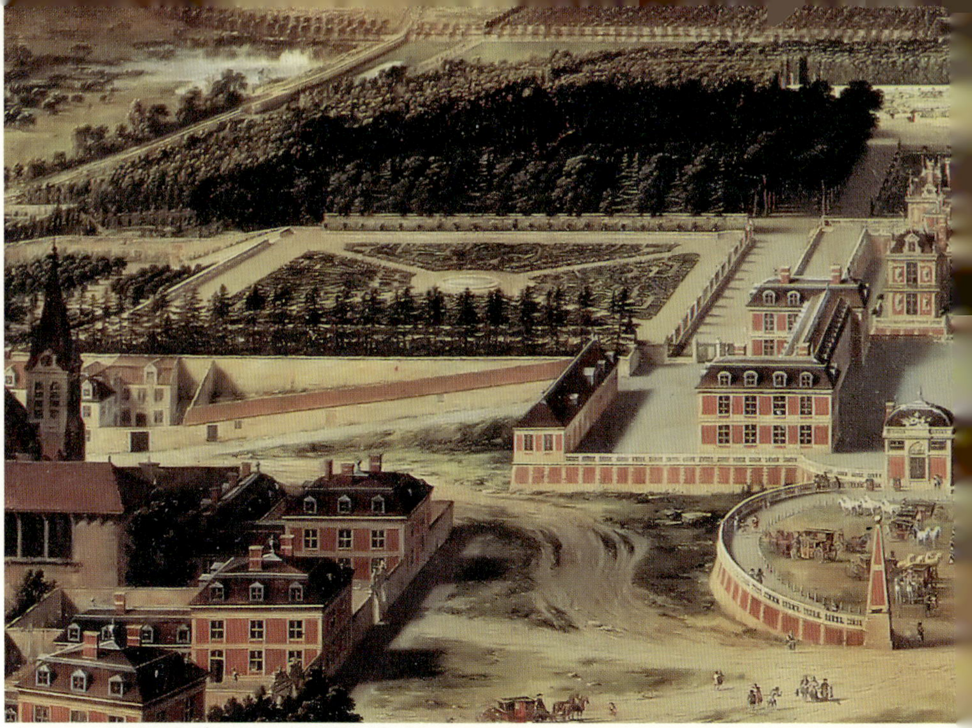

**베르사유 궁전의 증축 과정을 보여주는 두 그림** 이 두 그림을 보면 궁전이 어떻게 확대되어갔는지 알 수 있다.

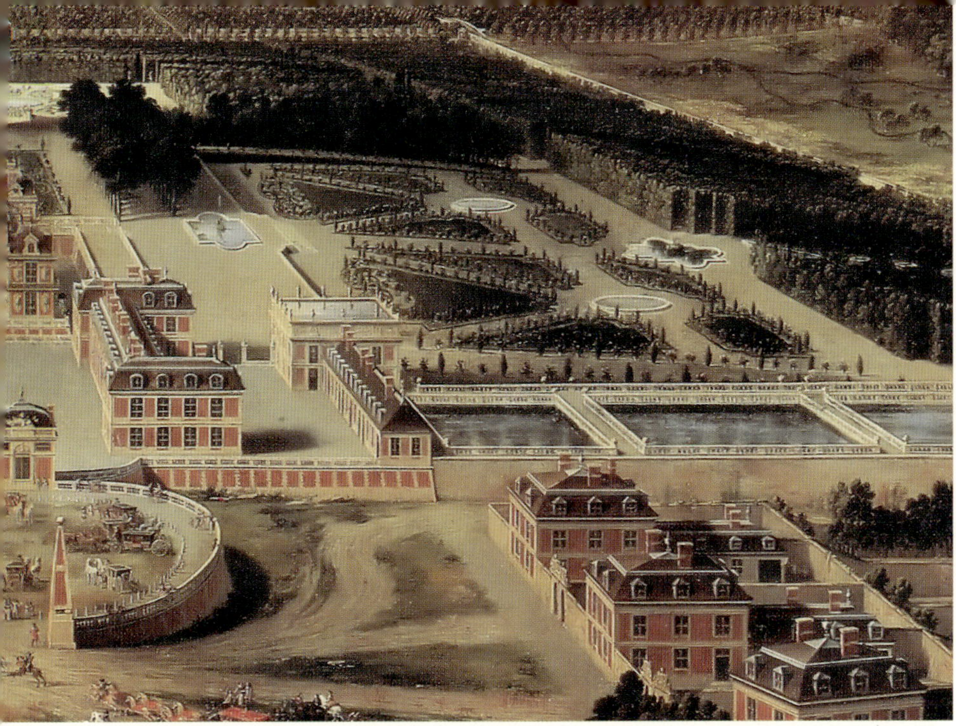

위는 Pierre Patel 그림(1688), 아래는 Pierre-Denis Martin 그림(1722).

째의 전성기였다고 말하고 있다. 사치를 극한 장식, 넓은 정원, 거대한 인공 숲, 무수한 조상(彫像), 즐거움을 주는 분수 등은 프랑스의 경이(驚異)이자 유럽의 경이였다.

특히 '거울의 방(Hall of Mirrors)'이라고 불리는 길이 76미터의 대갤러리는, 정원을 한눈에 내려다볼 수 있는 17개의 큰 유리 창문이 있고 그 창을 마주한 면의 벽에는 같은 수의 거울이 줄지어 있어 창에서 들어오는 빛이 그대로 반사되도록 꾸며놓았다.[9] 실로 호장(豪壯)의 극치였다.

접견실로 사용되던 이 방의 아치형 천정에는 국왕의 치세 전반의 업적을 소재로 한 그림이 가득하다. 그야말로 대군주권(Grand Monarchy)의 완벽한 상징이자 프랑스의 자존심의 상징이었다. 그뒤 이 방에서는 프랑스의 영광이 재연되기도 했지만, 거꾸로 프랑스의 비극이 연출되기도 했다.

이 방은 그야말로 역사의 한 장면을 보여주는 정치의 무대가 되기도 했던 것이다. 프랑스의 대독적의(對獨敵意)를 집중적으로 드러낸 보복도 바로 여기서 이루어졌다. 이 방과 관련한 대표적인 일화 한 가지만 소개해보기로 한다.

프로이센·프랑스전쟁에서 승리한 뒤 프러시아는 1871년에 이 방에서 프랑스로부터 항복 조인을 받았다. 그리고 그들은 이어 이 방에서 통일독일의 황제 대관식까지 거행했다. 이는 프랑스인의 자존심을 여지없이 짓

밟아버린 잔학 행위가 아닐 수 없었다. 이에 이 광경을 본 당시 28세의 젊은 하원의원 클레망소(Clemenceau)는 분을 참지 못해 치를 떨며 복수를 다짐했다고 한다.

그런데 프랑스가 제1차 세계대전에서 승리하자 그는 48년 만에 복수의 기회를 얻게 되었다(1919). 그리하여 당시 수상으로서 클레망소는 독일에 대한 복수를 바로 이 방에서 하기로 했다. 강화회의는 파리의 트리아농 궁전에서 열었지만, 강화조약의 조인만은 일부러 베르사유 궁전의 '거울의 방'에서 하도록 조치했던 것이다.

조인하는 날짜도 사라예보 사건(오스트리아 황제 부처가 암살된 날)이 일어난 6월 28일 12시로 정했다. 조인 때의 책상과 펜 그리고 잉크까지도 1871년에 독일이 프랑스로부터 항복을 받을 때 사용했던 그것과 동일한 것으로 하게 했다. 이는 프랑스의 철두철미한 대독복수를 상징하는 조치였다. 그러므로 강화원안(講和原案)에 대한 패전국 독일의 의견은 깡그리 묵살될 수밖에 없었다. 결과는 승전국에 의해 일방적으로 '강요된 평화(dictated peace)' 이외에 다른 결과가 나올 수 없었던 것이다.

베르사유 궁전은 왕이 거주하는 곳인 동시에 프랑스 정치·문화의 중심이었다. "태양왕을 중심으로 돌아가는 하나의 작은 우주로 꾸며졌던 것이다." 프랑스의 우위는 적어도 1685년까지는 루이 14세의 내·외 정책에 따른 결과로 이어졌다.

그의 대내정책에 힘입어 프랑스는 '대군주권'의 명성을 정치·경제적으로 굳힌 것이다. 동시에 프랑스는 그의 외교정책에 힘입어 유럽의 외교와 전쟁에서 주도적인 위치로 올라서게 되었다.[10] 영국과 식민지 지배를 둘러싸고 결승전을 벌인 것은 이 이후의 일이다. 그러나 프랑스도 1680년대로 접어들며 내면적으로 이미 전환기를 맞고 있었다.

루이 14세의 낭트칙령 폐지(1685)가 문제의 발단이었다. 앙리 4세가 신교도 각 개인에게 신앙의 자유를 인정한 이 칙령(1598)을 "어떤 정당한 구실도 없이" 그리고 "어떤 필연성도 없이" 폐지해버린 것이다. 이 결과 "산업 경영자, 기사, 근면한 숙련공, 농촌의 중산계급 또는 하급 사관이던 신교도들이 대거 홀란드와 영국으로 달아나고 말았다". 이는 프랑스 경제를 쇠퇴하게 한 중대한 원인이 되었던 것이다.

이는 이베리아반도 통일 당시의 스페인이 근면한 수공업자였던 무어인과 금융업자였던 유대인을 추방함으로써 산업 기반을 상실한 경우와 흡사하다. 국가 전체로 볼 때 이는 실로 엄청난 손실이었다. 생 시몽이 한탄하고 있듯이, "이는 프랑스 왕국 인구의 4분의 1을 잃게 했고, 상업을 파멸에 빠뜨린 무모한 짓이었다". 낭트칙령 폐지야말로 이 시기를 기준으로 왕의 생애를 양분할 정도의 큰 사건이었다.[11]

**낭트칙령 폐지**

**낭트칙령 폐지로 망명길에 오른 프로테스탄트들**   Maurice Leloir 그림.

## (7) 콜베르와 그의 경제정책

루이 14세에게는 유능한 중신(重臣)이 많았는데, 그 가운데서도 가장 출중한 인물은 콜베르(Jean Baptist Colbert, 1619~1683)였다. 그는 중산계급 출신으로 마자랭의 신임을 받아 관계에 진출했고, 그의 사후 루이 14세에 의해 재정총감(controller-general of finance)으로 임명된 인물이다. 이어 해군·통상·농업·식민 등 사업의 장관이 되어 1683년 죽을 때까지 군정을 제외한 프랑스의 내정 전반을 지휘했던 것이다.

그러나 그의 통치는 리슐리외와 마자랭처럼 '재상의 독재'가 아니었다. 국왕의 신임은 두터웠지만 어디까지나 국왕에 충실한 관리로 머물며 프랑스 번영의 물질적 기초를 구축하는 데 중요한 구실을 다했을 뿐이었다. 우선 콜베르가 힘을 기울인 부분은 재정 개혁이었다.

리슐리외 정부와 특히 마자랭 정부 아래에서는 공적 지출이 엄청나게 증가했지만 대부분의 귀족들은 면세 혜택을 받고 있었다. 따라서 그 재정적 부담은 하층계급에 돌아갈 수밖에 없었고, '수세(收稅) 청부'라고 불리는 사악한 징세제도까지 남아 있어 세금제도가 극히 불공평했다. 따라서 콜베르는 이에 대한 단호한 시정 작업부터 착수했던 것이다.

그는 특권 귀족에게 직접 토지세(taille)를 부과할 수 없음을 감안하여 우선 면세자의 수를 늘리려는 기도부

**콜베르**　콜베르는 재정을 비롯한 내정 전반을 지휘하여 프랑스 번영의 물질적 기초를 구축했다. Claude Lefebvre 그림, 1666, 베르사유 궁전.

터 강력하게 저지했다. 그리고 농민에게 부과되는 직접세를 간접세 또는 관세(關稅)로 대체함으로써 그 부담을 실제로 낮추어주었다.

그러나 콜베르 정책의 근본은 한마디로 중상주의였

다. 그의 이름을 따서 중상주의를 '콜베르티즘(Colbertism)' 이라고 할 정도였다. 한 나라의 국력은 그 국내에 있는 화폐의 양에 따라 결정되기 때문에, 국내의 화폐 증가는 다른 나라에서 그만큼의 화폐를 빼앗아 옴으로써 가능해진다는 것이 콜베르의 생각이었다.

그에게 상업, 특히 외국 무역은 일종의 화폐전쟁이었다. 이 전쟁에서 승리하기 위해서는 국내 산업의 보호 육성과 국가에 의한 산업 규제(물품의 질과 양 그리고 판매에 대한)가 불가결하다는 것이 그의 생각이었다. 그리고 무역에 종사하는 프랑스 선박에는 장려금을 주고, 외국 선박에는 항만 사용에 대한 톤세(tonnage duty) 부과 등 무역관리가 필요하다는 것이었다.

산업 진흥과 더불어 그는 무역의 보호 촉진에도 노력을 기울였다. 원료 수입세나 제품 수출세는 내리고 외국 제품 수입세는 인상하는 보호관세정책과 더불어 식민지 무역을 적극 장려했다. 본국의 무역 독점을 가능하게 하는 수단이 바로 식민지 획득이었기 때문이다. 이것이 중상주의에서 이른바 무역차액제도(貿易差額制度)였다.

이런 상업전쟁에 대비하고자 그는 전력과 규모에서 스페인·홀란드·영국에 견주어 더 유리한 해군 설비도 갖추었다. 조선소·군항·병기창의 증강 등이 그것이었다. 이어 정력적인 식민상으로서 그는 서인도제도의 마르티니크(Martinique)와 과들루프(Guadeloupe)를 사들였고,

산도밍고·캐나다·루이지애나 기지를 활성화했으며, 인도·세네갈·마다가스카르 등에 중요한 거점을 세웠다.[12]

루이 14세에게는 콜베르가 이루어놓은 풍부한 재원을 기반으로 당대 제일의 육군상 루부아(Louvois, 1641~1691) 같은 군인도 있었다. 그리고 그의 휘하 장군으로는 콩데와 튀렌이 있었고, 보방(Vauban)이라는 축성 기술자도 있었다. 루이 14세가 영토 팽창 야욕을 드러낸 것은 이 같은 경제력과 군사력을 가지게 된 이후였다.[13]


## 2. 루이 14세의 외교정책과 대외전쟁

### (1) 루이 14세의 '자연국경'설과 '귀속전쟁'

루이 14세의 외교정책의 핵심은 프랑스의 전통적 외교정책이던 합스부르크(오스트리아 및 스페인) 타도였다. 앞에서 언급한 것처럼 베스트팔렌 조약과 피레네 조약으로 목적을 어느 정도 이루기는 했지만, 1661년 3월 그가 친정을 시작할 당시에도 프랑스는 여전히 합스부르크에 의해 거의 포위된 상태였다고 해도 지나친 말이 아니다.

스페인 합스부르크는 여전히 프랑스 남쪽의 이베리아반도 왕국과 북쪽의 벨지안 네덜란드, 그리고 동쪽의 프랑슈콩테(Franche-Comté)를 지배하고 있었고, 그 친척인 오스트리아 합스부르크는 프랑스 동북부에 자리한

풍부한 라인 지방의 여러 주를 계속 지배하고 있는 형세
였다.

따라서 루이 14세는 친정을 시작하기는 했지만 곧바
로 침략전쟁으로 내달을 수는 없었다. 먼저 국내 질서를
재건하고, 재정과 군비에 충실을 기해 더욱 확고하게 하
며, 외교 공작을 적극화하면서 약 6년 동안의 준비 기간을
거쳐야만 했던 것이다. 그런 뒤 그는 합스부르크 포위를
벗어나기 위한 전쟁을 합리화하고자 먼저 구실부터 찾
아 나섰다. 이것이 이른바 '자연국경'설이라는 것이었다.

'자연국경'이란 어느 나라를 가리지 아니하고 자연
이 마련해준 국경, 예를 들어 산맥·하천·호수 등에 따라
국경이 정해져야 한다는 주장이었다. 프랑스의 경우는
피레네산맥·알프스·라인강·대서양이 그것으로, 이 범
위 안에 있는 외국 세력은 모두가 침략자라는 것이며, 때
문에 반드시 몰아낼 수밖에 없다는 것이 그 내용이었다.

루이 14세는 이후 세 차례의 전쟁을 거쳐 라인 지방
에 도달하는 데까지는 어느 정도 성공을 거두었다. 귀속
전쟁·홀란드전쟁·아우크스부르크동맹전쟁 등이 그것이
었다.

먼저 귀속전쟁(1667~1668)이란 피레네 조약에 따라
루이 14세가 스페인의 펠리페 4세의 장녀 마리 테레즈와
결혼한 사실을 근거로 자신의 왕비가 스페인령 네덜란
드에 대한 영유권을 가졌다고 주장함으로써 도발한 전

쟁이다. 펠리페 4세가 죽은 뒤 재혼하여 얻은 그의 아들이 1665년 카를로스 2세로 왕위를 계승했지만, 그는 겨우 4세밖에 안 되었을 뿐만 아니라 병약했다. 이 점이 바로 약점으로 이용되었던 것이다.[14]

이는 루이 14세의 힘이 강대해짐으로써 비롯된 억지였다. 즉, 그는 "재산 상속에서 최초의 결혼으로 태어난 아이가 재혼으로 얻은 아이보다 우선한다"는 브라방 지방(스페인령 네덜란드)의 낡은 민간 가족법을 멋대로 해석한 것이다. 요컨대, 루이 14세의 비(妃)는 펠리페 4세가 첫번째 혼인으로 출생한 딸이지만 카를로스 2세는 재혼으로 얻은 아들이므로, 펠리페가 죽은 상황에서 그 지방의 소유권은 마땅히 프랑스 왕비에 귀속되어야 한다는 주장이었다. '소유권 귀속(devolution)' 이론이란 이 같은 루이 14세의 외침용 억지를 말하는 것이다.[15]

전쟁이 벌어지자 상황은 곧바로 프랑스에 유리하게 전개되었다. 전쟁이라기보다는 차라리 프랑스의 군사적 시위(示威)에 가까운 것이었다. 그러자 프랑스의 위세에 위협을 느낀 영국과 홀란드는 당시 벌이고 있던 제2차 영국·홀란드전쟁을 서둘러 중단했다. 그리고 거꾸로 두 나라는 힘을 합치고 스웨덴을 끌어들여 3국동맹을 맺고 프랑스에 대항했다(1668. 1).

홀란드로서는 신흥 프랑스가 스페인령 네덜란드를 자국의 자연적 세력범위로 넣는 사태만은 결코 좌시할 수 없었다. 영국도 마찬가지였다. 이 지역에 약소국의 존재라면 묵인할 수도 있겠지만, 프랑스의 이 지역 지배는 절대로 용납할 수 없었던 것이다. 이 지역은 대륙으로 들어가는 영국 상품의 관문이었기 때문이다.

뿐만 아니라 이는 어느 한 특정 국가가 지나치게 강해지는 것을 막기 위해 다른 유럽 국가들이 연합해야 한다는 '세력균형' 이론에도 어긋나는 것이었다. '세력균형' 주장은 프랑스 왕의 '자연국경' 주장에 대한 유럽 여러 나라의 대응이라고도 할 수 있는 것이었다.[16]

루이 14세가 엑스라샤펠(Aix-la-Chappelle, 1668. 5. 2) 조약 체결에 응하지 않을 수 없었던 것도 이 3국동맹의 위협 때문이었다. 이 결과 프랑스는 몇 개의 요충은 그대로 수중에 넣을 수 있었지만 프랑슈콩테는 그대로 스페인에 반환하지 않을 수 없었다. 즉, 스페인은 벨지안 네덜란드의 대부분을 그대로 보유하게 된 것이다. 따라서 '귀속전쟁'은 또 다른 전쟁의 싹을 내포한 채 끝나고 말았다. 이것이 루이 14세의 야욕을 충족시켜줄 수는 없었기 때문이다.

## (2) 루이 14세의 대홀란드전쟁

홀란드전쟁(1672~78)은 프랑스가 반(反)프랑스 전쟁의 중심 세력인 홀란드에 복수하고 홀란드의 무역 독점을 타파하기 위해 도발한 전쟁이었다. 프랑스가 벨지안 네덜란드를 병합하려고 시도하자 그들은 홀란드뿐만 아니라 영국의 격렬한 저항도 함께 받았다. 프랑스의 이 지역에 대한 야욕을 저지하는 문제는 결코 피할 수 없는 영국의 중요 과제였기 때문이다.

당시 프랑스와 영국은 다 같이 홀란드의 무역 및 식민지 경쟁의 상대였다. 따라서 루이 14세의 대(對)홀란드전쟁에는 당연히 영국이 관련될 수밖에 없었으며, 동시에 무역전쟁이 되고 정치적 대결이 될 수밖에 없는 일이었다. 제3차 영국·홀란드전쟁이 루이 14세의 홀란드전쟁과 겹쳤던 사실은 바로 이런 상황을 웅변해준다.

루이 14세는 홀란드 침략에 앞서 우선 3국동맹을 해체시키고 홀란드를 영국과 분리해 고립시키려 했다. 그래서 그는 영국의 정치 상황을 이용, 의회와 대립하고 있던 찰스 2세와 먼저 도버 비밀조약을 체결했다(1670. 6). 그런 뒤 로렌(Lorraine)을 점령하고 홀란드로 침입, 암스테르담까지 위협했다.

그러자 독일 황제, 브란덴부르크 선제후, 그리고 스페인과 영국 등은 동맹을 결성하고 프랑스의 독주를 견제하고 나섰다. 따라서 '홀란드전쟁'이라고 불리는 이 전쟁은 그 진전 과정에서 성격이 크게 바뀌고 말았다. 즉, 그 주요 국면이 프랑스의 홀란드 타도였는데, 이제 그들의 스페인령에 대한 공격으로 바뀌게 되었던 것이다.

홀란드전쟁은 영국의 중개로 오랜 평화 교섭 끝에

네이메헨의 화약(peace of Nijmegen, 1678. 8. 10)으로 결말이 났다. 이 화약의 첫번째 내용은 프랑스의 홀란드 정복 단념이었다. 그러므로 홀란드는 잃은 것이 없었다. 전쟁의 배상 책임은 대부분 스페인이 떠안았다. 스페인은 프랑스가 오랫동안 탐내온 프랑슈콩테의 몇 개 주와 벨지안 네덜란드의 강고한 요새를 프랑스에게 양도한 것이다. 그리고 황제는 알자스 방위의 요지 프라이부르크를 프랑스에 양도했다.[17]

즉, 프랑스는 재정적으로 큰 부담이 된 이 전쟁으로 당초의 공격 목표였던 홀란드는 끝내 격파하지 못했다. 그렇지만 스페인의 희생으로 왕국의 북방 및 동북 국경을 훨씬 강고히 할 수는 있었다. 그리고 이 같은 프랑스 세력의 위협적인 발판 구축이 결과적으로 홀란드와 영국의 접근을 자극했던 것이다.

### (3) 아우크스부르크동맹전쟁과 영국·프랑스의 식민지전쟁

프랑스 세력의 위협적 진출에 불안감을 느낀 황제 레오폴드(Leopold)는 1686년에 스페인·스웨덴 그리고 몇몇 독일 제후들과 더불어 신성로마제국의 주권 보존을 위해 반불동맹(反佛同盟)을 결성했다. 이것이 이른바 아우크스부르크 동맹(League of Augusburg)이다. 여기에 홀란드의 윌리엄이 영국 왕 윌리엄 3세가 되어 가세하게 됨으로써 이 동맹은 사실상 전 유럽적 규모의 반불동맹으로 발전

**제임스 2세의 장녀 메리와 결혼하여 영국의 공동 왕이 된 윌리엄 3세** Willem Wissing풍의 그림. 암스테르담 국립미술관.

한 것이다. 이 대불동맹의 주창자가 바로 영국의 윌리엄 3세였다.

아우크스부르크동맹전쟁(1689~1697경)은 이들을 상대한 루이 14세의 세번째 전쟁이었다. 루이는 지난 두 번의 전쟁에서처럼 영국의 중립을 기대했다. 영국 왕이 그

의 도움을 받고 있었기 때문이고, 영국의 유력한 무역업
자들이 여전히 프랑스보다 홀란드로부터 받는 고통이
더 컸기 때문이다. 그래서 그는 영국 왕 제임스 2세와 우
호 관계를 유지하는 데만 힘을 기울였던 것이다.

그러나 문제는 영국에서 명예혁명(1688)이 발발하여
정황이 급변한 데 있었다. 제임스 2세가 물러나고 그의
장녀 메리(Mary)와 사위 윌리엄 3세가 영국의 공동 왕으
로 즉위하면서 외교정책이 반(反)프랑스로 크게 바뀌었
던 것이다. 이에 영국은 즉각 아우크스부르크 동맹에 가
입, 프랑스에 선전을 포고하고 말았다. 윌리엄은 원래 프
랑스 왕에 대한 원한이 깊어 일찍부터 루이 14세를 최대
의 적으로 여겨온 터였다.

당시는 제3차 영국·홀란드전쟁도 이미 끝나서(1674)
영국과 홀란드의 무역전쟁도 대부분 마무리된 상태였
다. 이제 두 식민제국은 공동의 왕 밑에서 자연스럽게 프
랑스 식민제국과 대결할 수 있는 태세가 갖추어졌던 것
이다. 따라서 프랑스의 부르봉 왕조는 유럽 대륙에서만
이익 증진을 방해받는 것으로 끝나지 않았다. 방대한 식
민지 및 무역 전쟁에서도 이제 영국과 본격적인 '세계전
쟁'으로 접어들게 되었던 것이다.[18]

영국과 프랑스 사이의 대립이 유럽 대륙뿐만 아니라
인도와 아메리카로 확대되기 시작한 것은 바로 이 무렵
부터였다. 북아메리카 식민지에서 벌어진 영국과 프랑

스의 대결을 영국에서는 '윌리엄 왕의 전쟁(King William's War)' 또는 '9년전쟁'이라고 부르며, 프랑스에서는 '아우크스부르크동맹전쟁'이라고 일컫는다. 이 전쟁에서 영국군은 아카디아(Acadia, 캐나다 동남쪽 대서양 연안의 노바스코샤[Nova Scotia])에 있는 프랑스의 포르루아얄(Port Royal) 요새를 점령하고 퀘벡을 공략했다.[19]

튀렌과 콩데 등 명장을 잃었음에도 프랑스는 육전에서는 대체로 우세를 유지했다. 그러나 해전에서는 그렇지 못했다. 레이스웨이크(Rijswijk)의 화약(1697. 9. 20)으로 종결된 전쟁의 결과를 보면, 프랑스 왕은 영토 상실이 없었고 오히려 알자스의 영유권을 인정받고 있다. 그러나 이 조약은 대부분의 유럽 열강에게 루이 14세를 견제하고 프랑스의 팽창을 저지하기 위한 단합이 필요함을 절실히 깨닫게 했다는 점에 특색이 있다.

레이스웨이크 화약에 서명할 때 루이 14세는 이미 60세의 고령이었다. 36년에 걸친 친정 기간 동안에 그는 나라를 반석 위에 올려놓았고, 확고한 중앙정부를 수립하는 데도 성공했다. 피레네산맥까지 그리고 라인 쪽으로는 알자스까지 영토를 넓혔으며, 프랑슈콩테와 벨지안 네덜란드의 중요한 몇몇 도시도 획득했다. 프랑스는 이제 유럽 최강의 열강으로 스페인을 대신하게 되었던 것이다.[20]

식민지를 둘러싼 최초의 영국·프랑스전쟁이라 할

수 있는 아우크스부르크동맹전쟁은 앙리 4세가 1589년 최초의 부르봉 왕으로 등장한 지 꼭 1세기 만에 일어났다(1689). 이 100년 동안에 프랑스는 부르봉 제3대 왕인 루이 14세에 이르렀고, 그 사이 프랑스는 그야말로 명실상부한 유럽 최강의 대국으로 성장했다. 그리하여 이를 토대로 프랑스는 유럽의 패권 경쟁에 뛰어들었다. 그러므로 영국으로서는 이제 프랑스와 마지막 결승전만 남게 되었다. 영국과 프랑스의 대결은 이제 피할 수 없게 된 것이다.

## 3. 유럽전쟁과 영국·프랑스의 식민지전쟁

### (1) 스페인 왕위계승전쟁과 영국·프랑스의 식민지 경쟁

세계 무역과 해상 지배권을 둘러싼 영국과 프랑스의 결승전은 과연 어떻게 전개되었을까? 식민지 및 해상권을 둘러싼 영국과 프랑스의 대결은 아우크스부르크동맹전쟁이 시작된 1689년부터 나폴레옹전쟁 때(1815)까지 100년 이상 계속되었다. 이를 '제2차 100년전쟁'이라고도 일컫는다. 영국은 이 일련의 영국·프랑스전쟁을 치르고나서야 비로소 '해가 지지 않는 나라'로 발전할 수 있었던 것이다.

모두 아는 바와 같이, 스페인의 왕위는 펠리페 2세

이래로 합스부르크 왕가에 속해 있었다. 그런데 문제는 당시의 왕 카를로스 2세(1665~1700)가 후계자 없이 죽은 데서 발단되었다. 펠리페 4세에 이어 카를로스 2세는 1665년에 겨우 4살의 나이로 왕이 되었다. 그러나 병약했고 아들도 없었으며 남자 동생도 없었다.

그의 가장 가까운 남자 상속자는 오스트리아 합스부르크계인 신성로마제국 황제 레오폴드 1세(Leopold I, 1658~1705)와 가장 강력한 이웃인 루이 14세가 있을 뿐이었다. 이는 지난번의 '귀속전쟁'에 이어 루이 14세가 스페인 영지에 대해 야욕을 행사할 수 있는 두번째의 호기였다.

만일 레오폴드가 승리한다면 합스부르크의 단일 통치자가 지난날의 카를 5세가 통치했던 정도의 광대한 제국을 다시 통합할 수 있게 될 것이고, 반대로 루이 14세의 야망이 실현된다면 무서운 부르봉의 새 제국이 세워지도록 되어 있었다. 결말에 상관없이 어느 나라든 해외에 광대한 영토를 가진 스페인을 병합할 경우, 유럽 국제관계의 원리인 세력균형은 깨어질 수밖에 없었다. 문제는 바로 여기에 있었다.

더욱이 스페인이 프랑스에 합병된다면 서지중해와 라인강 하구는 물론 스페인의 신대륙 식민지가 모조리 프랑스 지배 아래 들어가게 된다. 이는 영국과 홀란드의 상업을 자연히 저해할 수밖에 없는 것이었다. 따라서 이런 사태를 가장 두려워 한 나라는 바로 영국이었다. 여기서 윌리엄 3세는 홀란드 총독과 영국 왕의 처지에서 오스트리아 합스부르크와 프랑스 부르봉 사이의 세력균형을 주선할 수밖에 없었다.

그러나 루이 14세의 외교 전략이 주효하여, 카를로스 2세가 죽기 1개월 전에 이미 결정은 내려져 있었다. 어떤 여건이든 스페인령을 분할할 수 없다는 전제가 붙기는 했지만, 카를로스는 루이 14세의 손자 펠리페(Philippe Duc d'Anjou)에게 왕위를 넘긴다고 유언한 것이다. 이는 스페인 합스부르크 가계의 종료와 동시에 부르봉 가계의 시작을 의미하는 것이었다.

이 승리의 소식을 접하자 루이 14세는 그의 손자를 스페인 최초의 부르봉 왕, '펠리페 5세'라고 포고했다. 그리고 펠리페가 마드리드로 떠날 때 나이 든 루이 14세는 손자에게 자랑스럽게 키스를 했다. 그리고 스페인대사도 "피레네는 이제 더 이상 존재하지 않는다"고 의기양양하게 선언했다. 그러나 전쟁은 이제 피할 수 없게 된 것이 현실이었다.

여기서 영국·오스트리아·홀란드는 독일 선제후를 참가시켜 동맹을 맺고 프랑스·스페인·바이에른 3국을 상대로 이른바 스페인 왕위계승전쟁(1701~1713)을 일으켰다. 물론 전쟁의 중심 세력은 어디까지나 프랑스와 오스트리아였고, 싸움은 유럽 각처에서 벌어졌다.

그렇지만 주목되는 것은 식민지의 패권을 둘러싸고

벌어진 영국과 프랑스 사이의 쟁투였다. 대양과 식민지에서 벌어진 이 격렬한 싸움을 흔히 '앤 여왕 전쟁(Queen Anne's War)'이라고도 일컫는다.[21]

스페인 왕위계승전쟁은 루이 14세가 일으킨 최대이자 최후의 전쟁이었다. 쟁점이 된 문제의 성격과 교전국의 범위로도 그렇거니와, 그 규모도 또한 그러했다. 따라서 이를 종결지은 위트레흐트 조약(Treaty of Utrecht, 1713)은 이후의 유럽 정황을 결정하는 데 중대한 의미를 갖고 있었다.

## (2) 스페인 왕위계승전쟁과 영국·프랑스의 식민지전쟁

위트레흐트 조약에서 특히 눈에 띄는 대목은 중요 해군기지를 얻은 영국의 약진이었다. 이 조약의 주요 내용은 루이 14세의 손자(펠리페 5세)가 스페인 왕위를 계승하는 대신, 영국은 프랑스로부터 허드슨·아카디아·뉴펀들랜드(캐나다의 통로)를, 그리고 스페인으로부터 지브롤터(Gibraltar)와 미노르카(Minorca)라는 지중해의 통로를 획득했다. 이것들은 장차 영국의 해상 지배를 보장해주는 요충이었다.

그리고 영국은 스페인이 프랑스 상인에게 허용한 통상상의 특전을 방기하도록 하고, 스페인과 그 식민지에서 최혜국대우를 획득함으로써 서인도 무역을 개방해놓았다.[22] 이는 스페인의 해외시장을 둘러싼 홀란드와의 통상 경쟁에서 사실상 영국의 승리를 의미하는 것일 뿐만 아니라, 유럽 대륙의 세력균형과 아울러 세계 정책에서 영국의 우위를 의미하는 것이었다.

홀란드도 남쪽 국경 근방의 중요 요새를 차지하여 프랑스의 재침 방지를 보장받았고, 셀데강 무역의 독점권도 획득했다. 황제(오스트리아 합스부르크)도 스페인령 네덜란드와 이탈리아의 스페인 속령(밀라노·나폴리·사르디니아)을 얻기는 했다. 그렇지만 이 영토 확대는 오스트리아 지배 영역의 복합적·다민족적 성격을 강화시켜주는 약점도 함께 내포하는 것이었다.

이에 대해 이탈리아에 세력을 확장해온 사보이 가문(이탈리아 통일의 중심)은 이 전쟁으로 시칠리아를 왕위와 함께 획득했다. 그리고 브란덴부르크의 호헨촐레른 선제후(근대독일 통일의 중심)는 왕의 칭호를 받았다. 이는 역사를 한 단계 크게 바꾸어놓았다는 점에서 그 의의가 1648년의 베스트팔렌 조약과 비견되는 것이다.

위트레흐트 조약의 최대 원칙은 어디까지나 세력균형의 유지에 있었다. 물론 구대륙에 관한 한, 프랑스는 여전히 대국으로서 국제적 지위를 유지한 것은 사실이다. 그렇지만 이 조약은 프랑스의 헤게모니를 부정하는 세력균형을 이루었고, 이것이 결국 18세기 이후 유럽 국제정치를 규정하는 지도 이념으로 정착되었던 것이다.

즉, 스페인이 부르봉 왕가의 지배 아래 들어갔기 때

문에 프랑스와 스페인의 결합 관계는 18세기 내내 계속
되었다. 이에 대한 대항 세력으로서 대륙에서는 오스트
리아가, 그리고 해외 식민지에서는 영국이 선두에 나섰
던 것이다. 그리고 이 가운데 조약 체결 이후 영국과 프
랑스 사이의 이해 대립은 점점 첨예화해갔고, 비록 공식
적인 전쟁으로까지 가지는 않았지만 북아메리카와 인도
에서 영국과 프랑스의 항쟁은 날로 적의를 증폭시켜갔
던 것이다.

## (3) 오스트리아 왕위계승전쟁 : 유럽과 아메리카에서 영국·프랑스의 대결 ①

위트레흐트 조약으로 호헨촐레른 선제후가 왕의 칭호를
받아 프러시아 왕이 됨에 따라, 독일에서는 그와 오스트
리아 합스부르크 왕가 사이에 주도권 다툼이 불가피해
졌다. 한쪽은 젊은 왕 프리드리히 2세(1740~1786)가, 그리
고 다른 한쪽은 마리아 테레지아(1740~1780)가 통치자였
다. 두 사람은 모두 뛰어난 능력을 가졌고, 각기 자기 나
라와 국민에 대한 열정을 가지고 있었다.

　마리아 테레지아가 아름답고 감상적이며 거만했던
것과는 달리, 프리드리히는 폭군적이고 냉소적이며 계
산적이었다. 여왕은 독실한 가톨릭 신자였으나, 프러시
아 왕은 명목상으로는 프로테스탄트였지만 합리주의에
심취해 있는 인물이었다. 프리드리히는 부친으로부터

**마리아 테레지아**　　Martin van Meytens 그림, 1759, 빈 조형미술 아카데미 회화갤러리.

강고한 왕권과 잘 훈련된 8만의 무장 병력을 물려받았으나, 그의 경쟁자 마리아 테레지아는 부왕으로부터 파탄된 재정과 조직력을 잃은 군대 그리고 뒤범벅이 된 나라를 이어받은 처지였다.[23]

　프리드리히가 '오스트리아 왕위 계승을 존중한다'고 했던 자국의 지난날의 약속을 외면한 것은 바로 이런 정

**프리드리히 대왕** Wilhelm Camphausen 그림. 1860.

황에서였다. 그리하여 카를 6세가 죽고 마리아 테레지아가 왕위를 계승하자[24] 프리드리히는 바바리아 및 프랑스와 함께 즉각 오스트리아 왕국 해체 작업에 나섰다. 프리드리히와 마리아 테레지아 사이의 쟁투의 초점이 된 곳은 바로 슐레지엔(Schlesien) 지방이었다.

슐레지엔은 중부 유럽의 오데르강 상류에 자리하고 있으며, 면적 약 4만 6,620평방킬로미터의 번성한 지역이었다. 인구의 대부분이 독일인으로서 그 수는 전체 프러시아 인구와 비슷했고, 석탄·철·동·아연 등 광물 자원의 중요 산지였다. 만일 이 지역이 호헨촐레른가에 합병된다면 독일의 주도권이 압도적으로 이들에게 돌아가게 된다. 반면에 오스트리아가 슐레지엔을 잃게 될 경우에는 독일 문제에 대한 영향력이 크게 감소될 뿐만 아니라, 국가의 수입과 군사력의 원천마저 잃게 될 수밖에 없었다.

개전 당시 슐레지엔은 오스트리아 국고 수입의 약 4분의 1을 담당하고 있었다. 이에 프리드리히는 즉각 슐레지엔으로 침공, 도읍인 브레슬라우(Breslau)를 점령했다. 이것이 바로 오스트리아 왕위계승전쟁(War of Austrian Succession, 1740~1748)의 시작이었다.

## (4) 오스트리아 왕위계승전쟁 : 유럽과 아메리카에서 영국·프랑스의 대결 ②

그러자 프랑스는 프러시아의 프리드리히에 편들어 그의 오스트리아 침공전쟁에 무력 원조를 약속했다. 프랑스는 약 200년 이상의 세월을 두고 합스부르크 왕가와 대립해온 적대 관계였다. 프랑스는 이른바 '합스부르크의 포위(Habsburg's Ring)'로 시달림을 받아왔기 때문에 오스트리아에는 절대로 편들 수 없게 되어 있었다.

당시는 서인도제도에서도 영국과 스페인 사이에 노예무역을 둘러싼 전쟁이 벌어진 상태였다(1739). 스페인 왕가가 부르봉 왕가에 귀속되어 있어서 이 전쟁은 사실상 영국 대 프랑스의 싸움과 마찬가지였다. 이것이 이른바 '젠킨의 귀의 전쟁(War of Jenkin's Ear, 1739~1748)'이라는 것이다.[25] 따라서 식민지에서 벌어진 이 전쟁은 영국과 프랑스 사이에 닥칠 대규모 전쟁의 전주곡이었다.

식민지에서 벌어진 사실상의 영국·프랑스전쟁인 '젠킨의 귀의 전쟁'은 자연히 유럽 대륙의 오스트리아 왕위계승전쟁과 결합될 수밖에 없었다. 유럽전쟁에서 프랑스가 프러시아에 편든 상황에서, 영국은 오스트리아 편에 가담했기 때문이다. 즉, 영국 대 스페인의 식민지를 둘러싼 쟁패는 유럽에서 슐레지엔을 둘러싼 오스트리아 대 프러시아 전쟁과 합류될 수밖에 없었다.

이 패턴은 아메리카에서 전개된 이른바 '조지 왕의 전쟁(King Georges War, 1740~1748)'과 인도에서 전개된 영국·프랑스 항쟁에도 영향을 미칠 수밖에 없었다. 식민지에서 벌어진 영국·프랑스전쟁은 오스트리아 왕위계승전쟁이라는 복합적인 유럽전쟁의 한 국면이었다. 바꾸어 말하면, 오스트리아 왕위계승전쟁은 독일의 주도권을 다투는 프러시아 대 오스트리아 전쟁을 위한 하나의 예비전이었다.

그리고 이것은 식민 및 상업 세계의 지배권을 쟁취

하기 위한 영국과 프랑스 사이의 장기전에서 피할 수 없는 대결이기도 했다. 신세계의 식민지를 둘러싼 영국과 프랑스의 대결이 독일의 주도권을 둘러싼 프러시아와 오스트리아의 대결과 겹쳐 전개되었던 것이다. 이 전쟁을 끝낸 조약은 1748년 엑스라샤펠에서 체결되었다.

여기서 프러시아의 슐레지엔 영유가 재확인되었고, 기타의 모든 것은 개전 때의 상태로 되돌려졌다. 마리아 테레지아의 남편이 카를 7세를 계승하여 신성로마제국 황제(프란츠 1세)가 되었지만, 프랑스는 모든 비용을 부담하고 희생만 치렀을 뿐 실제로 얻은 것은 아무것도 없었다.

그러나 프랑스의 손실은 이것만으로 끝난 것이 아니었다. 1741년에 이미 무의미하게 된 오스트리아에 대한 적대 관계를 청산하고 이보다 훨씬 위협적인 영국과 해상 및 식민지 경쟁에 총력을 집중해야 했음에도 프랑스는 그 기회를 잃고 말았다. 그리고 이 잘못은 7년전쟁 초기까지 계속되었다.

전쟁이 끝난 상태에서 가장 대표적인 패배자는 오스트리아였다. 이에 마리아 테레지아는 곧바로 잃은 땅을 회복하기 위한 작업에 착수했다. 프러시아 왕의 슐레지엔 영유권이 영국 외교에 따라 엑스라샤펠 화약으로 확정된 이상, 그녀는 이 화약을 단지 하나의 휴전으로밖에 인정하려들지 않았다. 전쟁 당시 영국의 원조도 무성의했고, 전쟁의 귀추에도 영국이 크게 영향을 미친 이상,

그녀는 자국이 영국의 대륙정책에 이용당했다고 통탄했
던 것이다.[26]

## (5) '외교혁명'과 그 여파

오스트리아는 슐레지엔의 상실과 더불어 독일에서의 주
도권은 물론 유럽에서의 영향력까지 상실하고 말았다.
따라서 이 상황에서 오스트리아가 택할 수 있는 유일한
세력 만회 방법은 프러시아 타도 이외에 다른 길이 없었
다. 그리고 이를 위한 전제로서 그녀는 프랑스와 프러시
아의 동맹을 막아야만 했던 것이다.

　당대 제일의 오스트리아 외교관 카우니츠(Kaunitz)의
대프랑스 외교는 바로 이 상황에서 시작되었다. 프랑스
가 프러시아와 동맹을 포기하고, 대신 자국 오스트리아
와 동맹을 맺게 하는 것이 그의 목표였다. 그 대가로 그
는 프랑스에게 남네덜란드를 제공하겠다는 약속까지 서
슴지 않았다. 그러나 처음에 루이 15세는 이 제의를 거절
했다. 이것이 프랑스의 전통 깊은 반합스부르크정책과
어긋나는 것이었기 때문이다.

　그러자 카우니츠는 방법을 바꾸어 루이 15세의 애첩
마담 퐁파두르(Madame de Pompadour)에 접근하여 결국 동
맹을 이루어냈다.[27] 프랑스·오스트리아 방위동맹 체결이
바로 그것이었다(1756. 5. 1). 당시 영국은 독일의 자국령
하노버(Hanover)의 안전을 보장받을 필요에서 프러시아

**카우니츠** '외교혁명'을 성공시킨 오스트리아의 외교관이다. Johann-Baptist Lampi 그림, 개인 소장.

와 이미 특별한 협정을 체결한 이후였다(웨스트민스터협정, 1756. 1. 16).

1754년 이래 영국과 프랑스 사이의 식민지전쟁이 이미 재연된 상황이었기 때문에 영국은 프러시아에 대

**마담 퐁파두르**　루이 15세의 애첩으로, 프랑스의 전통 깊은 반합스부르크 정책을 깨는 데 기여했다. Maurice de la Tour 그림, 1755.

해 동맹 제의가 필요한 처지였다. 이 결과 오스트리아 왕위계승전쟁이 끝난 1748년 이후 각국의 동맹 관계는 그야말로 혁명적으로 뒤바뀌었다.

오스트리아 왕위계승전쟁 때는 영국과 오스트리아

가 동맹을 맺고 프랑스·프러시아와 싸웠지만, 곧 닥치게 될 7년전쟁에서는 영국과 프러시아가 같은 편이 되어 프랑스·오스트리아와 대결하는 정반대의 현상이 나타난 것이다. 이제 프랑스와 오스트리아는 지난 2세기 반 동안이나 유럽의 국제 관계를 규정해온 부르봉 대 합스부르크 사이의 숙적 관계를 청산하고 반대로 우방이 된 것이다. 이 '동맹 관계의 역전'을 일반적으로 '외교혁명(diplomatic revolution)'이라고 일컫는다.

### (6) 7년전쟁과 영국의 비약

7년전쟁은 양면을 가진 전쟁이었다. 유럽에서는 슐레지엔 영유를 둘러싼 오스트리아와 프러시아 사이의 전쟁이었고, 유럽 이외의 세계(북아메리카·인도·서인도)에서는 영국과 프랑스의 식민지 지배권을 둘러싸고 일어난 전쟁이었다. 7년전쟁은 이처럼 유럽과 신세계에서의 전쟁이 겹친 2중의 전쟁이었다.

이미 언급한 바와 같이, 식민지 지배권을 둘러싼 싸움은 유럽에서의 전쟁보다 2년 전인 1754년에 발발했다. 그리고 이 전쟁은 18세기의 개막과 더불어 시작된(스페인 왕위계승전쟁) 이래 약 60년에 걸친 두 나라의 식민지 지배권 쟁탈전을 최종적으로 결판지은 결승전이었다. 이는 영국에게 세계 해양 지배의 길을 활짝 열어놓은 전쟁이었다.

유럽의 7년전쟁은 프리드리히가 기선 제압을 위해 상대의 공식 선전포고도 기다리지 않고 1756년 8월 말 작센을 침공함으로써 시작되었다. 그렇지만 이 전격 작전으로 상대 진영을 위압할 수 있을 것이라던 그의 생각은 완전히 빗나갔다.

프랑스가 서쪽에서 진격해오는 동안 러시아는 동프러시아로 쳐들어왔고, 스웨덴은 포메라니아에서 북브란덴부르크로, 그리고 오스트리아는 슐레지엔으로 진격해왔기 때문이다. 따라서 프리드리히는 영국을 제외한 유럽 열강 대부분을 상대해야 하는 고통스러운 싸움을 지속할 수밖에 없었다.[28]

1759년 8월 이후 그는 거의 파멸의 위기로 몰렸다. 전쟁 발발 최초 5년 동안 프러시아는 슐레지엔 방위에 전력을 집중할 수밖에 없었다. 러시아가 동프러시아를 점령하고 브란덴부르크로 침투한 뒤 1759년에는 베를린까지 탈취한 형세였기 때문이다.

그러나 1761년 이후 연합국 쪽의 공격력이 크게 둔해졌다. 프리드리히의 군사력이 크게 부족했음에도 이 곤경을 이겨낼 수 있었던 원인은 어디까지나 그의 천재적 군사 지휘 능력에 있었다고 말할 수 있다. 그에게 붙여진 프리드리히 '대왕'이라는 호칭도 그의 군사적 천재성에서 말미암은 것이었다.

그렇지만 전세 변화를 불가피하게 만든 동인은, 프

랑스·오스트리아 진영에도 물론 있었지만, 영국·프러시아 쪽에도 있었다. 먼저 프랑스는 러시아의 폴란드 제압으로 자국의 폴란드에 대한 영향력이 침해받게 되자, 프러시아를 상대하기보다 식민지에서 영국과 벌이는 대결에 주력하게 되었다.

그리고 영국도 1761년 10월 이후 프러시아에게 슐레지엔 방기를 암시하며 원조를 끊었다. 영국의 처지에서 볼 때 유럽 대륙에서 벌어지는 7년전쟁은 해외 식민지에서 프랑스와 맞붙은 전쟁에 견주어 부차적인 의미밖에 안 되는 것이었기 때문이다.

그러나 프리드리히를 실질적으로 구원한 것은 러시아 여황제 옐리자베타의 사망(1762. 1)이었다. 프리드리히 대왕을 숭배하는 표트르 3세가 옐리자베타 대신 황제로 즉위하면서 러시아가 철병과 동시에 친프리드리히로 정책을 바꾸었기 때문이다.[29] 이어 식민지전쟁의 패배로 국력을 소모한 프랑스가 같은 해 11월 영국과 화약을 맺게 됨으로써 마리아 테레지아도 더 이상 전쟁을 이어갈 수가 없게 되었다.

7년전쟁은 이처럼 1763년 2월 15일의 이른바 후베르투스부르크 화약으로 막을 내렸다. 마리아 테레지아는 결국 슐레지엔에 대한 모든 권리를 포기했고, 프러시아는 마침내 일급의 열강으로 등장하게 된 것이다. 그리하여 이후 호헨촐레른가는 마침내 합스부르크가와 대등

한 지위를 인정받게 되었다.

한편 1763년 2월 10일 파리 조약으로 영국과 프랑스·스페인의 대결도 끝이 났다. 이것이 프랑스 식민제국의 대부분이 영국에 양도되는 결과로 이어졌던 것이다. 이후 영국에게는 바다의 여왕이자 세계 최대의 식민 열강이 될 수 있는 길이 열렸다.

## (7) 영국의 프랑스 제압과 세계 해상 제국으로의 비약

스페인 왕위계승전쟁에 따른 위트레흐트 조약으로 영국은 프랑스로부터 허드슨만·뉴펀들랜드·노바스코샤 등에 대한 권리를 얻었다. 그렇지만 그들은 아직 프랑스와 전쟁을 완전히 결말짓지는 못하고 있었다. 영국과 프랑스 사이의 결정적인 전쟁은 유럽 대륙에서 벌어진 7년전쟁과 병행하여 1754년~1763년에야 치러졌던 것이다.

이것이 해상 지배와 식민지를 둘러싼 영국과 프랑스 사이의 사실상의 결승전이었다. 7년전쟁에서 프랑스는 사실상 4중의 패배를 당한 형세였다. 첫째, 프랑스 육군은 프리드리히 대왕에게 패배했고, 둘째, 해군은 영국에 거의 전멸당해 그들의 상업이 서인도제도의 해상에서 밀려났다. 셋째, 그리고 인도에서는 뒤플레(Dupleix)가 더 호전적인 영국의 로버트 클라이브(Robert Clive)에게 격퇴당했음은 물론, 넷째, 아메리카에서는 이른바 '프렌치 앤드 인디언 전쟁'(1754~1763)이 프랑스가 대서양 건너에서

가졌던 꿈을 산산조각내버렸던 것이다.[30]

우선 신대륙에서 벌어진 전쟁부터 살펴보자. 1759년 이후 영국의 해상 제패는 더욱 완벽해져서, 프랑스는 압도적으로 우세한 육군을 보유하고도 신대륙과 인도에는 극히 일부 병력밖에 보낼 수 없었다. 영국의 해상봉쇄로 말미암아 프랑스의 해외 군사기지와 식민지는 사실상 본국과 격리된 상태에 놓여 있었기 때문이다. 영국이 해양을 지배하고 있는 이상, 프랑스 육군은 제 기능을 발휘할 수가 없었던 것이다.

이에 퀘벡의 함락(1759. 9)과 몬트리올의 항복(1760. 9)으로 캐나다에서 프랑스 세력은 사실상 종말을 고했으며, 서인도에서도 대부분의 프랑스령 도서(島嶼)가 영국군에게 차례로 점령당하고 말았다. 그리고 인도에서도 1757년 영국 동인도회사의 용병을 이끈 클라이브가 벵골 정복에 나서 토착 지배층의 내부 항쟁을 이용, 권모술수로써 플라시전투(battle of Plassey, 1757. 6. 23)에서 대승을 거두었던 것이다.

그리고 이 승리는 영국의 해상 제압에 힘입어 다시 남방의 카르나타카(Karnātaka) 지방에서 프랑스 세력에 대한 결정적 격파를 가능하게 했다. 이어 프랑스군이 완디와시전투(battle of Wandiwash, 1760. 1. 22)에서 다시 패배함에 따라 인도에서 프랑스 제국의 꿈은 완전히 산산조각나고 말았던 것이다.[31]

식민지에서 영국의 이 같은 눈부신 승리는 스페인의 중남미 지배에도 심각한 위협이 될 수밖에 없었다. 이것이 1761년 여름 카를로스 3세로 하여금 프랑스와 동맹을 맺게 했고, 이듬해 1월에는 결국 영국이 스페인에 선전을 포고하는 사태로 발전한 것이다. 그러나 스페인의 참전도 프랑스에 아무런 도움이 되지 못했다.

오히려 서인도의 스페인 최대 해군기지였던 하바나를 함락당하고 필리핀의 마닐라마저 영국군의 공격에 굴복하고 말았다. 영국과 프랑스·스페인 사이에 체결된 "파리 화약(1763. 2. 10)은 신대륙과 인도에서 구축하려던 '프랑스 제국'을 완전히 지난날의 꿈으로 만들고 말았던 것이다."[32]

## (8) 파리 화약 이후 영국과 프랑스

영국의 퀘벡과 퐁디셰리(Pondicherry) 함락(1759, 1761)으로 식민지 쟁탈전은 사실상 결말이 났지만, 전쟁은 1763년까지 이어졌다. 이 결과 프랑스는 아메리카 영유지 가운데 뉴펀들랜드의 보잘것없는 두 개의 섬과 서인도제도의 몇몇 섬 그리고 남아메리카 기아나(Guiana)의 거점 하나만을 유지하게 된 것이 고작이었다.

반면, 영국은 프랑스로부터 세인트로렌스(St. Lawrence) 언덕 전부와 미시시피강 동쪽 땅 전부를 서인도의 그레나다(Grenada)섬과 함께 얻었고, 스페인으로부터는 플로리다(Florida)를 양도받았다. 그렇지만 쿠바와 필리핀만은 스페인이 다시 회복했다.

프랑스도 인도의 옛 거점만은 유지할 수 있었다. 그러나 요새를 축조하거나 뱅골에 병력을 주둔하는 일은 허용되지 않았다. 바꾸어 말하면, "프랑스인은 인도에 장사꾼으로는 돌아갈 수 있지만 '제국 건설자(empire builders)'로는 안 된다는 뜻이었다".[33]

이처럼 18세기에 이르러 프랑스는 영국에 결정적 패배를 당하고 말았다. 프랑스는 16세기에 스페인이 그리고 17세기에 네덜란드가 영국에 당한 것보다 훨씬 더 모욕적이고 뼈아픈 패배를 당한 것이다. 물론 스페인과 네덜란드도 차례로 영국에게 창피를 당했고 세계 무역의 독점권을 빼앗겼던 것이 사실이다. 그러나 이들은 계속해서 매우 값진 식민지를 유지해냈다. 스페인은 아메리카에서 그리고 네덜란드는 동인도에서 그러했다.

그렇지만 프랑스의 경우는 달랐다. 창피만으로 끝난 것이 아니라 거의 모든 해외 식민지와 대부분의 해외무역을 함께 빼앗겼다. 그렇지만 프랑스는 이 패배를 영원한 것이라고는 생각하지 않았다. 그래서 1763년 이후에도 영국과 프랑스 사이의 적대는 오랫동안 지속되었다. 7년전쟁 직후 그들은 해군력 재건에 진력했고, 1778년에 다시 영국에 대한 복수전에 나섰다.

그리하여 프랑스는 19세기 후반에 이르러서야 비로

소 새로운 식민제국 건설에 성공했다. 그것은 그들이 잃은 것보다는 넓었지만, 규모와 힘에서는 영국에 훨씬 못 미치는 것이었다. 프랑스로서는 18세기에 인도와 아메리카에서 당한 패배가 회복할 수 없는 큰 손실이었다. 프랑스의 인도 무역은 영국의 힘에 밀려 줄어들었고, 아메리카의 '프랑스 제국'은 캐나다와 루이지애나라는 지명이 말해주듯이 강력했던 지난날의 역사적 흔적만을 남기고 있을 뿐이다.[34]

16세기 후반이 스페인의 황금 시대였다면, 17세기 전반에는 홀란드가 그리고 후반에는 프랑스가 각각 유럽을 선도했다. 스페인이 아메리카의 금·은을 대거 들여와 대서양 시대를 개막했다면, 홀란드는 스페인의 아르마다함대 패배를 기화로 대양으로 진출, 세계 제일의 해양대국·경제대국이 되었다. 한편 베르사유 궁전으로 상징되는 프랑스의 위광(威光)은 단연 유럽 세계를 압도하는 것이었다. 루이 14세 시대의 프랑스는 유럽 제일의 대국이었다.

그러나 영국은 대서양 시대로 접어든 뒤 해양 지배의 선두 주자였던 스페인을 격파하고, 해양의 패자(霸者)로 등장한 홀란드와 프랑스를 차례로 제압했다. 이어 영국은 마침내 '해가 지지 않는 나라'로 비약했다. 그 힘은 바로 해양 지배권 장악에 있었다.

물론 대서양 시대의 어느 나라를 막론하고 해양 지배를 소홀히 한 경우는 없었다. 그럼에도 이들은 결국 영국에 무릎을 꿇었다. 그 원인을 한마디로 말한다면, 중세적 잔재 청산이 늦었기 때문이라고 할 수 있다. 양대 가톨릭 국가 스페인과 프랑스의 경우, 종교만을 일방적으로 강압했던 점이 특히 그러했다.

스페인의 경우에는 통일왕국을 건설하는 과정에서 숙련공이던 무어인과 금융업자였던 유대인을 추방함으로써 산업 기반을 스스로 무너뜨렸다. 이것이 아메리카로부터 방대한 양의 금·은을 들여왔음에도 이를 지켜내지 못하고 국외로 유출시킬 수밖에 없었던 원인이다.

프랑스의 경우도 루이 14세가 1685년 낭트칙령을 폐지함으로써 신교도였던 근면한 숙련공과 중산계급을 홀란드와 영국으로 빠져나가게 하는 어리석음을 저질렀다. 이것이 프랑스가 산업 기반을 상실하게 된 중대한 원인이었다. 태양왕 루이 14세의 전성 시대가 이후 급격하게 빛을 잃었던 사실로도 이를 확인할 수 있다.

신교국 홀란드에서는 물론 종교적 강압은 없었다. 그렇지만 홀란드에는 스페인이나 프랑스와는 또 다른 형태의 중세적 잔재가 남아 있었다. 중앙집권적인 통일국가를 이루지 못한 채 그대로 중세적 분권주의에 머물고 있었던 것이다. "홀란드는 분립된 여러 주(州)일 뿐이었다."

　그러나 영국은 달랐다. 영국이 최종 승리를 쟁취할 수 있었던 원동력은 바로 그들의 산업 기반이었다. 즉, 모직물 공업이 당시 세계 상업을 지배할 수 있었던 열쇠였다. 스페인은 자국산 모직물만으로는 신대륙의 방대한 수요를 감당할 수 없었기 때문에 영국과 네덜란드산 모직물을 세비야 상인을 거쳐 신대륙으로 수출했다.

　여기서 영국과 홀란드는 모직물 공업을 토대로 대서양의 제해권을 장악했으며, 다시 신대륙의 은을 매개로 동인도 무역까지 장악하게 되었던 것이다. 가격혁명의 영향도 각각 그 나라의 경제구조와 사회구조에 따라 상이하게 나타날 수밖에 없었다.

　실상 영국은 수도원 해산 이전까지만 해도 이류 국가에 지나지 않았다. 엘리자베스 시대 중반에 이르러서야 기술 발전과 산업자본 축적이 다른 나라보다 빨라졌다. 엘리자베스는 먼저 종교개혁을 완성하여 신·구 교도의 갈등을 해소함으로써 국력을 집중시켰다.

　여기에 영국은 스페인과 프랑스로부터 망명해 온 근면한 신교도 수공업자들을 적극 받아들여 다시 산업 발전의 토대를 공고히 했다. 뿐만 아니라 그들은 가격혁명의 혜택도 가장 많이 받았다. 같은 제품이라도 일단 스페인으로 가져가기만 하면 3~4배로 비싼 값을 받을 수 있었고, 여기서 축적한 자본을 산업에 재투자했다.

그들에게는 자본 축적과 더불어 '대규모 산업' 발전이 가능하게 되었고, 풍부한 노동력도 준비되어 있었다. '인클로저운동'으로 이농(離農)한 값싼 유휴 노동력이 그것이었다. 이와 아울러 영국의 산업 발전을 더욱 뚜렷하게 촉진시킨 가장 중요한 요인은 무엇보다도 석탄 사용에 있었다.

영국은 값이 파격적으로 저렴한 연료를 프랑스보다 100년이나 먼저 사용했다. 석탄 사용이 산업 기반 구축을 가능하게 했으며, 이것이 영국의 최종 승리에 큰 힘이 되었던 것이다.

산업 기반 구축과 병행하여 상품 판매를 위한 세계 시장을 가장 먼저 확보한 것도 그들에게 승리를 보장해준 또 다른 요인이었다. 영국은 산업 기반이 있었기에 세계시장 지배가 가능했고, 산업 생산성과 기술력의 비약적 발전을 이루어 이후 수 세기 동안 세계 경제 성장을 이끌어갈 수 있었다. "18세기 산업혁명도 16세기의 '초기 산업혁명'이라는 토대가 있었기에 가능했다."

영국과 프랑스 사이의 7년전쟁이 끝나면서 두 나라의 격차는 더욱 확연히 드러났다. 전승으로 캐나다와 인도 등 방대한 식민지를 얻게 된 영국은 증대된 수요를 위해 본격적인 산업혁명의 길로 접어들었고, 패전한 프랑스는 절대왕정에 대한 비판이 고조됨으로써 대혁명의

길로 접어들게 되었다. 그리고 이제 프랑스의 위협이 없
어짐으로써 영국의 보호가 더 이상 필요하지 않게 된 아
메리카 식민지는 마침내 독립의 길로 내달았던 것이다.
이제 근대 세계가 개막된 것이다.

## 제 1 장 스페인의 황금 시대

1  두 사람의 실제 결혼일은 1469년 10월 19일이다. 그러나 그뒤 여러 가지 문제가 대두됨으로써 양국의 합동은 1479년에야 이루어졌다.

2  R. T. Davis, *The Golden Century of Spain 1501~1621*, New York : Harper Torch Book, 1961, 3~4쪽.

3  C. J. H. Hayes, *A Political and Cultural History of Modern Europe*, Vol. 1, New York : The Macmillan Company, 1936, 223쪽.

4  같은 책, 225쪽.

5  같은 책, 225쪽.

6  같은 책, 225쪽.

7  J. H. Elliot, *The Old and New 1492~1650*, Cambridge University Press, 1970, 越智武臣·川北捻 譯, 《舊世界と新世界》, 岩波書店, 1975, 98~99쪽.

8  Davis, 앞의 책, 297쪽.

9  Elliot, 앞의 책, 99쪽.

10  같은 책, 100쪽.

11  E. J. Hamilton, "Decline of Spain", E. M. C. Wilson(ed.), *Essays in*

*Economic History*, New York：St. Marin's Press, 1966.

12  Hayes, 앞의 책, 154쪽.

13  같은 책, 같은 곳.

14  F. Braudel, *Autour de la Mediterranee*, Edition de Fllois, 1996, 浜名 優美 監譯,《ブローデル歷史集成》, 藤原書店, 2004, 254쪽.

15  Hayes, 앞의 책, 158쪽.

16  같은 책, 158쪽.

17  같은 책, 158~159쪽.

18  J. U. Nef, "The Progress of Technology and the Growth of Large Scale Industry in Great Britain, 1540~1640", *Economic History Review*, V, 1934, 1.

19  Braudel(浜名優美 監譯), 앞의 책, 267~268쪽.

20  같은 책, 268쪽.

21  J. H. Elliot, *Imperial Spain*, New York：The New American Library, 1966, 208쪽.

22  Braudel(浜名優美 監譯), 앞의 책, 269쪽.

23  成瀨 治,〈國際政治の展開〉,《岩波講座 世界歷史 14》, 岩波書店, 1969, 58~59쪽.

24  Braudel(浜名優美 監役), 앞의 책, 287쪽.

25  前川貞次郎,《絶對主義時代－新修京大西洋史》, 創元社, 1966, 13쪽.

26  H. G. Koenigsberger and G. L. Mosse(eds.), *Europe in the Sixteenth Century*, London：Longmans, 1968, 246~247쪽.

27  Braudel(浜名優美 監役), 앞의 책, 293쪽.

28  같은 책, 같은 곳.

29  같은 책, 295쪽.

30  같은 책, 299쪽.

31  같은 책, 298~299쪽.

32  같은 책, 300쪽.

33  같은 책, 307~309쪽.

34  같은 책, 309쪽.

35  前川貞次郎, 앞의 책, 13~15쪽.

36   Hayes, 앞의 책, 251쪽.

37   今井登志喜, 《近世における繁榮中心の移動》, 誠文堂信光社, 1950, 134쪽.

38   E. J. Hamilton, "The Decline of Spain", *Economic History Review*, VIII, 1938, 2.

39   J. R. Green, *History of English People*, 和田勇一 譯,《イギリス國民の歷史》, 未來社, 1966, 116쪽.

40   같은 책, 116~117쪽.

41   Hayes, 앞의 책, 245쪽.

42   같은 책, 246쪽.

43   같은 책, 247쪽.

44   같은 책, 같은 곳.

45   같은 책, 248쪽.

46   같은 책, 같은 곳.

47   같은 책, 249쪽.

48   大塚久雄,《歐洲經濟史序說》, 時潮社, 1942, 40쪽.

49   같은 책, 44~45쪽.

50   같은 책, 49쪽.


## 제2장 영국의 우위 확보


1   C. J. H. Hayes, *A Political and Cultural History of Modern Europe*, Vol. 1, New York : The Macmillan Company, 1936, 28~29쪽.

2   같은 책, 29쪽.

3   E. K. Milliken, *Lancastrian and Tudor*, London : George G. Harrap & Co., 1958, 142쪽.

4   H. Shultz, *History of England*, New York : Barnes & Noble, 崔文衡 옮김,《英國史》(1), 新丘文化社, 1975, 152쪽.

5   Hayes, 앞의 책, 30쪽.

6  Shultz, 앞의 책, 144~145쪽.

7  A.-J. Bourde, *Histoire de La Grande-Bretagne*(Collection Que sais-je, No. 282), 高山一彦·別技達夫 譯, 《英國史》, 白水社, 1979, 57쪽.

8  Hayes, 앞의 책, 170~171쪽.

9  Lord Strang, *Britain in World Affairs*, Faber & Faber Andre Deuttsch, 1961, 25쪽.

10  같은 책, 26쪽.

11  Shultz, 앞의 책, 152~153쪽.

12  Hayes, 앞의 책, 171쪽.

13  같은 책, 172쪽.

14  같은 책, 같은 곳.

15  같은 책, 같은 곳 ; 大野眞弓 編,《イギリス : 世界各國史》, 山川出版社, 1966, 129쪽 ; Hayes, 앞의 책, 173쪽.

16  Bourde, 앞의 책, 59쪽 ; 大野眞弓 編, 같은 책, 131쪽.

17  Bourde, 같은 책, 60쪽 ; Hayes, 앞의 책, 173쪽.

18  Bourde, 같은 책, 61~62쪽.

19  같은 책, 60쪽.

20  같은 책, 61~62쪽 ; Shultz, 앞의 책, 162~163쪽.

21  Milliken, 앞의 책, 146쪽.

22  Shultz, 앞의 책, 167쪽.

23  같은 책, 168쪽.

24  같은 책, 169쪽.

25  Milliken, 앞의 책, 147~148쪽 ; Shultz, 같은 책, 170쪽.

26  Shultz, 같은 책, 171쪽.

27  Milliken, 앞의 책, 148쪽 ; Shultz, 같은 책, 172쪽.

28  Milliken, 같은 책, 148쪽 ; 植村雅彦,《エリザベスとその時代》, 創元社, 1973, 7쪽.

29  Hayes, 앞의 책, 384쪽.

30  J. R. Green, *History of English People*, 和田勇一 譯,《イギリス國民の歷史》, 未來社, 1966, 114~115쪽.

31  같은 책, 118쪽.

32  같은 책, 115쪽.

33  植村雅彦, 앞의 책, 9쪽.

34  같은책, 10쪽 ; J. M. Levine(ed.), *Elizabeth I*, Pentice Hall Inc., 1969, 14쪽 ; Green, 앞의 책, 114쪽.

35  Levine(ed.), 같은 책, 같은 곳 ; 植村雅彦, 같은 책, 12쪽.

36  植村雅彦, 같은 책, 13쪽.

37  같은 책, 14쪽.

38  Hayes, 앞의 책, 384쪽.

39  植村雅彦, 앞의 책, 14쪽.

40  Green, 앞의 책, 114쪽.

41  Milliken, 앞의 책, 149쪽.

42  같은 책, 148~149쪽.

43  Shultz, 앞의 책, 181쪽.

44  같은 책, 같은 곳.

45  植村雅彦, 앞의 책, 114~115쪽.

46  崔文衡, 〈英國 Tudor時代의 勞動政策〉, 《西洋史論》, 第3號, 1962. 2 ; 崔文衡, 〈英國 Tudor時代의 農業政策再考〉, 《歷史學報》, 第48輯, 1970. 2.

47  植村雅彦, 앞의 책, 124~125쪽.

48  같은 책, 22~23쪽.

49  같은 책, 23쪽.

50  大野眞弓 編, 앞의 책, 134쪽. 그뒤 엘리자베스는 1563년 성직자 회의를 열어 영국 국교회의 신앙 개조를 에드워드 6세 시대의 '42개조'에서 '39개조'로 개정했으며, 1571년 의회는 이를 승인했다.

51  植村雅彦, 앞의 책, 28쪽.

52  같은 책, 같은 곳.

53  Shultz, 앞의 책, 180쪽.

54  같은 책, 같은 곳.

55  같은 책, 185쪽.

56  같은 책, 같은 곳.

57  같은 책, 183쪽.

58  같은 책, 185쪽.

59  Green, 앞의 책, 119쪽.

60  같은 책, 같은 곳.

61  植村雅彦, 앞의 책, 31쪽.

62  Bourde, 앞의 책, 64쪽.

63  植村雅彦, 앞의 책, 29쪽.

64  Shultz, 앞의 책, 184쪽.

65  같은 책, 같은 곳.

66  같은 책, 185~187쪽. 중요한 음모만 해도 1569년 북방 귀족들의 봉기, 1571년 교황과 펠리페 2세의 후원을 받은 이탈리아 금융가 리돌피(Ridolfi)의 음모 등이 있다.

67  Levine(ed.), 앞의 책, 122·124쪽 ; 植村雅彦, 앞의 책, 142~145쪽.

68  植村雅彦, 같은 책, 172쪽 ; E. L. Westwood, *History of England*, London : Methuen, 1971, 120쪽.

69  植村雅彦, 같은 책, 146쪽.

70  같은 책, 147쪽.

71  Westwood, 앞의 책, 120쪽.

72  植村雅彦, 앞의 책, 149쪽 ; Westwood, 같은 책, 120쪽.

73  Hayes, 앞의 책, 386쪽.

74  Shultz, 앞의 책, 189쪽.

75  같은 책, 같은 곳.

76  植村雅彦, 앞의 책, 150·152쪽.

77  Green, 앞의 책, 155쪽.

78  같은 책, 같은 곳.

79  같은 책, 158쪽.

80  Shultz, 앞의 책, 189쪽.

81  같은 책, 187쪽 ; Green, 앞의 책, 158쪽.

82  Shultz, 같은 책, 189~190쪽.

83  같은 책, 190쪽 ; Green, 앞의 책. 159쪽.

84  Green, 같은 책, 같은 곳.

85  같은 책, 같은 곳.

86  Hayes, 앞의 책, 385~386쪽 ; Shultz, 앞의 책, 188~189쪽.

87  Green, 앞의 책, 160쪽.

88  같은 책, 같은 곳 ; 植村雅彦, 앞의 책, 156~157쪽.

89  Shultz, 앞의 책, 190쪽.

90  같은 책, 190~191쪽.

91  植村雅彦, 앞의 책, 157쪽.

92  Shultz, 앞의 책, 192쪽.

93  Green, 앞의 책, 182쪽 ; 植村雅彦, 앞의 책, 159쪽.

94  植村雅彦, 같은 책, 161쪽.

95  같은 책, 같은 곳.

96  Hayes, 앞의 책, 385쪽.

97  같은 책, 386쪽.

98  같은 책, 386~387쪽.

99  같은 책, 387쪽.

100  같은 책, 같은 곳.

101  Shultz, 앞의 책, 194쪽.

102  같은 책, 같은 곳.

103  J. U. Nef, "The Progress of Technology and the Growth of Large-scale Industry in Great Britain, 1540~1640", Carus-Wilson (ed.), *Essays in Economic History*, Vol. 1, New York : St. Martin's Press, 1966.

104  J. U. Nef, "Price and Industrial Capitalism in France and England, 1540~1640", *Economic History Review*, 10, 1940, 2.

105  Shultz, 앞의 책, 195쪽.

106  崔文衡, 〈英國 Tudor王政의 農業政策一考〉,《李海南博士還曆論叢》, 1970. 7 ; 〈英國 Tudor王政의 農業政策再考〉,《歷史學報》, 第48輯, 1970. 12.

107  Shultz, 앞의 책, 193쪽.

108 W. H. R. Curtler, *The Enclosure and Redistribution of Our Land*, Oxford, 1920, 93·106·115쪽. '과도기적 혼란'이란 피셔(F. J. Fisher)가 말하는 '1550년대의 불황'과 커틀러가 말하는 '인클로저로 말미암은 사회적 혼란'으로 더욱 구체화했다.

109 崔文衡, 〈英國 Tudor王政의 農業政策再考〉 ; E. F. Heckscher, *Mercantilism*, Vol. 1, Mendel Shapiro(tr.), London, 1955, 228쪽.

110 崔文衡, 〈英國 Tudor時代의 勞動政策〉, 《西洋史論》, 第3號, 1962. 2 ; 崔文衡, 〈英國 Tudor時代의 經濟政策一考〉, 《趙義卨博士還曆論叢》, 1967. 9.

111 Shultz, 앞의 책, 194쪽.

112 같은 책, 같은 곳.

113 崔文衡, 〈英國 Tudor王政의 農業政策一考〉.


# 제3장 홀란드의 독립과 세계 해양 지배


1 C. J. H. Hayes, *A Political and Cultural History of Modern Europe*, Vol. 1, New York : The Macmillan Company, 1936, 249쪽. 'Dutch' 는 'Netherlandish'와 사실상 뜻이 같다. 그러나 근래에 와서 '더치(Dutch)'는 일반적으로 북네덜란드, 즉 홀란드의 언어나 사람을 일컫는 데 쓰이고 있다. 남네덜란드인(벨기에인) 가운데서도 네덜란드어를 사용하는 사람은 '플레밍(Flemings)'이라고 일컬어지며 프랑스어를 사용하는 사람은 '왈룬(Waloons)'이라고 불린다.

2 村松恒一郎, 〈16, 17世紀に於けるネーデルランド共和國の政治的發展とその經濟史的意味〉, 《經濟學硏究 II》(一橋大學硏究年報), 1957, 4쪽.

3 今井登志喜, 《近世おける繁榮中心の移動》, 誠文堂新光社, 1950, 172쪽.

4 같은 책, 173쪽.

5 栗原福也, 〈16世紀後半の地中海とネーデルランド〉, 《一橋論叢》, 第72卷, 第6號, 1974. 12, 567쪽.

6  大塚久雄, 《歐洲經濟史序說》, 大洋社, 1941. 9, 54쪽.

7  같은 책, 53~54쪽.

8  Hayes, 앞의 책, 246쪽.

9  村松恒一郎, 앞의 글, 5쪽.

10  今井登志喜, 앞의 책, 94쪽.

11  Hayes, 앞의 책, 246~247쪽.

12  같은 책, 247쪽.

13  今井登志喜, 앞의 책, 98쪽.

14  栗原福也, 앞의 글, 18쪽. "물론 영국 '모험 상인들'이 1573년 다
    시 안트베르펜으로 돌아오기는 했지만 이제 더 이상 이전의 번
    영을 되돌릴 수는 없었다."

15  村松恒一郎, 앞의 글, 5쪽.

16  같은 글, 같은 곳.

17  栗原福也, 앞의 글, 98쪽.

18  Hayes, 앞의 책, 250쪽.

19  같은 책, 248쪽.

20  같은 책, 같은 곳.

21  같은 책, 245쪽.

22  같은 책, 250쪽.

23  今井登志喜, 앞의 책, 135쪽.

24  같은 책, 134쪽.

25  H. G. Koenigsberge and G. L. Mosse, *Europe in Sixteenth Century*,
    London : Longman, 1968, 257쪽.

26  栗原福也, 앞의 글, 90~99쪽.

27  大塚久雄, 앞의 책, 52쪽.

28  今井登志喜, 앞의 책, 139쪽.

29  같은 책, 같은 곳.

30  같은 책, 140쪽.

31  같은 책, 155쪽.

32  Hayes, 앞의 책, 391쪽.

33  今井登志喜, 앞의 책, 140~141쪽.

34  같은 책, 141쪽.

35  Hayes, 앞의 책, 391쪽.

36  今井登志喜, 앞의 책, 143쪽.

37  같은 책, 같은 곳.

38  같은책, 144~145쪽 ; J. Williamson, *A Short History of British Expansion*, London : Macmillan, 1955, 219쪽.

39  大鹽龜雄,《最新世界植民史》, 巖松堂書店, 1924, 147쪽.

40  今井登志喜, 앞의 책, 146쪽 ; 大鹽龜雄, 같은 책, 149쪽.

41  大鹽龜雄, 같은 책, 같은 곳.

42  같은 책, 148쪽.

43  今井登志喜, 앞의 책, 146쪽.

44  大鹽龜雄, 앞의 책, 150쪽.

45  Hayes, 앞의 책, 392쪽.

46  같은 책, 같은 곳.

47  大鹽龜雄, 앞의 책, 150쪽.

48  今井登志喜, 앞의 책, 143~144쪽.

49  Hayes, 앞의 책, 392쪽.

50  大鹽龜雄, 앞의 책, 151쪽.

51  같은 책, 151~152쪽.

52  Hayes, 앞의 책, 392~393쪽.

53  같은 책, 393쪽.

54  今井登志喜, 앞의 책, 148쪽 ; 大塚久雄, 앞의 책, 60~61쪽.

55  大鹽龜雄, 앞의 책, 152쪽.

56  今井登志喜, 앞의 책, 214~217쪽.

57  같은 책, 215쪽.

58  같은 책, 216~217쪽.

59  Hayes, 앞의 책, 393쪽.

60  같은 책, 394쪽.

61  Williamson, 앞의 책, 219쪽.

62  같은 책, 같은 곳.

63  같은 책, 219~220쪽.

64  같은 책, 220쪽.

65  같은 책, 같은 곳.

66  같은 책, 221쪽.

67  같은 책, 같은 곳.

68  같은 책, 같은 곳 ; Hayes, 앞의 책, 394쪽.

69  Hayes, 같은 책, 같은 곳 ; 今井登志喜, 앞의 책, 225쪽.

70  Williamson, 앞의 책, 218쪽.

71  今井登志喜, 앞의 책, 225쪽.

72  村松恒一郎, 앞의 글, 54쪽.

73  같은 글, 같은 곳.

74  같은 글, 같은 곳.

75  같은 글, 54~55쪽.

76  같은 글, 55~56쪽.

77  Hayes, 앞의 책, 394쪽.

78  같은 책, 같은 곳 ; 今井登志喜, 앞의 책, 228쪽.

79  今井登志喜, 같은 책, 231쪽.

80  村松恒一郎, 앞의 글, 65쪽.

81  Hayes, 앞의 책, 394쪽.

82  今井登志喜, 앞의 책, 232쪽.

83  F. Nussbaum, "The Triumph of Science and Reason 1660~1685",
    W. L. Langer(ed.), *The Rise of Modern Modern Europe*, 6, New
    York : Harper Torch Books Edition, 1962, 154~156쪽.

84  Hayes, 앞의 책, 394~395쪽.

85  今井登志喜, 앞의 책, 234~236쪽.

86  같은 책, 239쪽.

87  Hayes, 앞의 책, 395쪽.

88  今井登志喜, 앞의 책, 239쪽.

89  같은 책, 230·248·249쪽.

90  같은 책, 273쪽.

91  같은 책, 248쪽.

92  Hayes, 앞의 책, 395쪽.

제4장 프랑스의 중앙집권화와 영·불의 세계 해상권 경쟁

1　C. J. H. Hayes, *A Political and Cultural History of Modern Europe*, Vol. 1, New York : The Macmillan Company, 1936, 280쪽.

2　같은 책, 281쪽.

3　같은 책, 283쪽.

4　같은 책, 284쪽.

5　井上幸治 編,《フランス史 ： 世界各國史 2》, 山川出版社, 1959, 125쪽.

6　Hayes, 앞의 책, 288쪽.

7　같은 책, 291~292쪽.

8　C. Constans, *Versailles, Château de la France et orgueil des rois*, 遠藤ゆかり 譯, 伊藤俊治 監修,《ヴェルサイユ宮殿の歷史》, 創元社, 2004, 35쪽.

9　같은 책, 48쪽.

10　Hayes, 앞의 책, 293쪽.

11　秀村欣二,《物語西洋史》, 每日新報社, 1959, 137~138쪽.

12　Hayes, 앞의 책, 296쪽.

13　같은 책, 297쪽.

14　成瀨 治,〈18世紀の國際政治〉,《岩波講座 世界歷史 17》(近代 4), 岩波書店, 1970, 83쪽.

15　같은 글, 83쪽.

16　Hayes, 앞의 책, 299쪽.

17　成瀨 治, 앞의 글, 87쪽.

18　G. N. Clark, *Early Modern Europe from about 1450 to about 1720*, London, 1957, 215쪽.

19　같은 책, 같은 곳.

20　Hayes, 앞의 책, 304쪽.

21　같은 책, 309쪽.

22　G. N. Clark, "War Trade and Trade War, 1701~1713", *Economic History Review*, 1~2, 1927, 278쪽.

23  Hayes, 앞의 책, 338쪽.

24  오스트리아에서는 옛 게르만법에 따라 여자 상속을 배제했지만, 황제는 딸 마리아 테레지아에게 영토 상속의 길을 열어주기 위해 국내 제후와 열강에게 〈국사소칙(Pragmatic Sanction)〉을 승인하게 했다.

25  H. E. Egerton, *A Short History of British Colonial History*, Methueen, 1918, 144쪽 ; Hayes, 앞의 책, 405~406쪽. 영국의 선장이 스페인인에 의해 한쪽 귀가 잘린 데서 붙여진 이름.

26  Hayes, 같은 책, 341쪽 ; W. L. Dorn, "Competion for Empire 1740~1763", W. L. Langer(ed.), *The Rise of Modern Europe*, 9, New York, 1963, 122~177쪽.

27  Hayes, 같은 책, 342쪽.

28  같은 책, 343쪽.

29  같은 책, 343~344쪽.

30  같은 책, 407쪽.

31  成瀨 治, 앞의 글, 128쪽.

32  같은 글, 129쪽 ; Hayes, 앞의 책, 412쪽.

33  Hayes, 같은 책, 같은 곳.

34  같은 책, 412~413쪽.

# 참고문헌


Bainton, R. H., *The Reformation of the Sixteenth Century*, The Beacon Press, 1962.

Birnie, A., *An Economic History of the British Isles*, Methuen, 1943.

Bourde, A.-J., *Histoire de La Grande-Bretagne*(Collection Que sais-je, No. 282), 高山一彦·別技達夫  譯,《英國史》, 白水社, 1979.

Braudel, F., *Autour de la Mediterranee*, Edition de Fllois, 1996, 浜名優美  監譯,《ブローデル歴史集成》, 藤原書店, 2004.

Briggs, A., *The Making of Modern England : The Age of Improvement*, Harper Torchbooks, 1965.

Brown, R. A., *The Origins of Modern Europe*, Thomas Y. Cromwell Co., 1972.

Clark, G. N., "War Trade and Trade War, 1701~1713", *Economic History Review*, 1~2, 1927.

______, *Early Modern Europe from about 1450 to about 1720*, London, 1957.

Cole, G. D. H., *Introduction to Economic History, 1750~1950*, Macmillan & Co., 1954.

Constans, C., *Versailles, Château de la France et orgueil des rois*, 遠藤ゆかり 譯, 伊藤俊治 監修, 《ヴェルサイユ宮殿の歴史》, 創元社, 2004.

Curtler, W. H. R., *The Enclosure and Redistribution of Our Land*, Oxford, 1920.

Davis, R. T., *The Golden Century of Spain 1501~1621*, New York : Harper Torch Book, 1961.

Deane, P. M., *The First Industrial Revolution*, Cambridge University Press, 1969.

Dorn, W. L., "Competion for Empire 1740~1763", W. L. Langer (ed.), *The Rise of Modern Europe*, 9, New York, 1963.

Egerton, H. E., *A Short History of British Colonial History*, Methueen, 1918.

Elliot, J. H., *Imperial Spain*, New York, 1966.

______, *The Old and New 1492~1650*, Cambridge University Press, 1970, 越智武臣·川北捻 譯, 《舊世界と新世界》, 岩波書店, 1975.

Eugene, F. R. Jr., *The Foundations of Early Modern Europe, 1460~1559*, W. W. Norton & Co., 1970.

Fieldhouse, D. K., *The Colonial Empires*, Dell Publishing Co., 1971.

Fisher, F. J.(ed.), *Essays in the Economic and Social History of Tudor and Stuart England*, Cambridge University Press, 1961.

Frederick C. D., *A Political and Social History of England*, Macmillan, 1932.

______, *An Economic History of England*, Henry Holt & Co., 1942.

Green, J. R., *History of English People*, 和田勇一 譯, 《イギリス國民の歴史》, 未來社, 1966.

Hamilton, E. J., "The Decline of Spain", *Economic History Review*, VIII, 1938, 2.

Harbison, E. H., *The Age of Reformation*, Cornell University Press, 1965.

Hayes, C. J. H., *A Political and Cultural History of Modern Europe*, Vol. 1, New York : The Macmillan Company, 1936.

Heckscher, E. F., *Mercantilism*, Vol. 1, Mendel Shapiro(tr.), London, 1955.

Hill, C., *The Century of Revolution, 1603~1714*, Norton & Co., 1966.

Kemp, T., *Industrialization in Nineteenth Century Europe*, Longman, 1976.

Koenigsberge, H. G., and Mosse, G. L., *Europe in Sixteenth Century*, London : Longman, 1968.

Levine, J. M.(ed.), *Elizabeth I*, Pentice Hall Inc., 1969.

Milliken, E. K., *Lancastrian and Tudor*, London : George G. Harrap & Co., 1958.

Nef, J. U., "The Progress of Technology and the Growth of Large Scale Industry in Great Britain, 1540~1640", *Economic History Review*, V, 1934, 1.

______, "Price and Industrial Capitalism in France and England, 1540~1640", *Economic History Review*, 10, 1940, 2.

______, "The Progress of Technology and the Growth of Large-scale Industry in Great Britain, 1540~1640", Carus-Wilson (ed.), *Essays in Economic History*, Vol. 1, New York : St. Martin's Press, 1966.

Nussbaum, F., "The Triumph of Science and Reason 1660~1685", W. L. Langer(ed.), *The Rise of Modern Modern Europe*, 6, New York : Harper Torch Books Edition, 1962.

Seeley, J. R., *Expansion of England*, 古田保 譯, 《英國發展史論》, 第一書房, 1942.

Shultz, H., *History of England*, New York : Barnes & Noble, 崔文衡 옮김, 《英國史》(1), 新丘文化社, 1975.

Strang, L., *Britain in World Affairs*, Faber & Faber Andre Deuttsch, 1961.

Tawney, R. H., *The Agrarian Problem in the Sixteenth Century*, Harper Torchbooks, 1967.

Waters, C. M., *An Economic History of England*, Oxford University Press, 1955.

Westwood, E. L., *History of England*, London : Methuen, 1971.

White, R. J., *A Short History of England*, Cambridge University Press, 1967.

Williamson, J., *A Short History of British Expansion*, London : Macmillan, 1955.

Wolf, J. B., *Toward a European Balance of Power, 1620~1715*, Rand McNally & Co., 1970.


角山榮, 《資本主義の成立過程》, ミネルヴァ書房, 1958.

______, 《イギリス絶對主義の構造》, ミネルヴァ書房, 1958.

掘江英一, 《イギリス革命の研究》, 青木書房, 1962.

今井登志喜, 《近世における繁榮中心の移動》, 誠文堂信光社, 1950.

______, 《英國社會史》(上·下), 東京大學出版會, 1954.

大野眞弓 編, 《イギリス : 世界各國史》, 山川出版社, 1966.

大鹽龜雄, 《最新世界植民史》, 巖松堂書店, 1924.

大塚久雄, 《歐洲經濟史序說》, 時潮社, 1941.

______, 《近代資本主義の系譜》(上), 弘文堂, 1956.

______, 〈國際政治の展開〉, 《岩波講座 世界歷史 14》, 岩波書店, 1969.

大塚久雄 編, 《西洋經濟史》, 筑摩書房, 1968.

林達, 《産業革命への道》, 中央大學出版部, 1971.

マレソン, G. B. 著, 大澤貞藏 譯, 《印度に於ける英佛爭霸史》, 生活社, 1943.

成瀬 治, 〈18世紀の國際政治〉, 《岩波講座 世界歷史 17》(近代 4), 岩波書店, 1970.

小松芳喬, 《イギリス農業革命の研究》, 岩波書店, 1961.

秀村励二, 《物語西洋史》, 每日新報社, 1959.

植村雅彦, 《エリザベスとその時代》, 創元社, 1973.

五十嵐喬, 《イギリス商業史》, 御茶の水書房, 1967.

外務省調査部, 《蘭領印度民族史》, 日本国際協会, 1936.

栗原福也, 〈16世紀後半の地中海とネーデルランド〉, 《一橋論叢》, 第72卷, 第6號, 1974. 12.

田代不二男, 《英國の救貧制度》, 有斐閣, 1958.

前川貞次郎, 《絶對主義時代－新修京大西洋史》, 創元社, 1966.

井上幸治 編, 《フランス史 : 世界各國史 2》, 山川出版社, 1959.

重藤威夫, 《英國中世經濟の發展過程》, 酒井書店, 1957.

增田四郎, 《西歐市民意識の形成》, 春秋社, 1949.

村松恒一郎, 〈16, 17世紀に於けるネーデルランド共和國の政治的發展とその經濟史的意味〉, 《經濟學研究 II》(一橋大學研究年報), 1957.

秦玄龍, 《イギリス經濟史研究》, 東洋經濟新報社, 1962.

崔文衡, 〈英國 Tudor時代의 勞動政策〉, 《西洋史論》, 第3號, 1962. 2.

______, 〈英國 Tudor時代의 經濟政策一考〉, 《趙義卨博士還曆論叢》, 1967. 9.

______, 〈英國 Tudor王政의 農業政策一考〉, 《李海南博士還曆論叢》, 1970. 7.

______, 〈英國 Tudor王政의 農業政策再考〉, 《歷史學報》, 第48輯, 1970. 12.

# 찾아보기

**[ㄱ]**

가격혁명(Price Revolution)
  32, 52, 185, 333
  가격혁명의 여파  52
가톨릭  132, 178, 199, 211
  가톨릭 강압  33, 89
  가톨릭 전성기  104
  유럽 제패 계획의 실패  178
가톨릭교  89
가톨릭의 개혁(Catholic's
  Reform)  133
거울의 방(Hall of Mirrors)  292
  거울의 방 관련 일화  293
고등법원(Parlement)  279, 284
과도기적 혼란(transitional
  chaos)  190
9년전쟁  307
구빈법(Poor Law)  190
구빈원(救貧院)  191

국가이성(raison d'État)  278,
  282
국가이성론  282
국교회(Anglican church)  104,
  125, 131, 137, 151, 193
  엘리자베스와 영국 국교회는
    쌍둥이 관계  137
  영국 국교회의 독립  137
국민개로(國民皆勞, universal
  obligation to work)
  190~192
국왕지상법(Act of Supremacy)
  150
귀속전쟁(War of Devolution)
  268, 299, 300, 309
그라나다(Granada)  32, 35
  그라나다의 정복자  40
그레나다(Grenada)  327
그레이, 제인 (Lady Jane Grey)
  131, 132, 134, 135

그렌빌, 리처드(Richard
　　Grenvill)　176
그로티우스, 후고(Hugo Grotius)
　　235
금융업　226
길버트, 험프리(Humphrey
　　Gilbert)　182


**[ㄴ]**

나바라(Navarra)　37, 38
나이트(knight)　170
나폴레옹전쟁　308
낭트칙령(Edict of Nantes)　64,
　　271, 276
낭트칙령 폐지　294, 332
네덜란드　28, 33~35, 42~44, 46,
　　69, 70, 81, 84, 86, 88~98,
　　105, 109, 110, 198, 202, 210,
　　211, 217, 219
　　가장 번성을 누린 지방　202
　　남·북 네덜란드의 반스페인
　　　　전선이 깨진 원인　199
　　남부 10주　93
　　네덜란드 공화국　198
　　네덜란드 반란의 원인　88
　　네덜란드 상속녀 부르고뉴의
　　　　마리　42
　　네덜란드에서 일어난 반란
　　　　95
　　네덜란드의 조지 워싱턴　91
　　네덜란드의 해방　34

　　독립전쟁　210
　　반란이 일어난 최초의 원인
　　　　211
　　반스페인 전선 구축　217
　　북부 7주　93
　　스페인 통치에 항거하게 된
　　　　요인　219
　　스페인령 네덜란드　94, 198,
　　　　219, 301
　　17세기 네덜란드 은행가　225
　　17주의 결속에 내포된 결점
　　　　93
　　오스트리아령 네덜란드　94,
　　　　219
　　유럽 대륙의 관문　202
　　펠리페 2세의 네덜란드 반란
　　　　진압　80
네덜란드 연방공화국　94
네이메헨의 화약(peace of
　　Nijmegen)　303
노동력 통제　190
노동시간　190
노예무역　184
뉴네덜란드　241, 242
　　영국에 탈취당한 원인　242
뉴암스테르담(New Amsterdam)
　　241, 261
뉴욕(New York)　261
뉴젤란트(New Zeeland, 지금의
　　뉴질랜드)　239
뉴펀들랜드　110, 184

**[ㄷ]**

단리 경(Lord Darnley)  162
대군주권(Grand Monarchy)  292, 294
대영전쟁  82
더들리, 로버트(Robert Duddley, 레스터 백)  145, 157, 159
더들리, 존(John Dudley, 노섬벌랜드 공)  131, 157
데일, 토머스(Thomas Dale)  248
도버 비밀조약  303
도제(徒弟) 기간  190
독일  96
돈 존(Don John)  92
돈 카를로스(Don Carlos)  72, 77~79
　돈 카를로스의 광기  77
　아버지의 한탄, 내가 범한 죗값으로 주(主)는 내 자식의 이해력을 빼앗아 갔다  78
동아시아  251
동인도 무역  230, 333
동인도회사(East India Company)  187, 201, 228, 231, 233, 235~240, 242
　순수한 '상인공화국'  234
　외교권과 군사권  234
　일종의 국가  234
뒤플레(Dupleix)  325

드 라위터르(De Ruiter)  261, 262, 265
드 빗(Johan de Witt)  259
드레이크, 프랜시스 (Francis Drake)  168, 171, 172, 176, 182, 183
　카디스 습격  168, 172

**[ㄹ]**

라이프치히 토론  58
라인강(Rhine)  204
랭커스터가  106
레반트회사(Levant company)  187
레스터 백(Earl of Leicester)  145, 157, 167, 168
　레스터 백의 역량 부족  167
　본국 소환  168
레오 10세  48, 55, 56, 112
레오폴드(Leopold) 황제  304, 309
레이덴(Leiden)  225
　모직물 공업  225
레이스웨이크(Rijswijk)의 화약  307
레판토 해전  81
로욜라, 이그나티우스(Ignatius Loyola)  133
롤리, 월터(Walter Raleigh)  140, 157, 182~184, 253~255
루부아(Louvois)  299

루이 14세 203, 261, 262, 264,
    268, 271, 281~283, 285~288,
    293, 294, 296, 299, 300, 302,
    308~310
    '국왕 명의의 국왕 지배' 285
    '루이 14세의 세기(Siecle de
        Louis 14)' 287
    아우크스부르크전쟁 도발
        268
    외교 전략 310
    외교정책과 대외전쟁 299
    짐이 곧 국가다(L'etat c'est
        moi) 268, 287
    합스부르크(오스트리아 및
        스페인) 타도 299
    홀란드전쟁 302
루이 13세 276, 277, 279, 281
    왕권 강화 276
    왕권 강화와 국력 증진 278
    친정의 시작 277
루이 15세 319
루이 12세 109, 114~116
루터, 마르틴(Luther, Martin)
    33, 55, 57~64, 112, 125, 128,
    131
    95개조 논제 57
    독일어 문체 통일 60
    루터의 파문 60
    루터의 항거 55
    보호해제 처분 60
    에크의 도전 58
    죄는 신앙에 따라서만 구제될
        뿐(sola fide) 55

    카를 5세의 대응 60
룩셈부르크 94
르나르, 시몽 67
르네상스형 귀족 교육 139
르 아브르(Le Havre) 153
리슐리외(Armand de
    Richelieu) 276, 277, 281,
    285
    대외정책 281
    리슐리외의 정책 277
    절대주의 확립에서
        리슐리외의 역할 279
리스본 53, 209, 223, 230
    동인도 무역의 기점(起點)
        209
리퀘센스(Requesens) 92


[ㅁ]

마거릿(Margaret, 헨리 7세의
    셋째 딸) 109, 162
마그누스 인테르쿠르수스
    조약(Magnus Intercursus)
    109
마담 퐁파두르(Madame de
    Pompadour) 319, 321
마리(부르고뉴의 마리) 42
마리아(Maria, 페르난도의 둘째
    딸) 41
마스강(Maas) 204
마자랭(Mazarin) 281, 282
    '국왕 명의의 재상 지배' 281

막시밀리안 1세  42, 44~46, 114
   막시밀리안 1세의
      친손자(카를 5세)  44
매뉴팩쳐제도  186
메디나 시도니아 공작(Duke of
   Medina Sidonia)  173
메리 스튜어트  143, 155, 161,
   162, 165, 251
   메리 스튜어트의 처형  165
메리 튜더  33, 67~69, 73, 76, 79,
   82, 87, 94, 95, 104, 105, 117,
   130, 132
   메리 사망의 의미  68
   메리와 가톨릭의 반동  132
   영국 역사상 최초의 여왕
      132
   '피의 메리(Bloody Mary)'
      135, 142
멘도사(Mendoza, 프랑스주재
   스페인대사)  164
명예혁명  306
모스크바회사(Muscovy
   Company)  187
모직물(毛織物)  97, 109, 185,
   204, 224
   모직물 공업의 장려  109
   신대륙의 방대한 은의 지배를
      가능하게 한 경제적 기초
      97
모직물 공업  97, 98, 185, 188,
   204, 208, 223~226, 333
모험 상인들(Merchant
   Adventurers)  110, 186

모험상인회사(Company of
   Merchant Adventurers)
   208
몬트리올의 항복  326
무어인(Moors)  85
무역차액제도(貿易差額制度)  298
무적함대  179
문화적 공동체  29
문화적 통일체(cultural unity)
   25
뮌처, 토마스(Thomas Münzer)
   61
미시시피강  327
민간 가족법  301


**[ㅂ]**

바다의 걸인(Sea Beggars)  91,
   214, 217, 218
바타비아(Batavia)  234, 238
반불동맹(反佛同盟)  268, 304
반종교개혁(Counter
   Reformation)  133
배빙턴(Anthony Babington)
   사건  165
100년전쟁  106, 271
버지니아(Virginia)  184
번영의 중심  53
베네치아  205
베네치아 상인  110
베르뱅 화약(Treaty of Vervin)
   272

베르사유(Versaille) 궁전  288,
　　293, 331
　　거울의 방  289, 292, 293
　　태양왕을 중심으로 돌아가는
　　　　하나의 작은 우주  293
베스트팔렌 조약  281, 283, 299,
　　312
베스트팔렌 회의  221
베이컨, 니콜라스(Nicolas
　　Bacon)  144
벨기에  94, 204, 219
　　영국에게는 대륙으로
　　　　들어가는 최대 관문  204
벨테브레(Weltevree)  240
보방(Vauban)  299
보트(Pieter Both)  248
보호관세정책  298
부르봉  268, 271, 281, 284, 306,
　　308~310, 312, 317, 322
분권주의  263
　　중세적 분권주의  263
불린, 앤(Ann Boleyn, 헨리
　　8세의 둘째 왕비)  118, 120,
　　121, 124, 128, 136, 137, 139,
　　143
붉은 장미  106
　　붉은 장미와 흰 장미의 화합
　　　　107
브라방(Brabant)  198, 202, 212,
　　224, 301
　　일종의 '중간 지대'  202
브레다 조약(Treaty of Breda)
　　261

브뤼헤(Brugge)  204, 205


## 【ㅅ】

사나포(私拿捕, privateering)
　　168, 182, 183
사보이 가문  312
42개조  131
산업 기반  332, 333
산업 발전의 토대  333
산업혁명(Industrial
　　Revolution)  26, 186, 187,
　　270, 334
산타크루즈 후작(Marquis de
　　Santa Cruz)  173
삼부회(États-Généraux)  279,
　　284
30년전쟁  221, 243, 282
상공업 진흥  254
상업자본  98, 223, 226
　　영국 상업자본의 약진  98
　　홀란드 상업자본의 약진  98
상업혁명(Commercial
　　Revolution)  32, 52, 53, 185
상인계급  263
생산수단으로부터의 자기소외  187
샤를 9세(Charles IX)  217
　　'좋은 친구'인 오렌지 공 형제
　　　　217
샤를 4세(Charles IV)  154
샤를마뉴 대제(Charlemagne)
　　28

서유럽  28

서인도회사  240, 242

석탄 광업  186

석탄 사용  187

선대제도  185

섭정회의(攝政會議)  130

성상파괴  89, 212

성서중심주의  64

성실청(Star Chamber)  107,
146

성직 취임세  111

성체설  125

세계 해상 제국  325

세력균형(balance of power)
48, 116, 202, 268, 309, 312

'세력균형' 이론  302

세력균형정책  102, 112

세비야(Sevilla)  53, 209, 223
신대륙 무역의 기점  209

세실, 윌리엄(William Cecil)
139, 144, 157

세인트로렌스(St. Lawrence)
327

세인트존스(St. John's)  184

세인트헬레나(St. Helena)  239

셀던, 존(John Selden)  245

셸데강(Shelde)  204, 224, 312
무역 독점권  312
셸데강 봉쇄  224

소요평의회(Council of
Trouble)  89, 90, 212

'소유권 귀속(devolution)' 이론
301

속벌부(Indulgence)  55~59
죄는 신앙에 따라서만 구제될
뿐(sola fide)  55

수도원 해산  65, 124, 186, 333
1539년의 대수도원 해산  124
1536년의 소수도원 해산  124

수세(收稅) 청부  296

수장령(Act of Supremacy)
124, 125

슈말칼덴 동맹  63

슐레지엔(Schlesien)  315, 317,
319, 322

스록모턴(Francis
Throckmorton) 사건  164

스코틀랜드  109, 160, 161, 172
스코틀랜드 반란  162
스코틀랜드와 프랑스의 연합
161
잉글랜드와 스코틀랜드의
통합의 길  109

스테이플 상인(Staplers)  186

스페인  105, 148, 178, 200, 228,
230, 240, 284
경제적 기반 붕괴  97
네덜란드와 영국의 해상 위협
95
북네덜란드와 12년 동안의
휴전에 동의  221
스페인과 영국의 대결  166
스페인과 영국의 전쟁  179
스페인과 프랑스의 강화  148
스페인의 건국  38
스페인의 금·은 유입량  50

스페인의 해군력  173
스페인의 해상권 상실  82, 94
스페인의 황금기  49, 94
영국과의 항행전(航行戰)
    177
유럽 제패 계획의 실패  178
포르투갈 통합  96, 105
홀란드 무역 파괴 기도와 그
    여파  228
홀란드에 대한 스페인의 강경
    조치  230
홀란드인의 리스본항 출입
    금지  200
스페인 왕실  35, 39, 49, 80
이해관계의 다양성과 복잡성
    80
스페인 왕위계승전쟁  269, 308,
    310, 311
스페인 합스부르크  299, 310
스페인 황금 시대  33, 49, 85, 106,
    210, 273, 331
스페인 황금 시대의 종말  82,
    85, 106
스페인군의 광란(Spanish Fury)
    199, 215
스페인군의 도심 주둔  211
스필트(Herman van Speult)
    249
시모어, 에드워드(서머싯 공)  130
시모어, 제인(Jane Seymour,
    헨리 8세의 셋째 왕비)  128
시모어 형제의 권세 다툼  140
식민지  184, 269, 318, 322

식민지 무역  298
식민지전쟁  304, 308, 311
신교도  170
신교도들의 반란  135
신·구 교도의 갈등  333
신대륙  97, 333
신대륙 발견의 스폰서  35, 40
신대륙의 금·은  49
신대륙의 방대한 귀금속  49
신성로마제국  283
신성로마제국 황제  42, 70
신세계  318
신세계의 새로운 시장  52
신앙의 옹호자(Defender of
    Faith)  112, 123
신의 선민다운 일  171
실질임금  188
15~16세기의 서유럽 통치자  34


[ㅇ]


아라곤(Aragon)  32, 38, 114
카스티야와 아라곤의 통합
    39
아라스(Arras) 동맹  93, 199, 219
아르마다함대  82, 83, 85, 95,
    105, 172
아르마다함대에 대한 영국의
    도전  33
아르마다함대의 대영전쟁  82
아르마다함대의 영국 침공
    172

아르마다함대의 위력  84
아르마다함대의 패배  82,
　　105
영국 침공 실패  178
아메리카  33, 35, 40, 49, 51, 54,
　　70, 86, 95, 96, 105, 176, 184,
　　185, 200, 211, 240, 241, 243,
　　246, 306, 317, 325, 327~329,
　　331, 332, 335
아메리카의 금·은  86
아메리카의 금·은은 스페인
　　경유 영국행  86
아서(Arthur)  42, 108
아우크스부르크(Augusburg)
　　63, 64
아우크스부르크의 조치  64
아우크스부르크 동맹  304
아우크스부르크동맹전쟁  268,
　　300, 304, 305, 307, 308
아우크스부르크 신앙고백  63
안 도트리슈(Ann d'Autriche)
　　282
안나(Anne of Austria)  79
안네, 클레브스(Anne of
　　Cleves, 헨리 8세의 넷째
　　왕비)  128
안트베르펜(Antwerpen)  46, 89,
　　198~201, 205, 208, 209, 210,
　　217, 224
국제시장으로서의 기능 마비
　　216
세계 경제와 금융의 핵  205,
　　209

스페인·포르투갈과
　　북서유럽의 경제적 접점
　　208
안트베르펜의 쇠퇴  221
안트베르펜의 지리적 조건
　　205
유럽 대륙으로 들어가는 관문
　　198
안트베르펜 대성당  89, 211
성상 파괴  211
안트베르펜 대성당의 파괴
　　89
알레칙령(edict of Alais)  278
알바(Alva) 공  89, 171, 199, 211,
　　213, 220
네덜란드 파견  89
스페인 군대의 도심 주둔
　　199
알바 공의 잔악함  171, 213
알카발라(alcabala)  85, 90, 220
암보이나(Amboyna)  247, 249
학살 사건  249, 259
암스테르담(Amsterdam)  201,
　　210, 223, 226, 227, 263
번영의 중심  224
세계 무역의 핵  242
안트베르펜을 대신하는
　　교역과 세계 금융의 중심
　　201
암스테르담 흥륭의 생산적
　　기초  224
암스테르담의 번영  210
암스테르담의 흥륭  221

암스테르담은행  227, 242
앙리 4세  96, 180, 271, 276, 308
　가톨릭 개종  271
　프랑스 우위의 기반을
　　구축하기 시작  273
앙리 2세  76, 82, 144, 149
앤 여왕 전쟁(Queen Anne's
　War)  311
어업  244, 253
에그몬트(Egmont) 백작  89, 212
에드워드 4세  107
에드워드 6세  67, 104, 130
　프로테스탄트의 반동  130
에딘버러 조약(Treaty of
　Edinburgh)  152, 157, 162
에식스 백  157
에크(John Eck)  58
에타플(Etaples) 화약  109
엑스라샤펠(Aix-la-Chappele)
　48, 318
엑스라샤펠 조약  302, 318
엘리자베스(Elizabeth)  85, 96,
　104, 136, 137, 146, 148, 150,
　152, 155, 160, 178, 217
　25세의 활달한 처녀  143
　'엘리자베스'라는 이름  136
　가톨릭 진영의 공세  164
　가톨릭적 예식과 법의(法衣)
　　착용  150
　결혼외교  152
　교황 피우스 5세의
　　엘리자베스 여왕 파문
　　164

근대 영국의 기초  136
근대 영국의 토대 구축  192
냉정한 비판적 지성  138
네덜란드 반란 지원  155
독신 고집  155
두 명의 적수  104
레스터 백의 본국 소환  168
르 아브르 파병  153
메리의 실정 수습  148
무적함대를 무찌른 장본인
　86
바다의 걸인에 대한 선박
　나포 승인  217
상업 및 해양·해외 교역 진작
　144
스코틀랜드 문제  160, 163
스코틀랜드 여왕 메리에 대항
　144
스페인에 대한 휴전 제의
　168
신앙의 통일보다 정치적
　통일의 우선  151, 193
아르마다함대 격파  179
아버지 헨리 8세의 사랑  139
에드워드와 메리 시대의 혼란
　수습  104
엘리자베스 시대의 국가 통일
　195
엘리자베스 시대의 역사적
　의의  192
엘리자베스 암살 음모  88
엘리자베스 여왕의 내·외
　정책  138

엘리자베스 여왕의 당면 과제
148
엘리자베스와 영국 국교회는
쌍둥이 관계 137
엘리자베스의 잘못된 판단
180
엘리자베스의 통치 기구 144
여왕의 속임수와 표리부동한
습관 87
여왕 폐위 공작 88
외경(畏敬)과 동경(憧憬)의
염으로 회고되는 시대
192
종교개혁 104, 150
주교제도의 유지 150
즉위 당시의 영국 정황 142
즉위 이전의 엘리자베스 139
펠리페 2세와 앙리 2세
사이의 적대 조장 144
프로테스탄트로의 복귀 150
훌륭한 여왕(Good Queen
Bess) 87
엘리자베스(Elizabeth of
Valois) 76
평화의 왕비 76
연합제주(聯合諸州) 172, 221
영국 28, 33, 54, 84, 96, 171, 179,
240, 262
'해가 지지 않는 나라' 270
공화정부 252
남·북으로부터 가해졌던
교황권의 압력 162
대양 지배의 길 179

똘똘 뭉친 통일국가 84
모직물 수출국 185
무적함대에 대한
추미전(追尾戰) 177
상업 및 산업의 발전 185
상업자본의 약진 98
세력균형정책 112
스페인과의 항행전(航行戰)
177
스페인 타도 228
신대륙의 식민지화 179
아르마다함대의 침공 105
영국과 스페인의 대결 166
영국과 스페인의 전쟁 179
영국과 홀란드의 대결 시작
179
영국 선박 84
영국의 해군력 173
육군력 증강 181
잉글랜드와 스코틀랜드의
통합의 길 109
종교개혁 109, 117
주 관심이 인도 본토로
전환될 수밖에 없었던
연유 250
퀘벡과 퐁디셰리 함락 327
펠리페 2세의 영국 침공 105
프랑스 제압 325
프랑스와 스페인 두 강국에
둘러싸인 영국의 처지
149
해상 세력의 기초 182
해양 진출 94

홀란드와의 결별  245

홀란의와의 적대 관계  246, 252

영국 가톨릭 교회  110

영국과 프랑스 항쟁  317

영국 교회의 최고 권위자  124

영국 세력  34, 96

영국·프랑스전쟁  307

영국 함대  85, 173

영국·홀란드전쟁  255, 257, 261, 262

상업과 어업에서 기선을 잡으려는 경쟁  263

세계의 제해권을 둘러싼 싸움  262

전쟁의 과정과 결과  258

제3차 영국·홀란드전쟁  262, 264, 306

제2차 영국·홀란드전쟁  260

제1차 영국·홀란드전쟁  258

영어 기도서  131

예배통일법(Act of Uniformity)  131, 150

예수회  133

옐리자베타  324

오스트리아  269, 319, 322

오스트리아 왕국 해체 작업  315

오스트리아 대공  70

오스트리아 왕위계승전쟁  269, 313, 316, 317

오스트리아 합스부르크  32, 281, 283, 299, 310

와이엇, 토머스(Thomas Wyatt)  134, 140, 141

신교도들의 반란  135, 140

완디와시전투(battle of Wandiwash)  326

왕권신수설(王權神授說)  287

왕권 포기법(Act of Abjuration)  220

왕실 독재  81

외교혁명(diplomatic revolution)  319, 322

요크가  106

요크가의 엘리자베스  107

울지, 토머스(Thomas Wolsey)  48, 65, 102, 112

권력 강화 과정  114

울지의 직책  112

워릭 백(Warwick 伯)  130

월싱엄, 프랜시스(Francis Walsingham)  145

웨스트민스터협정  259, 320

위그노  153

위클리프, 존(John Wycliffe)  64, 112

교회개혁운동  112

위트레흐트(Utrecht) 동맹  93, 95, 199, 219

위트레흐트 조약(Treaty of Utrecht)  311, 312, 325

윌리엄 3세(William III)  262, 304, 310

메리와 함께 영국의 공동 왕으로 즉위  306

윌리엄, 오렌지 공(William of Orange)  91, 213, 217, 218, 220
　공권(公權) 박탈  199, 220
　네덜란드의 조지 워싱턴  91
　스페인 왕권으로부터 이탈 선언  200
윌리엄 왕의 전쟁(King William's War)  307
유럽  37, 38, 40
　피레네(산맥) 이남은 유럽이 아니다  37
유럽경제공동체(EEC)  27
유럽연합(EU)  27
유럽의 몰락  27
유럽의 일체화 시도  27
유럽전쟁  308
　프러시아에 편든 프랑스  317
　오스트리아에 편든 영국  317
6개조  130
　6개조의 폐지  130
6개조법  125
율리우스 2세  117, 120
　율리우스 2세의 관면(寬免)  117, 120
융합되지 못한 주(disunited province)  264
은(銀)  209, 333
　국부를 형성하는 국가의 경제적 기초  100
　대식민제국 건설을 이루게 한 경제적 원동력  97
　은 유입이 금 유입을 능가  51

이단심문(異端審問, inquisition)  81, 89, 199, 211
이베리아반도  35
　이베리아반도 통일의 주도자  35
　이베리아반도에 이슬람 요소가 남게 된 연원  37
이사벨(Isabel)  32, 38~40, 108
　페르난도와 이사벨의 결혼  38
이윤인플레이션(profit inflation)  52
이탈리아 상인  205
인도  201
　엄청난 보물 창고  201
인클로저(enclosure)  187
인클로저운동  334
인테르쿠르수스 말루스 조약(Intercursus Malus)  110
임금 규제  190


[ㅈ]

자바  234, 238
자연국경  299, 300, 302
장미전쟁  106
재정 개혁  296
절대왕권  285
절대왕정  98
　혹독한 과세  98
절대주의(absolutism)  80

정당성 주장(Apology) 220

정략결혼 32, 33, 40~42, 67, 68, 73, 76, 102, 108
페르난도의 정략결혼정책 40, 41, 46

제국회의(Reichstag) 59, 63
1555년 아우크스부르크 제국회의 64

제2차 100년전쟁 308

제임스 4세 109

제임스 6세(뒷날 영국 왕 제임스 1세) 156, 163

제임스 2세 262

제임스 1세 251
홀란드 어업 배척 251

제주연합(諸州聯合, United Provinces) 94

제철업 186

젠킨의 귀의 전쟁(War of Jenkin's Ear) 317

젠트리(gentry) 124, 144

젤란트(Zeeland)주 91, 204, 223, 224

조지 왕의 전쟁(King Georges War) 317

종교개혁 102, 117, 333
헨리 8세의 종교개혁 102

종교개혁의회 124

종교적 분열 64
독일의 국가 통일을 저해하는 종교적 분열 64

종교적 불관용 81

종교 탄압 55

중개무역권 264

중금주의(重金主義, Bullionism) 100
풍차를 향해 조랑말을 돌진시킨 돈키호테와 다름없는 모습 100

중상주의 187, 297

중세 유럽의 진정한 건설자 28

중세적 분권주의 332

중세적 잔재 332
중세적 잔재 청산 332

지리상 발견 35, 38

지방주의 263

지사(知事, intendant) 279, 284

직인조례(職人條例, Statute of Artificers) 188, 191, 192


[ㅊ]

찰스 2세 262

찰스 1세 243, 251

청어 어업 226

청어 어장 254

청어잡이 253

초기 산업혁명(Early Industrial Revolution) 186, 187, 334

추밀원(樞密院, Privy Council) 107, 144

치안판사(justice of peace) 146, 147, 190
기근(饑饉) 때의 식량 확보 146

도제(徒弟), 직인(職人)에
관한 업무  146
부랑인 단속  146
빈민 구제  146
임금 규제  146
7년전쟁  270, 322, 334
전쟁의 여파  334
7성사의 방호  112


[ㅋ]

카디스  209
신대륙 무역의 기점  209
카디스(Cadiz)만  168
카디스 습격  172
카를로스 2세  301, 309, 310
카를 5세  32, 33, 43, 46, 65, 66,
114, 116
루터에 대한 카를 5세의 대응
60
스페인 왕 카를로스 1세  46
스페인 통치  65
신성로마제국 황제  48
프랑수아 1세와의 대립  115,
116
카를 6세  315
카스티야(Castilla)  32, 38~40,
42, 46
카스티야와 아라곤의 통합
39
카스티야어  40
카우니츠(Kaunitz)  319, 320

카탈루냐(Cataluña)  37
카탈루냐어  40
카토캉브레지(Cateau-Cambre
sis) 조약  76, 148
칼레(Calais)  82, 135, 148
캐번디시, 토머스(Thomas
Cavendish)  182
캐벗(Cabot)  110
캐서린(아라곤의 캐서린, 헨리
8세의 첫째 왕비)  41, 102,
128
캔터베리 대주교  124
캔터베리 성직자 회의  124
케이프타운(Cape Town)  239
콜베르(Jean Baptist Colbert)
236, 262, 296~299
국가에 의한 산업 규제  298
국내 산업의 보호 육성  298
콜베르티즘(Colbertism)  298
콩데(Condé)  281
쿠바(Cuba)  240, 328
쿤(Jan Pieterszoon Coen)
237, 248
퀘벡의 함락  326
크랜머, 토머스(Thomas
Cranmer)  124, 130, 136
크롬웰, 올리버(Oliver
Cromwell)  255, 259
크롬웰, 토머스(Thomas
Cromwell)  124
클라이브, 로버트(Robert Clive)
325, 326
클레망소(Clemenceau)  293

클레멘트 7세(Clement VII)  120
　헨리 8세 파문  121
클로비스(Clovis)  28
　프랑크 왕 클로비스의 가톨릭
　　개종  28


[ㅌ]

타스마니아(Tasmania)  239
타스만, 아벨(Abel Tasman)
　239
태양왕(roi soleil)  287
테레지아, 마리아 (Maria
　Theresia)  269, 313, 315,
　318, 324
템플, 윌리엄(Sir William
　Temple)  264
통가(Tonga)  239
통합(uniformity)  80
튀렌(Turenne)  281
튜더 왕조  79, 102, 104, 106, 107,
　117, 130, 187
　창시자 헨리 7세  106


[ㅍ]

파, 캐서린(Catherine Parr,
　헨리 8세의 여섯째 왕비)  128
파르네스, 알렉산더(Alexander
　Farnese)  92, 218, 221
파르마 공  167, 172

펠리페 2세의 영국 침공 준비
　명령  167
파리 조약  270, 325, 327
파울루스 4세  135
　펠리페 2세와의 싸움  135
페르난도(Fernando)  32, 34,
　38~42, 44~46, 65, 66, 70,
　73, 77, 108, 114~116, 119
　여우 같은 장인  66, 115
　정략결혼의 명수  41
　페르난도와 이사벨의 결혼
　　38
　페르난도의 뛰어난 능력  40
　페르난도의 외손자(카를 5세)
　　44
　페르난도의 정략결혼정책  40
페이 바(Pay- bas,
　Low-country)  198
펠리페(Felipe)  32, 42, 114
펠리페(Philippe Duc d'Anjou,
　루이 14세의 손자)  310
펠리페 4세  300, 301, 309
펠리페 3세  79, 229, 230, 231
　홀란드 무역 전면 파괴 조치
　　230
　홀란드인의 아시아 식민지
　　산물 무역 전면 금지
　　229
펠리페 5세  310, 311
펠리페 2세  33, 69, 79, 82, 85,
　86, 135, 154, 167, 171, 178,
　211
　광적인 가톨릭 신자  212

교황 파울루스 4세와의 싸움 135

교회에 대한 국왕 대권의 효과적인 방어 72

내가 범한 죗값으로 주(主)는 내 자식의 이해력을 빼앗아 갔다 78

네덜란드 반란 88

네덜란드 반란 진압 80

상업 및 식민 정책 증진 80

신교도에 대한 해협 항행 금지 조치 170

영국 침공 105

영국 침공 준비 명령 167

영국 침략 계획 172

자국에 항거하는 홀란드인의 리스본 방문 전면 금지 229

펠리페 2세와 메리 튜더의 결혼 67

펠리페 2세의 결혼 행각 72

펠리페 2세의 대내·외 정책 67

펠리페 2세의 대패 84

펠리페 2세의 외교적 승리 82

펠리페 2세의 정략결혼 67

펠리페 2세의 종교적 절대주의 79

펠리페 2세의 착각 84

펠리페 2세의 책모 86

펠리페 2세의 통치 영역 69

홀란드 독립운동 진압 105

평화의 왕비 76

엘리자베스(Elizabeth of Valois) 76

포르투갈 96, 179, 228, 240

포트 오렌지 241

폴레론(Poleron) 250

표트르 3세 324

프란츠 1세 318

프랑수아 2세 160

프랑수아 1세 48, 114, 116

카를 5세와 프랑스 왕 프랑수아 1세의 갈등 115, 116

프랑스 96, 148, 153, 161, 179, 240, 262

반합스부르크정책 319

세계 무역과 해상 지배권을 둘러싼 영국과의 결승전 308

스페인 타도 228

신대륙의 식민지화 179

영국에 대한 복수전 328

중앙집권화 271

프랑스가 4중의 패배를 당한 원인 325

프랑스와 스코틀랜드의 연합 161

프랑스와 스페인의 강화 148

홀란드 정복 단념 304

홀란드 타도 303

프랑스·오스트리아 방위동맹 319

프랑스혁명 270

프러시아 269, 322

프렌치 앤드 인디언 전쟁  325
프로비셔, 마틴(Martin
　　Frobisher)  176
프로테스탄트(Protestant)  62,
　　96, 130, 150, 153, 178, 199,
　　211
　　프로테스탄트 전성기  104
프롱드(Fronde)의 난  284
프리드리히 2세  313, 315
　　프리드리히 '대왕'  315,
　　　　323~325
플라시전투(battle of Plassey)
　　326
플랑드르(Flandre)  171, 198,
　　202, 204, 205, 212, 224
　　일종의 '중간 지대'  202
　　플랑드르에서 대표적으로
　　　　번영을 누린 도시  204
플로리다(Florida)  327
피레네 조약  281, 284
피우스 5세  164
피의 평의회(Council of Blood)
　　89, 212, 213
피지(Fiji)  239
필리핀  328


[ㅎ]

하만, 토머스(Thomas Harman)
　　191
하멜(Hamel)  240
　　《하멜표류기》  240

하바나 함락  327
하워드(Howard) 제독  173
하워드, 캐서린(Catherine
　　Howard, 헨리 8세의 다섯째
　　왕비)  128
한자 동맹 상인  110, 205, 216,
　　227, 229
합스부르크  32, 41~43, 46, 69,
　　70, 81, 94, 148, 153, 219,
　　278, 281, 283, 284, 299, 300,
　　309, 310, 312, 313, 316, 319,
　　322, 324
　　합스부르크 링  153, 316
　　합스부르크의 단일 통치자
　　　　309
합스부르크 왕가  32, 41~43, 46,
　　68, 94, 148, 219, 278, 281,
　　309, 313, 316
　　합스부르크 왕가가
　　　　스페인화하게 되는 계기
　　　　43
　　합스부르크 왕가의 분열  69
항해조례(Navigation Act)  255,
　　259
　　영국 무역은 영국 선박을
　　　　이용하도록 제한  257
　　항해조례의 내용  256
　　홀란드의 해상 활동 봉쇄
　　　　257
　　홀란드인이 영국과 직접
　　　　교역하는 것을
　　　　금지하려는 목적  257
해가 지지 않는 나라  308, 332

해상 주권론  244
해양의 영유  244
해양의 자유  244
해양의 패자(覇者)  331
해양 자유의 원칙  235
해양 지배권 장악  332
행운의 시기  243
향료군도  248, 250
향료 무역  251
향료 전매권  231
헤인(Piet Heyn) 제독  240
헨리 7세  102, 106~108, 130
　　정략결혼 추진  108
　　진취적 튜더 왕조의 창시자
　　　106
　　헨리 7세의 결혼정책과
　　　수출진흥정책  108
헨리 8세  65, 110, 117, 121, 130
　　결혼 행각  156
　　교황과의 관계 단절  121
　　교회개혁  125
　　딸 엘리자베스에 대한 사랑
　　　139
　　여우 같은 장인, 페르난도
　　　66, 115
　　율리우스 2세의 관면(寬免)
　　　117, 120
　　이혼 문제  117
　　이혼 행각  125
　　종교개혁  102
　　헨리 8세에 대한 카를 5세의
　　　이혼 방해  65
　　헨리 8세의 결혼 행각  125

헨리 8세의 즉위와 영국
　　가톨릭 교회  110
헨트의 평화(Pacification of
　　Ghent)  199, 216, 218
호국경(護國卿)  130
호른(Horn) 백작  90, 212
호킨스, 존(John Hawkins)  176,
　　182
호헨촐레른 선제후  312
홀란드(Holland)  94, 179, 198,
　　200, 210, 214, 224, 226, 230
　　각국의 공격의 대상  246
　　독립과 해상 활동의 자유
　　　179
　　독립운동  210
　　독립운동의 계기  210
　　독립의 원인과 경위  219
　　동아시아 제국  238
　　동인도 무역은 처음부터
　　　스페인을 상대로 한 전쟁
　　　231
　　동인도 무역이 전투적으로
　　　운영될 수밖에 없었던
　　　까닭  231
　　동인도회사의 창립  201
　　무역 독점에 대한 영국의
　　　대응  243
　　무역 독점의 기회  243
　　번성을 누리게 된 연유  202
　　번영의 중요한 기초  244
　　상업자본의 약진  98
　　세계의 해상 지배권  200
　　스페인과의 휴전 조약  243

아메리카 식민 활동 240

영국과 프랑스의 홀란드 독립

　　지원 218

영국과의 결별 245

영국과의 적대 관계 246

영국의 상업 지배권 탈취

　　251

영국인 축출 248

영국·프랑스·독일의 원조 96

영국·홀란드전쟁 패배 263

펠리페 2세의 홀란드

　　독립운동 진압 105

해양 진출 94

향료군도 독점 250

"홀란드는 분립된 여러

　　주(州)일 뿐" 333

홀란드와 네덜란드를

　　혼용하게 된 연원 198

홀란드와 영국의 대결 시작

　　179

홀란드와 이탈리아 사이의

　　상업 관계 227

홀란드의 독립 96, 105, 179,

　　200, 210, 213, 217, 218

홀란드의 반란 88

홀란드인의 리스본항 출입

　　금지 200

홀란드인의 스페인 상업과

　　식민지 강탈 228

홀란드 동인도회사 201, 228, 233,

239

　　사실상 정부의 하나의 성(省)

　　247

일종의 국가와도 같은 조직

　　201

조직과 사업 231

홀란드 동인도회사의 활동

　　235

홀란드 서인도회사 240

홀란드 어업 배척 251

홀란드(Holland)주 91, 94, 204,

　　218, 222~224, 259

홀란드의 동인도 무역 209, 230,

　　231, 333

홀란드인 179, 200, 224,

　　226~231, 235, 238~241,

　　245, 246, 248, 249, 254, 255,

　　257, 259, 261

　　프랑스와 특히 영국인의 혐오

　　대상 246

홀란드전쟁(Dutch War) 268,

　　300

화체설(化體說) 131

　　화체설의 부인 131

화폐전쟁 298

후베르투스부르크 화약(Treaty

　　of Hubertusburg) 270,

　　324

후스, 요하네스(Johannes

　　Huss) 64

후아나(Juana) 32, 42, 114

훌륭한 여왕(Good Queen

　　Bess) 87

흰 장미 106

　　붉은 장미와 흰 장미의 화합

　　107